人民参与检察改革与比较

高一飞 著

2018年度最高人民检察院检察理论研究课题《监察体制改革背景下的人民监督员制度完善》（GJ2018C19）结项成果

中国检察出版社

图书在版编目（CIP）数据

人民参与检察：改革与比较／高一飞著. —北京：中国检察出版社，2021.8
ISBN 978-7-5102-2599-4

Ⅰ.①人… Ⅱ.①高… Ⅲ.①检察制度－研究－中国 Ⅳ.①D926

中国版本图书馆 CIP 数据核字（2021）第 124404 号

人民参与检察：改革与比较
高一飞 著

责任编辑：王梓铭
技术编辑：王英英
美术编辑：曹 晓

出版发行：中国检察出版社
社　　址：北京市石景山区香山南路 109 号（100144）
网　　址：中国检察出版社（www.zgjccbs.com）
编辑电话：（010）86423708
发行电话：（010）86423726　86423727　86423728
　　　　　（010）86423730　86423732
经　　销：新华书店
印　　刷：保定市中画美凯印刷有限公司
开　　本：710 mm×960 mm　16 开
印　　张：11.5
字　　数：208 千字
版　　次：2021 年 8 月第一版　2021 年 8 月第一次印刷
书　　号：ISBN 978-7-5102-2599-4
定　　价：45.00 元

检察版图书，版权所有，侵权必究
如遇图书印装质量问题本社负责调换

目　　录

第一章　人民监督员制度的改革历程 …………………………（ 1 ）
　　一、2003 年的先期试点阶段："三类案件""五种情形" ……（ 3 ）
　　二、2010 年的扩大试点阶段："七种情形" ………………（ 5 ）
　　三、2016 年的全面实施阶段："十一种情形" ……………（ 7 ）
　　四、2019 年的深化改革阶段："十种方式" ………………（ 12 ）
　　五、对人民监督员制度发展的展望 …………………………（ 15 ）

第二章　人民监督员制度的创制与探索 ………………………（ 17 ）
　　一、人民监督员制度产生和探索的历程 ……………………（ 18 ）
　　二、2010 年前人民监督员制度改革的特点 ………………（ 21 ）
　　三、对人民监督员制度进行立法的必要性 …………………（ 28 ）

第三章　新时代人民监督员制度改革试点 ……………………（ 35 ）
　　一、人民监督员制度改革试点的内容 ………………………（ 36 ）
　　二、C 市人民监督员制度改革试点的成效 …………………（ 43 ）
　　三、从试点情况来看人民监督员制度改革的问题 …………（ 56 ）
　　四、新时代人民监督员制度改革试点的经验 ………………（ 62 ）

第四章　监察体制改革背景下的人民监督员制度改革 ………（ 68 ）
　　一、监察体制改革背景下人民监督员制度转型的原因 ……（ 69 ）
　　二、监察体制改革背景下人民监督员改革的主要内容 ……（ 75 ）
　　三、新一轮人民监督员制度改革存在的问题 ………………（ 91 ）
　　四、确立人民监督员的参与式监督地位 ……………………（ 95 ）
　　五、强化人民监督员的监督重点 ……………………………（ 99 ）
　　六、完善人民监督员的工作机制 ……………………………（101）

第五章 美国大陪审团制度历史与现状 ……………（104）
- 一、美国大陪审团制度的产生和发展 ……………（105）
- 二、大陪审团的种类与功能 ……………（107）
- 三、大陪审团的人员结构 ……………（109）
- 四、大陪审团的审议程序 ……………（110）
- 五、大陪审团程序的局限 ……………（112）
- 六、美国大陪审团制度面临的挑战 ……………（117）

第六章 日本检察审查会制度的沿革与改革 ……………（122）
- 一、日本检察审查会制度的历史沿革 ……………（123）
- 二、检察审查会制度新一轮改革的内容 ……………（126）
- 三、检察审查会制度新一轮改革的积极效果 ……………（129）
- 四、检察审查会制度新一轮改革的问题及展望 ……………（140）
- 五、对我国人民监督员制度改革的启示 ……………（144）

第七章 英国皇家检察审查会的产生与运行 ……………（149）
- 一、皇家检察审查会的产生与发展 ……………（150）
- 二、皇家检察审查会的组织情况 ……………（152）
- 三、皇家检察审查会的三大职能 ……………（159）
- 四、皇家检察审查会的审查方式和效力 ……………（164）
- 五、对我国人民监督员制度改革的启示 ……………（171）

后　记 ……………（174）

第一章　人民监督员制度的改革历程

> **本章摘要**：人民监督员制度经历了四个改革阶段：2003年的先期试点阶段，人民监督员监督"三类案件""五种情形"；2010年的扩大试点阶段，人民监督员监督"七种情形"；2016年的全面实施阶段，人民监督员监督"十一种情形"；2019年的深化改革阶段，人民监督员监督包括"十种方式"。前三个阶段只能监督人民检察院自己侦查的案件，监察体制改革背景下人民监督员制度进行了重要转型，监督四大检察的"十种情形"。加强人民监督员监督，要反对"人民监督员万能论""人民监督员无处不在论""建议性意见无效论"。

人民监督员制度，是最高人民检察院根据党的十六大关于深入推进司法体制改革要求所试行的一项重大司法改革。该制度设立的初衷是为了对人民检察院的职务犯罪侦查权进行监督。

人民检察院是我国宪法规定的法律监督机关，也是我国的公诉机关，同时也监督其他司法机关的诉讼活动。对于人民检察院侦查的职务犯罪案件，检察机关既负责侦查，也负责批捕、审查起诉和侦查监督。因此，"谁来监督检察机关"的问题在实践中并未得到良好的解决。如果公权力运作的过程不公开、不透明，缺少其自身以外的力量进行限制，容易滋生腐败。[①] 为了加强对人民检察院的外部监督，切实防止和纠正检察机关在查办贪污贿赂犯罪、渎职犯罪的工作过程中出现执法不公等问题，2003年8月29日，时任最高人民检察院检察长贾春旺在"人民监督员试点工作会议"上说："我们必须正视查办职务犯罪工作中存在的问题，认真回答'谁来监督检察机关'的问题，

[①] 黄凤兰、甫玉龙：《论加强公民权遏制公权力腐败的法律完善》，载《理论前沿》2006年第17期，第22页。

而且要用实际行动和实际效果来回答！"① 以这次"人民监督员试点工作会议"为标志，一项旨在监督人民检察院职务犯罪案件办案活动的新制度——人民监督员制度正式诞生。

在 2010 年 10 月 28 日最高人民检察院召开的"检察机关全面推行人民监督员制度"电视电话会议上，时任最高人民检察院党组副书记、常务副检察长胡泽君强调，"全面推行人民监督员制度，是贯彻落实中央决策部署、深化检察体制和工作机制改革的重大任务，是完善自身监督制约机制、保障检察权依法独立公正行使的必然要求"。② 2015 年 3 月 12 日，时任最高人民检察院检察长曹建明在《最高人民检察院工作报告》中指出，"2014 年，检察机关会同司法部在 10 个省市开展深化人民监督员制度改革试点，健全确保依法独立公正行使检察权的外部监督制约机制"。③ 最高人民检察院领导全面论述了人民监督员制度的性质：是对人民检察院办理职务犯罪案件活动的自身监督制约机制和外部监督制约机制。

2003 年以后，人民监督员制度经过多次修改，其监督范围和方式也进行了多次调整，但人民监督员的监督范围一直限于"对人民检察院办理直接受理立案侦查案件"。

2016 年 12 月召开的第十二届全国人民代表大会常务委员会第二十五次会议审议通过了《全国人民代表大会常务委员会关于在北京市、山西省、浙江省开展国家监察体制改革试点工作的决定》，决定将人民检察院的职务犯罪侦查权转隶于监察委员会。在经历了 2017 年一年的试点改革后，监察体制改革试点工作取得了良好的成效。2018 年 3 月 20 日，第十三届全国人大一次会议通过了《中华人民共和国监察法》（以下简称《监察法》），决定将绝大部分职务犯罪侦查权转隶至监委。2018 年 10 月 26 日召开的中华人民共和国第十三届全国人民代表大会常务委员会第六次会议上通过了《全国人民代表大会常务委员会关于修改〈中华人民共和国刑事诉讼法〉的决定》。修改后的《刑事诉讼法》第 19 条虽然保留了人民检察院对于司法工作人员利用职权实施侵

---

① 谢文英：《人民监督员制度：十年探索，回答谁来监督检察机关》，载 http：//www.chinapeace.gov.cn/2013-03/04/content_6881129.htm，2013-03-04，新闻来源：中国长安网—检察日报。

② 徐盈雁：《高检院部署全面推行人民监督员制度》，载 http：//news.jcrb.com/jxsw/201010/t20101029_459870.html，2010-10-29，最后访问日期：2020 年 4 月 11 日。

③ 徐盈雁：《曹建明：开展深化人民监督员制度改革试点》，载 http：//legal.people.com.cn/n/2015/0312/c188502-26681804.html，新闻来源：正义网，最后访问日期：2015 年 3 月 12 日。

害公民权利、损害司法公正的犯罪的侦查权,但是,人民监督员的主要监督对象已经不再存在,人民监督员监督人民检察院办理直接受理立案侦查案件的前提条件已经基本改变。

同时,在2018年10月26日,中华人民共和国第十三届全国人民代表大会常务委员会第六次会议修订了人民检察院组织法,第27条规定"人民监督员依照规定对人民检察院的办案活动实行监督",并未将人民监督员的监督范围限定为刑事办案活动,这在法律上为检察机关拓展人民监督员的监督范围、将人民监督员制度引入所有刑事办案活动,以及民事检察、行政检察、公益诉讼等领域提供了法律依据。

为了适应职务犯罪侦查权大部分转隶的形势、落实人民检察院组织法的规定,最高人民检察院于2019年8月27日印发实施《人民检察院办案活动接受人民监督员监督的规定》(以下简称2019年《规定》),对人民监督员监督检察办案活动的范围和程序作出了调整与完善。本书将以2019年《规定》为基础,从人民监督员的监督范围变迁着手,结合试点情况以及目前实践中暴露的问题,进一步分析人民检察院办案活动接受人民监督员监督的范围和程序,并对2019年《规定》中尚可进一步细化和完善的地方提出建议。

自人民监督员制度诞生起,共经历了先期试点、扩大试点、全面实施、深化改革等四个发展阶段,最高人民检察院分别在2003年、2010年、2016年和2019年出台了四个规定。在2019年改革以前的三次改革中,人民监督员只监督检察机关自行侦查的职务犯罪案件,监督范围集中在刑事案件领域。

一、2003年的先期试点阶段:"三类案件""五种情形"

2003年10月15日,最高人民检察院发布了《关于人民检察院直接受理侦查案件实行人民监督员制度的规定(试行)》(以下简称2003年《规定》)。最高人民检察院决定在天津、辽宁、河北、内蒙古、黑龙江、浙江、福建、山东、湖北、四川等10个省、自治区、直辖市的检察机关开展人民监督员试点工作。其中,四川、福建、湖北在全省检察机关全面试点,其他7个省份是在部分地市、区县级检察院试点。全国共有10个省级院、105个地市级院、510个区县院共625个检察院试点人民监督员制度,这是对人民监督员监督的第一次探索。

2003年《规定》将人民监督员监督范围规定为人民检察院查办职务犯罪

案件过程中的"三类案件"①"五种情形"②。以监督效力分类，前者为刚性监督，后者为柔性监督。从监督的种类与范围上看，主要集中在司法实践中争议较大、问题较多、容易造成司法不公的情形上。设置以上八种情形的原因如下：

第一，为了解决职务犯罪案件办理中权力过度集中的问题。刑事案件的检察权是由对职务犯罪的侦查权、公诉权、诉讼监督权（包括执行监督权）三项具体职权组成。宪法和刑事诉讼法都要求公检法三机关在办理刑事案件中要分工负责、相互配合、相互制约。但是，在职务犯罪中，检察机关将职务犯罪侦查权、批准逮捕权、提起公诉权、侦查监督权集于一身（自侦自捕自诉自我监督），这导致检察机关在办理该类案件时的权力过于集中。虽然检察机关规定由不同的部门行使上述四大权力，但各部门毕竟同属于同一机关，在检察一体化的情况下，无法解决权力制衡的难题。

检察机关在职务犯罪案件中拥有的权力越大，其滥用权力的可能性就越大。权力制约是宪法固有的价值之一，但在职务犯罪领域，由于权力对权力直接制约的缺位，发挥人民监督员监督权利的制约作用就具有特别重要的意义。③ 人民监督员属于人民的代表，其虽不是专业的司法人员，但却可以从不同角度分析案件，将检察官的法律专业评判同公众的内心良知有机结合，客观上限制了检察官的自由裁量空间④，回应了社会上"谁来监督监督者"的问题。

第二，对检察机关自侦案件中的重大决定权更应当加强监督。三类案件针对的是人民检察院在自侦案件中行使逮捕权、撤销案件权、不起诉权的案件。检察机关的逮捕权具有司法权的性质，在侦查机关和被追诉方之间充当第三者

---

① "三类案件"是指，人民检察院在查办职务犯罪过程中遇到的三种情况：（一）人民检察院对于犯罪嫌疑人作出的逮捕决定，犯罪嫌疑人不服从的；（二）人民检察院作为侦查机关时，拟撤销案件的；（三）人民检察院作为公诉机关时，拟不起诉的。

② "五种情形"是指，人民监督员发现人民检察院在查办职务犯罪案件中具有的五种情形：（一）应当立案而不立案或者不应当立案而立案的；（二）超期羁押的；（三）违法搜查、扣押、冻结的；（四）应当给予刑事赔偿而不依法予以确认或者不执行刑事赔偿决定的；（五）检察人员在办案中有徇私舞弊、贪赃枉法、刑讯逼供、暴力取证等违法情况的。

③ 韩大元、王晓滨：《人民监督员制度的宪法学思考》，载《国家检察官学院学报》2005年第1期，第65页。

④ 石世安：《人民监督员制度设置的法理基础及现实需要》，载《检察实践》2004年第4期，第14页。

的角色,需要独立、中立行使这一权力,检察机关行使侦查权应当接受监督,其不应当拥有无第三方监督的侦查权。① 但在自侦案件中,检察机关的批捕部门对本单位的侦查部门行使批捕权,难以做到中立和独立,其审查批捕程序容易流于形式。而撤销案件权和不起诉权是终结性的处理权,决定一旦作出,追诉就已经结束,由一个机关行使这一权力,容易导致滥用职权放弃追诉、容易形成司法腐败;一旦终结追诉,案件进行再追诉时会形成证据消失、再取证困难。因此,检察机关以上三种权力存在形成暗箱操作、司法不公的可能。

第三,对检察机关自侦案件的关键环节应当加强监督。检察机关自侦案件中哪些环节容易出问题,是一个现实的问题。五种情形的内容是立案中当立不立,超期羁押,违法搜查、扣押、冻结,应赔不赔,检察人员违法办案。以上情形都是当时在职务犯罪案件中容易出现问题、人民群众强烈不满的环节,应当有针对性的加强监督。

为解决上述问题,检察机关建立了内部监督制约机制。其内部监督主要有三个方面:一是上下级检察机关之间的层级监督;二是通过制定规章制度来规范各部门;三是检察机关内部立案、侦查、批捕、起诉几大环节之间的职权分工。然而,在检察一体化的体制下,上下级检察机关属于领导与被领导的关系,监督只是其中一个方面,垂直性的一体化领导才是主流关系,内部监督效果有限,民众参与检察,是克服检察权在产生之初就具有天然优势的一个有效途径。② 我国检察机关本来就存在广泛的外部监督,包括党的领导和监督、人大监督、政协的民主监督、群众监督、舆论监督等,但是这些都是事后监督,缺乏对办案过程的外部监督。由人民监督员监督检察机关具体办案活动,这是其他外部监督及内部监督所不具备的功能,改变了监督者在直接办理侦查案件过程中缺乏有效外部监督的格局。

二、2010年的扩大试点阶段:"七种情形"

从2003年9月启动人民监督员制度试点到2010年10月,经过7年探索,试点工作深入开展、稳步推进,取得良好成效。截至2010年10月,全国已有3137个检察院进行了试点,占各级检察院总数的86.5%,先后选任人民监督员3万多人次。人民监督员共监督"三类案件"32304件,其中不同意检察机

---

① 高一飞:《从部门本位回归到基本理性——对检察机关职权配置的思考》,载《山西大学学报》2008年第6期,第87页。
② 高一飞:《人民监督员制度的正当性探讨》,载《贵州民族学院学报(哲学社会科学版)》2005年第1期,第58页。

关拟处理意见的1635件，检察机关采纳899件；对"五种情形"提出监督意见1000余件，绝大部分已经办结并向人民监督员反馈。经中央同意，高检院决定在检察机关全面推行人民监督员制度。①

2010年10月26日，最高人民检察院发布了《关于实行人民监督员制度的规定》（以下简称2010年《规定》），要求各级检察机关全面推行人民监督员制度。最高人民检察院于2010年10月28日召开电视电话会议，部署在整个检察系统内全面推行人民监督员制度。2010年《规定》的发布和这次会议的召开，标志着人民监督员制度的发展进入"全面推行"阶段。

2010年《规定》将人民监督员的监督范围扩大到检察机关查办职务犯罪案件工作中具有终局性决定权的主要环节，调整后的监督范围主要是"七种情形"。② 2010年《规定》与2003年《规定》相比，具有如下特点：

第一，人民监督员对检察机关的监督力度有所加强。2003年《规定》将人民监督员的监督范围规定为"三类案件""五种情形"，而2010年《规定》统一规定为"七种情形"。2003年《规定》之所以将监督范围分为两个方面，是为了对监督力度进行更好地区分。对"三类案件"的监督属于刚性监督，即只要出现"三类案件"规定的情形，人民监督员就应当进行监督。而"五种情形"则不属于刚性监督，人民监督员"可以提出意见"，也可以"不提出意见"，这就可能会造成在实践中对"五种情形"监督不足的问题。2010年《规定》将"五种情形"全部纳入刚性监督的范围，统一合并规定为"七种情形"，只要出现规定的情形，人民监督员就应当进行监督。

第二，对人民监督员监督范围的规定更加全面和完善。2010年《规定》与2003年《规定》相比，在监督范围的规定上更加全面和完善。2010年《规定》对2003年《规定》中的部分内容进行了修改，涉及"超期羁押""违法搜查、扣押、冻结"两个内容：以前只规定可以对人民检察院采取的违法搜查、扣押、冻结这一行为进行监督；调整后的规定不仅可以对上述行为进行监督，还可以对违法处理扣押、冻结款物的行为进行监督。在调整之前，人民监

---

① 徐盈雁：《高检院部署全面推行人民监督员制度》，载http://news.jcrb.com/jxsw/201010/t20101029_459870.html，新闻来源：正义网，最后访问日期：2010年10月29日。

② "七种情形"是指，人民监督员对人民检察院办理直接受理立案侦查案件的七种情形实施监督：（一）应当立案而不立案或者不应当立案而立案的；（二）超期羁押或者检察机关延长羁押期限决定不正确的；（三）违法搜查、扣押、冻结或者违法处理扣押、冻结款物的；（四）拟撤销案件的；（五）拟不起诉的；（六）应当给予刑事赔偿而不依法予以赔偿的；（七）检察人员在办案中有徇私舞弊、贪赃枉法、刑讯逼供、暴力取证等违法违纪情况的。

督员对超期羁押进行监督;调整之后,人民监督员还可以对犯罪嫌疑人不服检察机关延长羁押期限决定进行监督。2010年《规定》中人民监督员的监督范围,几乎涵盖了人民检察院在职务犯罪侦查过程中的所有关键环节。

第三,取消对逮捕决定的监督。2010年《规定》取消了"三类案件"中"人民检察院对于犯罪嫌疑人作出的逮捕决定,犯罪嫌疑人不服从的"这一情形,这是此次范围调整中一个比较突出的变化。这样改革的动因,最高人民检察院有关负责人有过明确的解释,主要是因为2009年9月人民检察院进行了对自侦案件的批捕权上提一级的改革,①"审查逮捕权上提一级有效解决了犯罪嫌疑人不服逮捕决定案件的监督问题。若再保留,意义不大,还可能增加办案时限压力。"② 所以,这一内容的取消主要是从必要性角度来考虑的,同时考虑了效率问题。

三、2016年的全面实施阶段:"十一种情形"

党的十八届四中全会提出:"完善人民监督员制度,重点监督检察机关查办职务犯罪的立案、羁押、扣押冻结财物、起诉等环节的执法活动。"③ 将人民监督员制度改革作为深化检察改革的任务之一。2014年9月,为贯彻落实党的十八届三中、四中全会关于人民监督员制度改革的有关精神,经中央批准,最高人民检察院联合司法部在北京等10个省级地区部署开展了人民监督员选任管理方式改革试点工作。2014年9月5日,最高人民检察院下发《人民监督员监督范围和监督程序改革试点工作方案》,④ 9月10日,最高人民检察院、司法部印发《关于人民监督员选任管理方式改革试点工作的意见》。2015年2月,习近平总书记主持召开的中央深改组第十次会议强调:"要认真总结人民监督员监督范围、监督程序试点和人民监督员选任管理方式改革试点经验做法,在人民监督员选任方式、监督范围、监督程序、知情权保障等方面

---

① 2009年9月2日,最高人民检察院实施了《关于省级以下人民检察院立案侦查的案件由上一级人民检察院审查决定逮捕的规定(试行)》。

② 赵阳:《最高检试点人民监督员制度 统一选任提高公信力》,载http://www.chinanews.com/fz/2011/02-15/2844402.shtml,发布日期:2011年2月15日,来源:法制日报,最后访问日期:2020年4月14日。

③ 《中共中央关于全面推进依法治国若干重大问题的决定》(2014年10月23日)。

④ 方案确定自2014年10月至2015年6月,在北京、吉林、浙江、安徽、福建、山东、湖北、广西、重庆、宁夏10个省、自治区、直辖市的检察机关,开展人民监督员监督范围和监督程序改革试点工作。

深化改革。"① 改革人民监督员制度是新一轮司法改革的重要内容。自2014年9月至2015年,10个试点省级地区共完成选任新一届人民监督员5300余名,其中新选任省级院人民监督员853名、地市级院人民监督员4450余名,选任管理职能移交工作基本完成。10个试点省份已经按照新的改革精神组织案件监督1179件,其中启动对"犯罪嫌疑人不服逮捕决定"等新增的四种监督情形监督19件、复议1件。②

在近两年试点的基础上,2015年7月5日,最高人民检察院根据中央全面深化改革领导小组审议通过的《深化人民监督员制度改革方案》,研究制定了《最高人民检察院关于人民监督员监督工作的规定》(2015年12月21日最高人民检察院第十二届检察委员会第四十六次会议通过,根据其发布实施时间,以下简称2015年《规定》)。这一规定贯彻落实了党的十八届三中、四中全会关于人民监督员制度改革的要求,充分吸收了人民监督员制度实行以来的工作经验。其主要变化是在监督范围上增加了四种情形:恢复"犯罪嫌疑人不服逮捕决定的"情形,增加"采取指定居所监视居住强制措施违法的""阻碍律师或者其他诉讼参与人依法行使诉讼权利的""应当退还取保候审保证金而不退还的"三种情形,监督案件的范围扩展到十一种情形。③ 其主要的变化是:

第一,整体上增加了对当事人权利保障责任的监督。此次增加的四种情形,其中三种情形属于人民检察院采取强制措施的范畴——监视居住、退还取保候审金以及逮捕,这些都是人民检察院在采取强制措施时可能存在的违法情形,因为由人民检察院内部决定,缺乏第三方监督,应当重点监督。同时,人

---

① 新华社:《习近平主持召开中央全面深化改革领导小组第十次会议李克强等出席》,载http://www.gov.cn/xinwen/2015-02/27/content_2822649.htm(2015-02-27),来源:中国政府网,最后访问日期:2020年2月25日。

② 周斌:《人民监督员制度改革深入监督范围应覆盖检察各类案件》,载http://www.chinanews.com/gn/2017/09-20/8335565.shtml,最后访问日期:2017年9月20日。

③ 根据《深化人民监督员制度改革方案》:人民监督员对人民检察院办理直接受理立案侦查案件的下列情形实施监督:(1)应当立案而不立案或者不应当立案而立案的;(2)超期羁押或者检察机关延长羁押期限决定不正确的;(3)违法搜查、扣押、冻结或者违法处理扣押、冻结款物的;(4)拟撤销案件的;(5)拟不起诉的;(6)应当给予刑事赔偿而不依法予以赔偿的;(7)检察人员在办案中有徇私舞弊、贪赃枉法、刑讯逼供、暴力取证等违法违纪情况的;(8)犯罪嫌疑人不服逮捕决定的;(9)采取指定居所监视居住强制措施违法的;(10)阻碍律师或其他诉讼参与人依法行使诉讼权利的;(11)应当退还取保候审保证金而不退还的。其中第8—11种为新增加的监督情形。

民检察院查办职务犯罪具有更高程度的秘密性，人民检察院常以此为理由拒绝当事人、辩护人、诉讼代理人依法行使会见、通信、阅卷等权利。将以上情形纳入人民监督员的监督范围，其目的是与 2012 年修订的刑诉法中保障律师会见权、规范取保候审保证金的收取和返还程序的规定相衔接，有利于保障司法人权。

第二，恢复对逮捕决定的监督完全有必要。2015 年《规定》在 2010 年《规定》将"职务犯罪嫌疑人不服逮捕决定"删除后再次将此情形纳入监督范围，发生这一变化的原因值得深思。这主要是考虑到逮捕作为最严厉的强制措施，基于审慎用权和保障犯罪嫌疑人人权的原则，应当将其纳入监督范围。① 2009 年 9 月 2 日，最高人民检察院实施了《关于省级以下人民检察院立案侦查的案件由上一级人民检察院审查决定逮捕的规定（试行）》，这项改革旨在强化检察机关自身监督制约，但实践证明，这一改革也存在自身的局限。高一飞教授认为：如果说原来同一检察机关的批捕部门对职务犯罪侦查部门批捕，是"弟弟监督哥哥"（因为职务犯罪侦查部门比批捕部门在行政职级上高半级），那么，上提一级则是"父亲监督儿子"（上级监督下级）。前者固然监督软弱，后者仍然缺少监督动力，因为在检察一体化的前提下，上下级之间仍然是利益共同体，仍然是一种效果有限的内部监督。② 重新恢复人民监督员对逮捕决定的监督，是对学术界质疑逮捕权上提一极效果的回应。

第三，对指定居所监视居住违法的情形需要特别监督。指定监视居住是 2012 年修正的《刑事诉讼法》第 73 条对涉嫌危害国家安全犯罪、恐怖活动犯罪、特别重大贿赂犯罪规定的特殊监视居住制度。这一措施是检察机关在职务犯罪侦查中适用比较多，但在适用条件、适用内容及法律后果等方面均与其他强制措施存在重大差异，指定监视居住事实上已经成为法定的五种强制措施之外的第六种强制措施，在适用公平性方面存在隐忧。③ 侦查机关有可能把指定监视居住场所变成第二看守所，却又没有看守所的正规化设施和制度化监督。正因为如此，有的学者指出：指定监视居住在合宪性方面存在一定的问题，潜藏着许多可能的危险。④ 人民监督员对指定监视居住违法情况的监督，正是预

---

① 高一飞：《人民监督员制度试点的观察与反思》，载《四川理工学院学报》2016 年第 3 期，第 3 页。
② 高一飞、陈恋：《新中国检察职权的演变与展望》，载《检察论丛》2020 年第 24 卷，第 262 页。
③ 左卫民：《指定监视居住的制度性思考》，载《法商研究》2012 年第 3 期，第 33 页。
④ 周长军：《从基本权干预原理指定居所监视居住——兼评新〈刑事诉讼法〉第 73 条》，载《山东社会科学》2013 年第 4 期，第 5 页。

防这种隐忧和危险变为现实的措施之一，体现了人民监督员制度设计者对这一新的强制措施形态可能出现的问题具有清醒的认识。人民监督员对制定监视居住可能出现的违法的监督，可以倒逼办案机关在适用这一措施时严格依法，也可以对出现的问题及时发现、及时查处。

需要注意的是，2010年《规定》中的"七种情形"全部为刚性监督，而2015年《规定》中的"十一种情形"却发生了变化。从"应该实施监督"变为"可以对此进行监督"，人民监督员监督案件的刚性有所减弱，体现了设计者在对人民监督员监督职务犯罪案件的立场上的矛盾和犹疑。

2003年至今各年度人民监督员制度运行情况①

年度	全国人民监督员的总数量	检察院试点范围的比例	检察机关立案侦查职务犯罪案件数量	进入监督程序的案件数量	人民监督员不同意办案部门原拟定意见的案件数量	检察机关采纳人民监督员意见的案件数量
2003	4944	10个省、自治区、直辖市检察机关开展试点	39562件43490人	493	31	21
2004	18926	各省级院、349个地市级院和2407个基层院	43757人	3341	152	70
2005	不详	全国80%的检察院	41447人	9652	484	218
2006	不详	全国86%的检察院	33668件40041人	5191	252	178

① 资料来源于2004年至2019年各年度最高人民检察院工作报告。但2009年最高人民法院工作报告没有总结人民监督实施的具体情况，其材料来源于：最高人民检察院人民监督工作办公室人民监督员工作处；2008年的情况比较特殊，最高检报告中没有提及，但是在最高检的一次人民监督员制度试点工作总结中提供了材料，载http://fy.jcrb.com/fyfz/rmjdy/dinqi/200903/t20090304_187342.html，2009-03-04。2017年的材料来自：周斌：《人民监督员制度改革深入 监督范围应覆盖检察各类案件》，载http://www.chinanews.com/gn/2017/09-20/8335565.shtml，最后访问日期：2017年9月20日。

续表

年度	全国人民监督员的总数量	检察院试点范围的比例	检察机关立案侦查职务犯罪案件数量	进入监督程序的案件数量	人民监督员不同意办案部门原拟定意见的案件数量	检察机关采纳人民监督员意见的案件数量
2007	不详	全国86%的检察院	五年来179696件209487人	21270	930	543
2008	不详	不详	33546件41179人	5291	146	95
2009	21962	全国86.5%的检察院	32439件41531人	不详	不详	不详
2010	不详	不详	32909件44085人	不详	不详	不详
2011	不详	不详	32567件44506人	3192	不详	不详
2012	不详	不详	五年来165787件218639人	不详	不详	不详
2013	不详	不详	37551件51306人	2938	不详	不详
2014	不详	不详	41487件55101人	2527	不详	不详
2015	不详	在浙江、安徽、福建、重庆等10个省区市推进试点。监督事项由7项增至11项，涵盖立案、撤案、采取强制措施等各关键环节	40834件54249人	不详	不详	不详
2016	2016年7月以来，新选任人民监督员15903名	不详	47650人	2016年7月以来，5474件	不详	不详

续表

年度	全国人民监督员的总数量	检察院试点范围的比例	检察机关立案侦查职务犯罪案件数量	进入监督程序的案件数量	人民监督员不同意办案部门原拟定意见的案件数量	检察机关采纳人民监督员意见的案件数量
2017	2014年9月至2017年8月底，新选任21365名人民监督员		2014年深化改革以来，人民监督员共监督案件9241件。检察机关办理职务犯罪案件的关键环节一律接受监督	2016年7月至2017年8月底，5000余件	参与各类活动约7000人次	
2018	2003年以来，共选任人民监督员70000余人次，目前在任20000余人	不详	2003年以来共监督案件60000余件。	不详	不详	不详
2019	不详	不详	不详	不详	不详	不详
2020	全国共有人民监督员2.2万余位		2019年8月至2020年8月，21165位人民监督员监督检察办案活动14298件次			

四、2019年的深化改革阶段："十种方式"

2015年《规定》从2016年7月5日起开始实施，正在人民监督员制度作为一项解决检察机关自侦案件的重要制度全面进入深化改革阶段的时候，其改革的基础却发生重大变化。

第一章 人民监督员制度的改革历程

2016年10月24日，中国共产党第十八届中央委员会第六次全体会议提出中国要改革政治体制，建立国家监察机关，形成"一府一委两院"的体制。2016年12月25日第十二届全国人民代表大会常务委员会第二十五次会议通过《全国人民代表大会常务委员会关于在北京市、山西省、浙江省开展国家监察体制改革试点工作的决定》，决定将职务犯罪侦查权转隶国家监察委员会。人民监督员的监督对象是人民检察院直接立案、侦查的案件，但此时，这个监督的对象将不再存在，人民监督员制度向何处去，是必须要面对的问题。

在这种情况下，人民监督员制度实际上出现了相对的停滞与观望期，笔者注意到，2018年《最高人民检察院工作报告》只是简单提到了人民监督员的选任情况和"2014年深化改革以来，人民监督员共监督案件9241件"。没有涉及上一年度人民监督员的工作情况。2019年，最高人民检察院相关负责同志总结了人民监督员的整体情况："2003年以来，检察机关、司法行政部门先后共选任人民监督员70000余人次，目前在任20000余人，监督案件60000余件。人民监督员制度作为中国特色社会主义检察制度的重要组成部分，在规范检察权行使、扩大公民有序参与司法、提升司法民主方面，发挥了不可替代的重要作用。"① 但报告并没有提到2016年改革后的情况，因为这一段时间实际上是人民监督员改革观望期。人民监督员制度急需根据监察体制改革后、检察机关职务犯罪侦查主要职能转隶而作出调整。

在这种背景下，最高人民检察院进行充分调研后，决定调整人民监督员的监督方式。2019年《规定》第8条，将人民监督员的范围扩大到了"四大检察"的各个方面。② 包括9种情况：案件公开审查、公开听证；检察官出庭支持公诉；巡回检察；检察建议的研究提出、督促落实等相关工作；法律文书宣告送达；案件质量评查；司法规范化检查；检察工作情况通报；其他相关司法办案工作。第17条规定："人民监督员通过其他方式对检察办案活动提出意见建议的"，形成了人民监督员的监督方式的"9+1"模式。将10种监督方式和刑事、非刑事案件进行一一对应，得出的具体监督事项可列表如下：

---

① 记者：《人民监督员制度：优化检察监督的重要方式规范检察权行使的重要保障》，载 https://www.spp.gov.cn/spp/xwfbh/wsfbt/201909/t20190902_430837.shtml#3，最高人民检察院网，最后访问日期：2020年4月14日。

② 2019年《规定》第8条"人民检察院下列工作可以安排人民监督员依法进行监督：（一）案件公开审查、公开听证；（二）检察官出庭支持公诉；（三）巡回检察；（四）检察建议的研究提出、督促落实等相关工作；（五）法律文书宣告送达；（六）案件质量评查；（七）司法规范化检查；（八）检察工作情况通报；（九）其他相关司法办案工作。"

监督方式	刑事案件	非刑事案件
1. 参加公开审查、公开听证	刑事案件的公开审查逮捕、审查起诉；刑事申诉案件公开审查、公开听证	民事、行政诉讼监督案件和执行监督案件、行政非诉讼执行监督案件公开审查、公开听证
2. 旁听检察官出庭公诉	一审、二审、再审刑事案件、刑事附带民事案件出庭支持公诉	出庭支持民事和行政公益诉讼
3. 参加巡回检察	对监狱及部分小型看守所等监管场所的巡回检察	
4. 监督检察建议相关工作	纠正违法检察建议、社会治理检察建议、其他检察建议等	再审检察建议、纠正违法检察建议、社会治理检察建议、公益诉讼检察建议、督促起诉检察建议、督促履职检察建议、民事行政执行检察建议等
5. 参加法律文书宣告送达	各种刑事法律文书	民事检察、行政检察、公益诉讼法律文书
6. 参加案件质量评查	一审、二审、再审刑事案件、刑事申诉案件、监狱提请减刑假释暂予监外执行监督案件、国家赔偿案件、国家司法救助案件等	民事、行政诉讼监督案件、执行监督案件、行政非诉讼执行监督案件、公益诉讼案件、民事和行政申诉案件等
7. 参加司法规范化检查	任何办案环节	
8. 监督检察工作情况通报	整体或单项工作情况通报	
9. 其他司法办案工作	检察官出席减刑假释案件庭审、调查取证、刑事申诉公开答复、检察官联席会议等	派员出席再审法庭、派员出庭支持法律规定的机关和有关组织提起民事公益诉讼、调查取证、民事行政申诉公开答复、检察官联席会议等
10. 其他方式	可以且不限于新闻发布会、检察开放日、检察长接访日、检察门户网站和网络平台留言以及其他检务公开活动和平台等	

从以上列表可以看出，人民监督员制度作为一项专门监督检察权运行的制度，其监督范围覆盖刑事、民事、行政、公益四大检察，体现了对检察权实施监督的完整性。2020 年 10 月，全国共有人民监督员 2.2 万余位，来自各行各业。2019 年 8 月至 2020 年 8 月，全国检察机关共邀请了 21165 位人民监督员监督检察办案活动 14298 件次，在这一年中，监督活动总量大幅提升。① 在新的规定实施一年之后，人民监督员新的监督模式的优势已经初现成效。

五、对人民监督员制度发展的展望

检察机关是我国的法律监督机关，既要履行法律监督职能又要接受各方监督。人民监督员制度的重要特征在于把外部监督引入检察权的运行体系，强化了社会力量参与司法的过程。② 人民监督员制度作为我国司法体制改革的重要构成部分，已经取得了良好的社会效果，对检察工作质量的提高以及人民检察院公信力的提高都起到了促进作用。

加强人民监督员监督，要反对"人民监督员万能论"。人民监督员只是对检察机关进行监督的监督体系的一部分，对检察机关存在广泛的外部监督和内部监督，人民监督员的独特之处在于：它是普通民众按照法定权限和程序、对检察机关办案活动直接进行监督。针对检察机关的监督体系共同发生作用、发挥合力，保障检察机关的权力公正行使，因此，要避免将人民监督员的监督等同于全部的"人民监督"和唯一监督。

加强人民监督员监督，也要反对"人民监督员无处不在论"。现有的十种方式已经为人民监督员对所有检察机关办案活动的监督提供了可能性，但是，监督的对象与具体的方式相结合，形成了四种不同的监督模式，这是由检察工作规律和外部监督规律所决定的，不能认为检察机关在办案过程中必须同时有人民监督员出现。例如，在调研中，有的人就指出，我国财产刑执行是当前检察机关执行监督的薄弱环节，应当邀请人民监督员监督每一个财产刑执行检察案件。但是，现有的十种方式已经为人民监督员监督每一个财产刑执行案件的检察监督提供了可能性——如参加案件质量评查、参加司法规范化检查、听取检察工作情况通报就可以涉及任何财产刑执行检察工作。不需要专门规定进行财产刑检察工作时都特别邀请人民监督员到场监督。

---

① 孙风娟、刘亭亭：《广度＋深度：2.2 万人民监督员的"刚性"监督》，载《检察日报》2020 年 10 月 27 日，第 1 版。

② 张仲芳：《论人民监督员对职务犯罪公诉工作的监督》，载《人民检察》2005 年第 18 期，第 18 页。

加强人民监督员制度,还要反对"建议性意见无效论"。在人民监督员制度改革中,很多人认为,现在人民监督员只有建议性意见的权利,导致"人民监督员制度设置的形式意义大于实质意义!"提出应当将人民监督员的意见改为具有强制性效力的决定,直接可以改变检察机关的意见。① 在法律制度中,存在某些制度的决定的效力的是建议性而非强制性,但其制度的活力却不可否认,且不说以我国政治协商会议为标志的政治协商制度,在司法领域也是有先例的,如在2005年改革之前,日本的检察审查会制度,其做出的决定对检察机关而言就是建议性和参考性的。② 在立法领域,"软法"是有意义的,只有具备强制力的规范才是有意义的,这样的说法"在面对不计其数的非强制性规范时显得苍白无力。既然在国家法的体系之内,也都有不依靠命令、强制、逼迫,却依靠说服、激励、信奉,而得以实际执行的规范,且此类规范不在少数,那么,仍然坚持以上说辞,不免过于牵强。"③ 同样,在执法司法领域,建议性、协商性意见也具有特殊的价值,认为民众参与司法的效力一定要如陪审团、美国的大陪审团、2005年以后的日本检察审查会一样具有强制效力才是有意义的,这种观点可以说是幼稚的,违背了人民监督国家权力的多样化规律,其本质是无视现代民主多元化的特征,忽视了建议性意见和协商民主的独特意义。在目前,人民监督员的监督意见只具有建议性,这符合中国国情,也符合检察规律,因为检察机关是追诉机关,在人民监督员具有广泛监督权的前提下,将多种复杂的追诉程序的决定权交给外行人直接行使,不利于迅速、高效打击犯罪。至于是否可以学习美国和日本,把具有终局性质的起诉裁量权交给外行人参与,则是以后可以考虑的问题,但其他检察权不可能交给人民监督员直接行使。

---

① 代表性的论文有:宋飞:《也谈人民监督员的监督问题——评杨婷婷的〈人民监督员的监督范围及效力探讨〉》,载 http://www.law-lib.com/lw/lw_view.asp?no=11951,最后访问日期:2020年4月29日;陈威杰:《人民监督员监督效力研究》,中国政法大学硕士论文,载 http://kns.cnki.net/KCMS/detail/detail.aspx?dbcode=CMFD&filename=1011043826.nh,最后访问日期:2020年4月29日。

② 高一飞:《东亚文化背景下的建议性陪审团》,载《财经法学》2015年第1期,第99页。

③ 沈岿:《"软法"概念正当性之新辩——以法律沟通论为视角》,载《法商研究》2014年第1期,第3页。

第二章　人民监督员制度的创制与探索

> **本章摘要：** 人民监督员制度是2003年9月起在中国实行的、检察机关通过从社会选任具有代表性的人士对检察机关的执法活动进行监督的制度。2015年以前，这一制度经过了试点阶段、全面推广阶段、深入与规范阶段。各地检察机关推行了很多改革措施，包括：进行人民监督员体制外试点，通过自荐为主，推荐为辅产生人民监督员，推行上级检察院统一选任人民监督员模式，形成了传统的同级监督模式、下管一级（上提一级）监督模式、同级异地交叉监督模式、上下级交叉与同级异地交叉结合监督模式等四种具体运行模式。人民监督员制度的改革与发展的趋势是：对人民监督员制度进行正式立法，统一全面推行体制外监督，扩大人民监督员的选拔范围，加强人民监督员决定的法律拘束力，推行上下级交叉与同级异地交叉监督结合模式，扩大监督的案件范围和情形等。

民众参与检察体现了权利对权力的制约，同时体现了司法民主性。世界上目前有三种典型的民众参与检察的模式，美国大陪审团模式，日本检察审查会模式，我国推出的人民监督员制度是另一种典型模式①，以日本"检察审查会"为蓝本，是中国式检察民主的表现，它是检察机关通过一定的形式和手段，从社会选任具有代表性的人士，按照既定的程序和规则，对检察机关的执法活动进行监督的制度。最高人民检察院经中央同意并报告全国人大常委会，从2003年9月起开展了人民监督员制度试点工作，人民监督员制度开始了艰难探索。

---

① 高一飞：《人民监督员制度的正当性探讨》，载《贵州民族学院学报》2005年第1期，第57页。

一、人民监督员制度产生和探索的历程

(一) 产生与试点阶段 (2003.9.2—2004.7.5)

2003年9月2日最高人民检察院制定和发布了《关于人民检察院直接受理侦查案件实行人民监督员制度的规定（试行）》。这一规定的主要内容有：

1. 人民监督员需要具备的条件

按照2003年《规定》，人民监督员应当具备下列条件：(1) 具有中华人民共和国国籍；(2) 拥护中华人民共和国宪法；(3) 年满23周岁；(4) 作风正派，坚持原则，有良好的政治素质和较高的政策、法律水平。人民监督员由机关、团体、企事业单位推荐，征得本人同意，由检察长颁发证书，任期与本届检察长的任期相同。试行人民监督员制度的检察机关设立人民监督员办公室，作为人民监督员的办事机构。

2. 人民监督员对人民检察院直接受理侦查案件进行监督的范围

人民监督员监督的内容有三项：一是在检察机关办理职务犯罪案件过程中，对承办案件的部门拟作下列处理的（"三类案件"）：被逮捕的犯罪嫌疑人不服逮捕决定，审查逮捕部门审查后认为应当维持原逮捕决定的；侦查部门拟撤销案件的；公诉部门提出对案件作不起诉处理的。二是人民监督员发现检察机关办理职务犯罪案件中有（"五种情形"）应当立案而不立案，超期羁押，违法搜查、扣押、冻结，应当给予刑事赔偿而不依法予以确认或者不执行刑事赔偿决定，办案人员徇私舞弊、贪赃枉法等情况，有权提出纠正意见。三是人民监督员可以应邀参加检察机关直接受理侦查案件的"其他执法检查活动"。

司法公正的价对象包括司法程序、司法结果和司法行为，三者任何一个方面都可能导致不公正的结果。人民监督员制度的科学性就在于将三者都纳入了监督范围。其中"五种情形"属于司法程序和司法行为的范畴，而拟撤销案件、拟不起诉、职务犯罪嫌疑人不服逮捕决定的"三类案件"属于检察环节司法结果方面的内容。

3. 人民监督员进行监督工作的程序

人民监督员的监督工作应当依照下列步骤进行：第一，由检察官向人民监督员全面、客观地介绍案情并出示主要证据；第二，由检察官向人民监督员说明与案件相关的法律适用情况；第三，人民监督员可以向检察官提出问题，对重大复杂案件，必要时可以听取检察官讯问犯罪嫌疑人、讯问证人，听取有关人员陈述或者听取本案律师的意见；第四，人民监督员根据案件情况，进行独立评议。评议后进行表决。

上述规定实行后，最高人民检察院决定在天津、辽宁、河北、内蒙古、黑

龙江、浙江、福建、山东、湖北、四川等 10 个省、自治区、直辖市的检察机关进行人民监督员试点工作。其中，四川、福建、湖北、在全省检察机关全面进行试点，其他 7 个省份是在部分地市、区县级检察院试点。全国共有 10 个省级院、105 个地市级院、510 个区县院共 625 个单位实行人民监督员制度。2003 年度，推荐产生人民监督员 4944 人，有 493 起案件进入监督程序，人民监督员同意检察机关原拟定处理意见的 462 件，不同意的 31 件，经过检察委员会讨论，决定采纳人民监督员意见，改变原拟定处理意见的 21 件。① 从试点情况看，实行人民监督员制度，增强了执法透明度，强化了人民群众对检察工作的监督，促进了办案力度的加大和办案质量的提高，使查办职务犯罪案件取得了更好的法律效果和社会效果。

（二）全面推广阶段（2004.10.1—2006.3）

2004 年 7 月 5 日，最高人民检察院对《关于人民检察院直接受理侦察案件实行人民监督员制度的规定（试行）》做出修改，颁布了新的《关于实行人民监督员制度的规定（试行）》（以下简称《规定》）。同时发布的文件还有《关于适用〈最高人民检察院关于实行人民监督员制度的规定（试行）〉若干问题的意见》（以下简称《意见》）和《最高人民检察院关于进一步扩大人民监督员制度试点工作的方案》（以下简称《方案》）的通知。《方案》要求"试点工作在全国各省、自治区、直辖市检察机关进行。省级检察院全部进行试点；分、州、市和县级检察院的试点范围，由省级检察院决定并报高检院备案。"先行试点的 13 省（自治区、直辖市）的检察机关从 9 月份开始按修订后的《规定》《意见》实行人民监督员制度。其他检察机关尽快传达贯彻全国检察长座谈会精神、组织学习动员；9 月份进行启动准备工作，制订具体的实施方案、选任人民监督员等；10 月 1 日起全面开展监督工作。以此为标志，人民监督员制度在部分地区试点成功的基础上，进入了"全面推广"阶段。

《规定》中的内容涉及人民监督员制度适用范围和监督性质等 17 项内容。修改后的《规定》内容中，明确要求所有承办直接受理侦察案件的检察机关都应当实行人民监督员制度，接受人民群众的社会监督，人民监督员享有独立发表意见和表述的权利，将原来人民监督员的"任期与本届检察长的任期相同"修改为一次任期是 3 年，连任不得超过 2 次，出现法定情形的，人民监督员可以辞去职务。在对原有《规定》作出修改的同时，对于人民监督员在履行监督职责中应当遵守的法律和承担的责任，在《规定》中新增加的内容要

---

① 贾春旺：《最高人民检察院工作报告》（2004 年 03 月 10 日）。

求,人民监督员参加案件监督工作,应当保守秘密,不得对其他人民监督员施加不正当影响,不得泄露评议表决结果,不得私自会见本案当事人和其委托的人,在履行职责过程中严重违反规定的,检察机关将依照《规定》,和有关部门协商,免除其人民监督员职务。

2004年10月,《规定》出台,民监督员制度的试点范围也在扩大。当年,各省级院、349个地市级院和2407个基层院开展了试点,经各级人大、政协和有关部门推荐,共选任人民监督员18962名。① 2005年11用23日,最高人民检察院通过了《关于人民监督员监督"五种情形"的实施规则(试行)》(以下简称《实施规则》),这实际上是人民监督员工作的"程序规则",规定了人民监督员监督案件时的监督提起程序、分流处理程序、具体监督程序、监督意见处理程序、结果反馈程序复议和复核程序,使人民监督员工作不仅能够做到内容明确,而且也做到"程序规范"。

到2006年,全国已有86%的检察院开展试点工作,全年共有5191件拟作撤案、不起诉处理和犯罪嫌疑人不服逮捕决定的职务犯罪案件进入监督程序,其中人民监督员不同意办案部门原拟定意见的252件,检察机关采纳178件,对未采纳的依据事实和法律向人民监督员作出了说明。② 人民监督员制度在促进公正执法、保证办案质量、增进司法民主等方面的作用进一步显现。

(三)深入与规范阶段(2006.3以后)

2006年5月3日《中共中央关于进一步加强人民法院、人民检察院工作的决定》(以下简称《决定》)(中发〔2006〕11号)要求人民检察院"深入推进人民监督员制度试点工作,适时加以推广,促进人民监督员制度规范化、法制化"。《决定》同时指出,人民检察院和人民法院"改革的各项措施要以宪法和法律为依据,凡与现行法律法规有冲突的,有的可先行试点,在修改有关法律法规后正式实施"。这一决定中"与现行法律法规有冲突的,有的可先行试点"的提法,表明司法体制改革的有些问题只要内容正当,即"符合我国人民民主专政的国体和人民代表大会制度的政体,有利于加强和改进党对政法工作的领导,有利于促进社会主义制度的自我完善,有利于维护国家统一、民族团结和社会稳定,有利于促进经济发展和社会全面进步",③ 即使"与现行法律法规有冲突"也可以进行试点。

---

① 贾春旺:《最高人民检察院工作报告》(2005年3月9日)。
② 贾春旺:《最高人民检察院工作报告》(2007年3月13日)。
③ 参见2006年5月3日《中共中央关于进一步加强人民法院、人民检察院工作的决定》(中发〔2006〕11号)。

2008年全国各级试点院共监督"三类案件"5291件,人民监督员不同意检察机关原拟处理决定146件,检察机关采纳95件,占65%。共受理人民监督员提出对"五种情形"的监督164件,已向人民监督员反馈查处或查明情况154件。此外,人民监督员在执法检查中提出意见、建议80件,均将其整改或查证情况向人民监督员反馈或作出详细说明。①

检察机关于2003年9月启动人民监督员制度试点工作,经过7年探索,试点工作深入开展、稳步推进,取得良好成效。截至2010年10月,全国已有3137个检察院进行了试点,占各级检察院总数的86.5%,先后选任人民监督员3万多人次。人民监督员共监督"三类案件"32304件,其中不同意检察机关拟处理意见的1635件,检察机关采纳899件;对"五种情形"提出监督意见1000余件,绝大部分已经办结并向人民监督员反馈。经中央同意,高检院决定在检察机关全面推行人民监督员制度。②

随着人民监督员制度试点工作的深入推进,其制度上的缺陷逐渐暴露。人民监督员的产生管理、履职依据、履职程序、独立性、监督意见的效力等方面,面临着普遍质疑。在这样的背景之下,在得到社会广泛认可的同时,人民监督员制度试点工作向着更加深入、规范的方向发展,各地检察机关在人民监督员的选任主体、选任范围、产生方式、人民监督员监督案件的对象、监督工作运行模式、人民监督员制度规范化的形式等各方面都进行了稳妥而大胆的改革。经中央同意,高检院决定在检察机关全面推行人民监督员制度。

二、2010年前人民监督员制度改革的特点

为进一步推进试点工作的完善,2006年3月,最高人民检察院在全国确定4个人民监督员体制外试点市——四川省广安市、辽宁省锦州市、山东省日照市和宁夏自治区银川市,率先开展人民监督员"体制外"试点。在最高人民检察院部署的"体制外"试点之外,还出现了选任范围上和监督方式上的探索。这些探索的主要内容包括以下几个方面:

---

① 最高人民检察院人民监督工作办公室人民监督员工作处:《2008年人民监督制度试点工作总结》,载http://fy.jcrb.com/fyfz/rmjdy/dinqi/200903/t20090304_187342.html,最后访问日期:2009年3月4日。

② 徐盈雁:《高检院部署全面推行人民监督员制度》,载http://news.jcrb.com/jxsw/201010/t20101029_459870.html,最后访问日期:2010年10月29日。

（一）人民监督员"体制外"试点

人民监督员"体制外"试点最早于 2006 年 11 月在山东枣庄山亭区实行。① 此后，在四川、甘肃、湖南、云南等省人大常委会通过关于试行人民监督员制度决议的同时，安徽省人大常委会也通过了《关于加强人民监督员制度试点工作的决议》，云南省人大常委会还专项视察试点工作情况并对执行决议情况进行审议。

特别值得一提的是，2007 年 10 月 12 日，黑龙江省十届人大常委会第二十九次会议作出《黑龙江省人大常委会加强检察机关人民监督员制度试点工作若干问题的决定》。截至 2008 年 1 月，该省检察机关正按照要求对新一届人民监督员进行选任。② 随着人民监督员制度的法制化进程加快，逐步实现人民监督员产生方式的外部化是大势所趋。

广安的做法是，将原设于广安市检察院的领导小组办公室改设在该市人大常委会人代工委，办公室主任由人代工委主任兼任，人民监督员由人大常委会相关机构选任和管理。进一步强化了制度的外部性特征，全市检察机关明显感受到了来自外部的监督压力，在新一轮试点后已监督的 19 件案件中，人民监督员同意拟处理意见的 13 件，占监督案件的 68.4%。在不同意拟处理意见的 6 件案件中，经检察委员会研究，有 3 件采纳了人民监督员提出的案件处理意见，这有效地促进了检察机关办案法律效果和社会效果的统一。广安市的人民监督员制度被四川省检察院誉为"广安模式"。③ 应当肯定的是，体制外监督的"广安模式"对于保障人民监督员的外部性、确保监督效果具有进步意义。

但是，以"广安模式"为代表的体制外监督仍然存在亟待进一步研究的问题：人民监督员的产生、选任和管理全部由地方负责，而排除了一体化的检察机关参与的可能性，同时，有可能让人民监督员制度在个别地方演化为司法地方化的工具。

（二）"自荐为主，推荐为辅"产生人民监督员

在最高人民检察院规定的"推荐"成为人民监督员之外，广安增加了公众自荐为人民监督员的方式，民众的参与热情超乎了大家的预想，在推荐

---

① 记者：《从内选到外任，枣庄向社会公开选任人民监督员——人民监督员由检察长提请人大常委会任命》，载 http://npc.people.com.cn/BIG5/15177/53060/5001720.html，最后访问日期：2006 年 11 月 06 日。

② 韩兵：《体外化选任破解监督难题》，载《检察日报》2008 年 1 月 14 日，第 3 版。

③ 记者：《广安模式吸引外来眼球》，载 http://guangan.99114.com/corp/News_329534.html，最后访问日期：2007 年 4 月 7 日。

（自荐）广安市人民监督员人选65人，自荐人员就占43.1%，最后确认的33名人民监督员中也有8名产生于自荐。①

而重庆市为进一步加大人民群众对检察工作的监督力度，市检察院决定从2009年1月1日起，在全市检察机关全面实行人民监督员制度试点，并面向社会统一、公开选任人民监督员280名。人民监督员的产生方式则分为：(1)组织推荐：机关、团体、企业事业单位、城镇及农村基层自治组织可根据人民监督员选任条件，经过民主协商，征得被推荐者本人同意，向检察机关推荐。(2)公民自荐：公民个人可根据人民监督员选任条件，向检察机关推荐。相关组织和公民个人可在各区县（自治县）检察院领取推荐、自荐报名表，也可登录市检察院"法律监督网"下载相关表格进行报名。也出现了"自荐为主，推荐为辅"的方式。

"自荐为主，推荐为辅"是中国特色的选拔民意代表参与司法的方式。西方国家选陪审团那种从选民中随机抽取的方式不符合中国国情，随机抽取可能会出现被抽取者不愿意参加的情况，影响组织人民监督员时的效率，这从各地选任人民监督员时报名者数量不够多就可以看出，而自荐方式就可以解决这个问题。自荐也体现了广泛的代表性，因为自荐不是检察机关选择的，可能来自各个社会阶层。当然，以上方式存在的问题也是明显的，即自荐后选任有一次筛选程序，而这一筛选是由选任机关自由裁量的，这使最后选定的人民监督员的代表性大大降低。

（三）推行"上级院统一选任人民监督员模式"

早在2004年8月16日最高人民检察院《关于进一步扩大人民监督员制度试点工作的方案》中就指出，"在直辖市、边远地区等'三类案件'较少的基层试点院，可以由分、州、市院统一选任人民监督员，在分、州、市院辖区内统一履行监督职责"。目前上海、广西、江苏、海南、重庆等地试行上级院统一选任人民监督员模式。

如重庆市检察院通过组织推荐和公民个人自荐相结合的方式统一选任人民监督员，各分院、基层检察院不再自行选任人民监督员。市检察院根据各区县人口数量分配5至9个人民监督员名额，全市统一选任280名，统称为"重庆市检察机关人民监督员"。所选任的人民监督员组成人民监督员库。实施监督

---

① 记者：《广安模式吸引外来眼球》，载 http: //guangan. 99114. com/corp/News_329534. html，最后访问日期：2007年4月7日。

工作时,从人民监督员库中抽取监督员进行。①

2008年5月23—24日"人民监督员选任模式研讨会"与会人员认为,上级院统一选任人民监督员模式产生于当时的法治进程之中,其实践带有鲜明的中国特色,是对中国特色社会主义检察制度中存在问题的中国特色解决方案。②"下管一级"模式的优势主要体现在:一是可以克服司法地方化的弊端。通过合理调配,由外区域的人民监督员来监督案件,避免了检察机关在办理职务犯罪案件中,遇到所在地方各种外来消极因素的干扰。二是有利于加强对下级检察机关办案情况的监督。三是有利于规范辖区职务犯罪案件的查办。四是有利于整合工作资源,提高检察工作效率。每个区县院每年查办的职务犯罪案件数量不多,进入监督程序的"三类案件"就更少,需要人民监督员监督的案件也比较少。下管一级的监督模式则有效地避免了资源和资金浪费,提高了监督工作效率。

(四)扩大了人民监督员监督对象的范围

按照最高人民检察院人民监督员制度的相关规定,纳入人民监督员监督的案件范围是职务犯罪案件,具体来说就是对"三类案件""五种情形"实施监督。各地在改革中将监督范围适当有所扩大。

重庆市检察机关的人民监督员对下列情形和案件也可以进行监督:"一是职务犯罪案件发案单位、当事人及其近亲属不服检察机关对涉案款物的处理决定,提出申诉,检察长认为有必要提交监督的;二是市院检察长或分院检察长认为有必要提交监督的其他案件。"③ 在检察机关办案过程中,如果说对人的处理即定罪量刑还有法院最后一道关进行监督的话,涉案款物的处理,是一个完全没有任何第三者监督的行政性行为,将此纳入人民监督员监督范围,非常必要。2007年7月,内江市威远县检察院出台《涉检信访申诉案件接受人民监督员监督暂行规定》,将涉检涉财信访案件纳入人民监督员监督范围,邀请

---

① 记者:《今年人民监督员的选任较以往有何不同?》,载华龙网:http://cq.cqnews.net/cqztlm/qt/ygjc_ 20081118/jj/200811/t20081118_ 2620729.htm,最后访问日期:2008年11月18日。

② 高检院办公厅人民监督工作办公室人民监督员工作处:《人民监督员选任模式研讨会综述》,载《方圆法治·人民监督员》2008年第18期,第3页。

③ 记者:《今年人民监督员的选任较以往有何不同?》,载http://cq.cqnews.net/cqztlm/qt/ygjc_ 20081118/jj/200811/t20081118_ 2620729.htm,最后访问日期:2008年11月18日。

其参加涉检信访案件处理听证会。① "检察长或分院检察长认为有必要提交监督的其他案件"纳入监督范围，体现了灵活性，对检察机关内部争议很大、特别是检察长与检察委员会意见不一致的案件，在社会上影响很大的案件等纳入监督范围，是非常必要的。

2007 年，泸州市龙马潭区制定《被害人不服检察机关不批准逮捕接受人民监督员监督暂行规定》，将一般刑事案件批准逮捕环节纳入监督范围，因为批准逮捕是针对公安机关的案件，② 所以，在这一问题上，人民监督员的监督范围扩大到了自侦案件以外，但是，这一做法只针对"被害人不服检察机关不批准逮捕"的案件，而对"被告人不服检察机关批准逮捕"的情况没有包括在内，只从打击犯罪考虑，没有从保护人权方面考虑，所以完全可以将范围改为包括"当事人不服检察机关批准或者不批准逮捕决定"两种情形。

在四川省广安市岳池县人民检察院的深化人民监督员工作试点中，把署名举报拟不立案，被害人不服不批准决逮捕决定、不起诉决定且公安机关未提请提议复核，申诉人对刑事申诉复查决定不服以及在当地有重大影响的案件也纳入人民监督员范围，效果很好。③ 这几种情况同样是检察机关缺乏监督、容易激发社会矛盾导致长期上访申诉的案件，纳入人民监督员监督范围，充分发挥了人民监督员制度息诉息访、维护社会和谐稳定的积极作用，也是可以肯定和推广的。

（五）形成了四种具体运行模式

在各地的改革和探索过程中，以保障人民监督员的独立性和有效性为目的，形成了四种模式。

一是传统的同级监督模式。目前，全国大多数检察院采取的是"同级监督"模式，同级监督的模式中，又分为两种具体方式。即按照最高人民检察院《关于对人民检察院直接受理侦查案件实行人民监督员制度的规定（试行）》，各院自己选任人民监督员对本院办理的自侦案件进行监督。

目前全国检察机关绝大多数都是检察机关主导人民监督员选任管理，这也导致人民监督员制度从一开始就面临着外界"检察机关自己请人监督自己"

---

① 鲜婷、马利民：《人民监督员制度"体外"试点寻求立法规范》，载 http://npc.people.com.cn/GB/71673/8169104.html，最后访问日期：2008 年 10 月 14 日。

② 鲜婷、马利民：《人民监督员制度"体外"试点寻求立法规范》，载 http://npc.people.com.cn/GB/71673/8169104.html，最后访问日期：2008 年 10 月 14 日。

③ 郭彦：《深化人民监督员制度要在五个方面下功夫》，载《人民检察》2007 年第 8 期，第 68 页。

的质疑，这也是我们不容回避的一个硬伤。① 由于自行选任明显存在"自己请人来监督自己"这样的逻辑上的缺陷，实际上的效果当然也不是理想的。

二是下管一级（上提一级）的模式。这样做的地方主要有上海、北京、重庆。上海市检察院实施人民监督员制度工作"下管一级"的工作模式之后②，北京借鉴上海检察院的"上提一级监督模式"。③ 重庆也采纳了类似监督模式。④

与以往的"同级监督"模式相比，"上提一级"监督模式能够有效的克服"同级监督"模式存在的弊端方面有制度优势。但是，在市级以上检察机关实行"上提一级"监督模式，囿于地理位置、交通、案件规模等条件的限制，不具有普适性。这也是为什么这一模式在省级检察院实行时，主要在上海、北京、重庆三个直辖市实行的原因。

三是同级异地交叉监督模式。在人民监督员制度试点工作实践中，山西省开展了人民监督员交叉监督"三类案件"活动。此次交叉监督是由监督单位的人民监督员与被监督单位的人民监督员共同评议或表决监督案件，原则上在市级检察院所属的县区检察院之间进行，省检察院和市级检察院可根据实际选择下级检察院拟监督的、具有典型意义的"三类案件"上提一级进行监督。交叉监督的过程还要进行录音、录像，制作视听资料上报。⑤ 另外，还有些地方进行了"个案异地交叉监督"。2008 年 8 月，山东省枣庄市台儿庄区人民检察院对被举报人邱某是否应当立案进行人民监督员监督时，市检察院指派峄城区 4 名人民监督员与台儿庄区 3 名人民监督员共同参加了案件监督会，举报人代表也列席了会议。7 名人民监督员一致同意办案部门不予立案的决定，举报人对结果表示信服，决定息诉罢访。⑥

---

① 鲜婷、马利民：《人民监督员制度"体外"试点寻求立法规范》，载 http://npc. people.com.cn/GB/71673/8169104.html，最后访问日期：2008 年 10 月 14 日。

② 包蹇：《71 名社会人士被选为新一任检察机关人民监督员》，载 http://news.sohu.com/20080612/n257453314.shtml，最后访问家日期：2008 年 6 月 12 日。

③ 马剑光：《案件监督模式之选择——以北京市检察机关的试点为视角》，载《方圆法治：人民监督员》2007 年第 12 期，第 5 页。

④ 徐盈雁、沈义：《重庆统一公开选任人民监督员 实行下管一级监督》，载《检察日报》2008 年 11 月 18 日，第 2 版。

⑤ 赵晓燕：《提升工作热情提高监督质量三类案件将被交叉监督》，载 http://news.sina.com.cn/o/2008-06-12/160014007658s.shtml，最后访问日期：2008 年 6 月 12 日。

⑥ 李晓波、钟宜友：《枣庄市检察院试点新制度减少干扰 人民监督员异地交叉监督案件》，载《法制日报》2008 年 8 月 28 日，第 3 版。

可以看出的是，上述两地的异地交叉监督还并没有形成制度，山西的做法只是为了克服"有的单位从未监督过一起案件"的局面而开展的一次临时性的活动，而山东枣庄异地监督的启动则是因为"举报群众不服，并表示将继续上访举报。由于该案影响较大，群众反映强烈"①。应当说，上述两地的异地交叉监督没有形成制度化。这一做法的好处是可以克服本地同级人民监督员监督案件时的熟人化和本地化的问题，提高人民监督员监督案件时的独立性；也能提高决定的权威性使当事人和举报人能够更加信服检察机关的决定。

四是上下级交叉与同级异地交叉监督结合模式。从2006年9月开始，成都市人民检察院在所辖的成华、青羊、都江堰三个基层院开展了人民监督员由市院统一选任、集中管理，案件由市院人民监督员集中监督的试点。并于2007年11月份开始，借人民监督员选任换届之机，在全市范围内全面实行市级院人民监督员集中监督案件模式。迄今已经对25件"三类案件"、2件"五种情形"进行了监督。成市级院人民监督员由市级院统一选任、集中管理，基层院不再选任人民监督员，全市应当进入监督程序的"三类案件"和"五种情形"由市级院组织人民监督员统一进行监督的案件监督模式。特别是确立了"交叉监督"的原则，即市院办理的案件由基层院推荐的人民监督员进行监督，基层院办理的案件由市院或者其他基层院推荐的人民监督员进行监督，形成了相对于接受监督的检察院是外部监督、相对于整个检察系统是内部监督的格局，在一定程度上实现了监督的"外部性"特征。②

虽然成都市检察院"人民监督员由市级人民检察院按照一定的条件在全市范围内统一选任"，没有实行体制外监督即由人大选任人民监督员进行监督，这是其固有的缺陷，但仅从运行模式上来看，是一种最优的监督模式。一是因为不是由本地的监督员进行监督克服了人民监督员本地化、熟人化带来的问题；二是可以在全市范围内合理调配监督资源，避免有的地区人民监督员很少或者没有案件可以监督时的资源浪费。

（六）改革措施以地方立法形式推进

如前所述，自2006年起，各地人民监督员体制外试点改变检察机关自行任命监督员的具体方法是改由检察机关所在地的人大任命人民监督员。

2007年7月，第十届全国人大代表、山东省人民检察院检察长国家森就

---

① 李晓波、钟宜友：《枣庄市检察院试点新制度减少干扰 人民监督员异地交叉监督案件》，载《法制日报》2008年8月28日，第3版。

② 王静、黄钢：《市级院人民监督员集中监督案件模式解析与构建——以成都市检察机关的试点为视角》，载《人民监督员制度试点与改革研讨会论文集》，第82—89页。

改进人民监督员的选任方式等问题，推进人民监督员制度法制化，专门致信全省各地市委书记、市人大常委会主任，引起热烈反响。2007 年，已有四川、甘肃、云南、湖南、安徽等 5 个省的人大常委会专门就试行人民监督员制度作出了决议。①

根据《立法法》的规定，地方立法机关有权在不同宪法、法律、行政法规相抵触的前提下，为执行法律的有关规定，根据本行政区域的实际情况作出具体规定。由地方立法机关对人民监督员的选任、管理、权利、义务及经费保障等问题作出具体规定主要是着眼于保障和规范公民有序行使权利，不涉及国家权力制度，不涉及公民政治权利的剥夺、限制人身自由的强制措施和处罚等必须制定法律的事项，不会产生与国家立法的冲突。

三、对人民监督员制度进行立法的必要性

2008 年，2 月 28 日，人民监督员制度作为加强对司法权的监督制约与尊重和保障人权的重要举措，被载入《中国的法治建设》白皮书。这是人民监督员制度第四次通过白皮书的形式向全世界宣示其重大现实意义和深远历史意义，白皮书指出："人民监督员试点工作平稳推进，重点对不服逮捕、拟撤销、拟不起诉案件实施监督。涉及检察人员办案不文明、不规范的投诉明显减少。"人民监督员制度，成为体现中国民主法治进步的精彩一笔。2008 年 3 月 18 日，第十一届全国人民代表大会第一次会议表决通过了最高人民检察院工作报告，并在《关于最高人民检察院工作报告的决议》中明确指出："同意报告提出的 2008 年的工作安排"。而工作报告提出的 2008 年的工作安排重点之一，就是"全面实行人民监督员制度，推动人民监督员制度法制化，健全检察工作接受人民群众监督的机制"。

2008 年 5 月 16 日，时任最高人民检察院检察长曹建明主持召开党组会，在听取试点工作情况汇报和领导小组关于深化试点工作的意见后，进行了专题讨论研究，根据党中央的指示和全国人大的要求对试点工作进行了新的部署。会议认为：要以改革的精神来推进人民监督员制度的改革。② 可见，从高层对人民监督员制度的肯定和将来的改革期望来看，人民监督员制度将走向更加完善、规范，对其进行立法规范完全必要。

---

① 本刊评论员：《推进人民监督员制度法制化》，载《方圆法治·人民监督员》2007 年第 14 期，第 1 页。

② 本刊评论员：《领会精神 调整思路 推动人民监督员制度规范化与法制化进程》，载《方圆法治·人民监督员》2008 年第 18 期，第 1 页。

（一）对人民监督员制度正式立法

人民监督员制度自 2003 年 8 月试点以来，得到了社会各界的理解和支持。2004 年至 2007 年的全国两会上，人大代表和政协委员们在审议、讨论最高人民检察院工作报告时，对人民监督员制度给予充分肯定，并提出议案、提案和建议，呼吁为人民监督员制度立法。

据统计，从 2004 年至 2007 年 7 月，全国两会上共有全国人大代表 500 余人次和 2 名全国政协委员提出关于为人民监督员制度立法的 16 项议案、1 项提案和 5 项建议。其中，2005 年有 120 名人大代表提出 4 项议案；2006 年有 258 名人大代表提出 8 项议案、1 名人大代表提出 1 项建议、2 名政协委员提出 1 项提案；2007 年有 124 名人大代表提出 4 项议案、4 名人大代表提出 4 项建议。① 代表委员们就人民监督员制度的立法提出了三种方案：一是将人民监督员制度纳入人民检察院组织法；二是将人民监督员制度纳入刑事诉讼法；三是制定人民监督员制度的单行法律。

我国立法部门应当重视人大代表的议案、提案和建议，对人民监督员制度及时进行立法，具体条款可以在检察院组织法和刑事诉讼法中加以规定，即通过检察院组织法规定人民监督员的条件、产生方式、职权，通过刑事诉讼法规定人民监督员的工作程序。同时，上述法律的规定可以是原则性的内容，详细的实施细则可以通过最高人民检察院的司法解释进行规范。

（二）统一全面推行"体制外"监督

人民监督员制度试行之初，人民监督员由检察机关自己选任、检察长颁发证书只能是一种过渡性、临时性的方案。试点工作深入开展后，特别是到了法制化、规范化阶段，这一选任模式就会影响人民监督员选任的公正性和公信力。为了提高由人民监督员监督行为的权威性和公信力，一些地方开始进行外部化选任模式的探索，通过地方外部机构的介入，不同程度地赋予了各地监督工作以体外监督的社会公信力，强化了监督行为的外部性和权威性。

人民监督员制度试点工作，是检察体制改革中的一项全新的工作，包括人民监督员产生方式在内的许多问题，在试点工作中正在得到规范和完善。随着

---

① 徐盈雁：《人民监督员立法：数百代表提出三种方案》，载《检察日报》2007 年 5 月 14 日。另有资料表明，到 2007 年 7 月为止，在一些地方人大机关积极为人民监督员制度立法推波助澜的同时，全国人大代表建议加快人民监督员制度立法的呼声越来越高，2005 年以来的全国人民代表大会上，先后有 503 人次提出人民监督员制度立法的议案、建议。推进人民监督员制度法制化，http://fy.jcrb.com/shownews1.aspx? newsid = 745，载《方圆法治》2007 年第 14 期。

人民监督员制度的法制化进程加快,实现所有检察院的人民监督员产生方式的外部化是大势所趋。

具体做法是,由人大常委会负责人民监督员的选任,通过人民代表大会表决决定人民监督员名单,由人大对人民监督员进行日常管理。

(三) 改革人民监督员的选拔范围

在人民监督员的产生上,当时的做法是检察机关和人民监督员候选人所在单位协商后确定人选、颁发证书并组织监督评议。这种做法存在几方面弊端,需要切实加以改进:一是产生的人民监督员权威性不强,社会认可程度不高,公信度较低;二是选任的人民监督员具有组织化、精英化、官方化色彩,领导干部居多,民意代表性、广泛性不足。

各地在探索中将过去的"由检察机关任命"的做法改变为为向社会统一、公开选任,并在选任条件方面也进行了重大改革。从 2009 年 1 月 1 日重庆市检察院,在全市检察机关全面实行人民监督员制度试点,并面向社会统一、公开选任人民监督员 280 名。在省级检察院面向社会统一、公开选任人民监督员,重庆市检察院是首次。担任人民监督员的条件有:(一) 拥护中华人民共和国宪法;(二) 有选举权和被选举权;(三) 年满 23 周岁;(四) 品行良好、公道正派、热心公益;(五) 身体健康,有履职时间;(六) 在重庆市工作或有固定居所。①

可以看出,在重庆市检察院的规定中,过去强调的文化程度不再是担任人民监督员的条件。体现了广泛的代表性,这与西方国家选择陪审团成员的标准大致相同。②

---

① 罗玺:《重庆检察院面向社会选任人民监督员今报名》,载 http://www.cq.xinhuanet.com/news/2008 – 11/19/content_ 14956151_ 6.htm,最后访问日期:2008 年 11 月 19 日。

② 日本检察审查员不能担任检察审查员的情形来看,条件非常宽松,不能担任者为:小学未毕业者等(第 5 条"欠格事由");基于特定身份不能就任检察审查员职务的人,如天皇及其家人、行政执法官员、司法人员等(第 6 条"不适格事由");检察审查员回避的情形,如本人是犯罪嫌疑人或被害人等(第 7 条"除斥事由");不宜再担任检察审查员职务的情形,如年满 60 岁以上者等(第 8 条"职务辞退")。全日本有超过 200 个的检察审查会,每个审查会有 11 名成员,而且每三个月就会更换一半的成员,因此审查会的成员具有广泛的群众代表性,他们中有工人、农民、渔民、店员、学生、家庭主妇、医生、作家、公司职员、公务员、教师等。审查会成员所具有的广泛性,使日本国民参与司法得到了一定的保障,从一个方面而言也提高了国民乃至整个社会的法律意识。参见罗永红:《日本检察审查会的启示》,载《河南社会科学》2007 年第 4 期。

我国人民监督员在很多地方作了不必要的限制，重庆市扩大人民监督员范围的做法值得推广，但从根本上说，还需要增加人民监督员的数量和随机性，使更多的人有可能参与到人民监督员行列中来。

此外，在人民监督员筛选过程中，对于同等情况下都符合条件的报名者，筛选掉哪些人，这是由检察人员"主观选择"的结果，只要是主观选择，就会带有检察人员自身的价值判断，削弱了人民监督员的代表性，如前述重庆市的做法，所谓1∶1的基数报名之后再进行筛选，只能是主观选择的结果。如果改为由人民监督员办公室筛选掉不合格人员后，再由计算机从合格人选中随机抽取需要的数量则能够克服"主观选择"的弊端。

（四）加强人民监督员决定的法律拘束力

即是否应当赋予人民监督员决定强制性效力的问题。日本的检察审查会在2004年前只有"建议"的作用，规定了强制效力，而2004年后，检察审查会的决定具有了强制效力。为了使检察权的行使反映民意，日本参考美国的大陪审团制度于1948年颁布了《检察审查会法》，创设了检察审查会制度。

检察审查会认为不起诉决定错误或不当时，可向检察机关提出"再起诉"的劝告，但该劝告对于检察机关没有强制性。2004年第62号法律对《检察审查法》进行了重大修改。① 修改后的法律规定，在检察审查会作出了适于起诉的决议后，如果检察官对于该决议所涉及的案件再次作出不起诉处分时，或者自适于起诉决议的决议书副本送达之日起3个月内，未收到检察官作出的关于案件处分的通知时，即开启第二阶段的审查。明确了二次审查后决议的强制力。当检察审查会对检察官的不起诉处分进行了二次审查后，仍然认为适于起诉时，应当作出起诉决议，即起诉决议具有法律拘束力。

在我国，我国人民监督员的表决意见仅起到"建议性"作用，意见是否被采纳，由检察机关决定，所以，人民监督员意见被检察机关采纳的比率不到60%。但人民监督员所作的决定既然是"直接民主"的一种方式，应赋予其以法律效力。在以后的立法中，在特定程序限制下赋予人民监督员意见以更加刚性的效力，是应当考虑的重要问题。

（五）推行"上下级交叉与同级异地交叉监督结合模式"

在人民监督员制度的四种具体运行模式中，"同级监督模式"无法克服学界和检察机关所诟病的地方化、熟人化问题。而在上提一级（下管一级）和

---

① 宋英辉：《日本刑事诉讼制度最新改革评析》，载《河北法学》2007年第1期，第31页。

异地交叉监督两种模式中,都无法解决上级机关仍然是本地人民监督员监督的问题。而成都市模式的"上下级交叉与同级异地交叉监督结合模式",克服了以上各种模式的缺点,使上级以及下级各地检察院都是由其他检察机关的人民监督员进行监督。与其他模式相比,具有天然的优势。

其主要的优点有:(1)有利于实现人民监督员制度的公正价值。在全市范围内实现市院与区县之间、区县之间的"交叉监督",人民监督员可以克服地域观念,更超脱。(2)有利于实现人民监督员制度的效率价值。由于各个地区社会、经济发展不平衡,"三类案件"数量也有极大差异,在成都市的各区县,有的地方每年监督近10件案件,有的地方几乎没有。通过统一选任、集中监督模式,在全市范围内合理调配监督资源,避免了资源浪费。① 另外,按照最高人民检察院《关于人民监督员制度试点工作若干具体问题的意见(二)》之规定,"上级人民检察院侦查部门或者公诉部门审查下级人民检察院报送的拟撤销案件或者拟不起诉案件后,认为下级人民检察院拟决定撤销的案件应当作不起诉处理,或者下级人民检察院拟决定不起诉的案件应当作撤销案件处理的,应当启动本院人民监督员的监督程序。在监督中应当向人民监督员介绍下级人民检察院人民监督员的表决意见,将审查意见和本院人民监督员的表决意见一并报请检察长或者检察委员会决定"。这就意味着存在人民监督员"二次监督"的情况。实行集中监督模式后,将监督程序后置,就可以有效地避免这一违背诉讼经济原则的情况发生。

成都市的这种模式,可以在各地推广,推广的方式可以分为两种,一种是在地域比较小、人口较少的直辖市,可以在全市范围内由直辖市人民检察院统一选任人民监督员(重庆市就是这么做的),在全市范围内实行"上下级交叉与同级异地交叉监督结合模式""上下级交叉与同级异地交叉监督结合模式";在地域比较广的省、自治区,则只在各地区推行,各地、市(地级市)统一任命本地区的人民监督员,各基层人民检察不另设人民监督员。而在省自治区和其下一级的地、市(地级市)之间,不实行"上下级交叉与同级异地交叉监督结合模式"。

当然,以上两种方式中,人民监督员的任命方式也必须是体制外的,即由人大常委会任命,对直辖市人民监督员,统一由直辖市人大常委会任命。在省、自治区和其下一级的地、市(地级市)的人民监督员,统一由地、市(地级市)人大常委会任命,基层检察院不再有本级人大任命的人民监督员;

---

① 王静、黄钢:《市级院人民监督员集中监督案件模式解析与构建——以成都市检察机关的试点为视角》,载《人民监督员制度试点与改革研讨会论文集》,第82—89页。

对各省、自治区的人民监督员，由本级人大常委会任命，但必须照顾地区平衡，当时的做法是，大部分人民监督员从省会或者区府所在地的城市的公民中产生，这样做尽管会带来一些效率上的问题，即人民监督员离省（自治区）检察院所在地比较远，但是省一级检察院审理的案件数量也相对较少，效率问题不会对案件的处理形成很大的影响，而且尽管克服了人民监督员本地化、熟人化的倾向。以上人民监督员都在自荐与推荐相结合的公民中产生。

（六）扩大监督的案件范围和情形

如前所述，实践中人民监督员监督范围有扩大，此外，还有人在理论上主张"将数量更多的公安机关侦查终结移送检察机关而检察机关作出不起诉决定的纳入其监督范围"[1]，笔者同意这一建议，因为不起诉是已经构成轻微犯罪的案件的不交付法院审判的处理，也就是对已经构成犯罪的案件作不作犯罪处理的问题，关系到被告人是否会定罪判刑这样的重大问题，既容易侵犯被告人的权利，把本该不起诉的案件进行起诉，也容易产生检察人员滥用职权、钱权交易的问题。所以，应当改变人民监督员只监督检察机关自己侦查的案件的情况，将公安机关侦查终结移送检察机关而检察机关作出不起诉决定的案件纳入其监督范围。

另外，人民监督员是否可以代行西方国家"治安法官"或者"侦查法官"的职能，行使审查批捕的权力，也是一个可以探讨的问题。检察机关没有批准或决定强制性措施的权力，是世界性趋势。所以，需要对此改革是一种倾向性意见。但在怎么改的问题上，有两种不同的看法。有些人主张由通过法官令状来进行司法控制[2]，但朱孝清先生不同意这个观点，他认为："由于我国不实行法官独立审判制度，法官要服从审判委员会的决定，加上实际存在的下级法院向上级法院的案件请示制度，法官还要服从上级法院的决定，故即使在法院内设立预审法官或在现行的基层法院之外设立预审法院，也难以有效阻隔批捕权与审判权之间的相互影响和干扰，因而必须使新设立的预审法院与现行的审判法院不属同一系统。"那么，应当如何解决对自侦案件的逮捕权制约不足的问题呢？有两个方案可供选择：方案一是除坚持逮捕决定报上一级检察院备案审查外，实行人民监督员制度，即由人民监督员对当事人不服逮捕决定的案件进行评议，如果人民监督员认为不应逮捕，则作出逮捕决定的检察院应将此案

---

[1] 罗永红：《日本检察审查会的启示》，载《河南社会科学》2007年第4期，第81页。
[2] 高一飞：《从部门本位回归到基本理性——对检察机关职权配置的思考》，载《山西大学学报》2008年第6期，第86页。

提请检察委员会讨论决定。方案二是由上一级检察院负责批捕。① 笔者个人不认为这一方案是一个很好的方案。在我国实行司法审查、由法官签发令状的制度之前，由人民监督员分享批捕权，不失为一个很好的权宜之计。

  综合前述实践中新出现的监督情形和学者们在理论上设想的监督情形，人民监督员监督的案件范围包括：在"三类案件"外应当增加五类对实体问题处理有争议的案件：一是署名举报拟不立案的案件；二是职务犯罪案件发案单位、当事人及其近亲属不服检察机关对涉案款物的处理决定；三是被害人不服公安机关侦查终结后检察机关决定不起诉的案件；四是申诉人对刑事申诉复查决定不服以及在当地有重大影响的案件；五是检察长认为有必要提交监督的其他案件。同样，在五种情形之外也增加几种情形：一是当事人不服检察机关批准或者不批准逮捕决定；二是在自侦案件中当事人不服逮捕决定；三是检察长认为有必要提交监督的其他情形。

---

① 朱孝清：《研讨会上答质疑——对检察制度若干问题的争鸣》，载《人民检察》2008年第13期，第1页。

第三章 新时代人民监督员制度改革试点

> **本章摘要**：2015年最高人民检察院、司法部发布的《深化人民监督员制度改革方案》从选任管理方式、监督案件的范围、监督程序和制度保障等方面完善了人民监督员制度。本章专门研究新时代人民监督员改革试点的内容，并结合试点地区的实践，介绍C市改革的情况。从C市践行人民监督员制度的内容来看：选任管理实现了外部化，拓展了监督案件的范围，完善了监督员参与监督的程序，保障了监督员的知情权；C市人民监督员制度改革初现成效：人民监督员结构符合广泛代表性的要求，选任方式体现了民主自愿与考察确认相结合，通过培训提高了人民监督员的履职能力，设置三项制度保障监督员的知情权，以及在监督案件时重视制度创新；最后，从试点情况预测人民监督员制度改革的方向。

党的十八届四中全会明确提出"完善人民监督员制度"，将制度改革作为深化检察改革的任务之一。2014年9月5日，最高人民检察院下发《人民监督员监督范围和监督程序改革试点工作方案》①；9月10日，最高人民检察院、司法部印发《关于人民监督员选任管理方式改革试点工作的意见》，进一步完善该制度。遗憾的是这两项重要的文件并没有向社会公开，在网络上查找不到，网络上公布的相关文件是最高人民检察院、司法部《关于印发〈深化人民监督员制度改革方案〉的通知》，其内容与以上两个文件的内容基本一致，将被作为本章写作的基础。

最高人民检察院、司法部《关于印发〈深化人民监督员制度改革方案〉的通知》，加强对检察机关职务犯罪案件的外部监督，明确制度改革的总体思

---

① 方案确定自2014年10月至2015年6月，在北京、吉林、浙江、安徽、福建、山东、湖北、广西、重庆、宁夏10个省、自治区、直辖市的检察机关，开展人民监督员监督范围和监督程序改革试点工作。

路,从监督员选任管理方式、监督范围和程序、知情权保障及加快制度立法等方面提出了具体改革任务,人民监督员制度从此进入全面深化改革的新阶段。在选任管理方面,明确司法行政机关负责人民监督员培训、考核、奖惩等工作;拓展监督案件的范围,明确人民监督员有权对人民检察院自侦案件中可能存在的 11 种情形实施监督;完善监督程序,向参与监督的人民监督员提供充分的材料,全面客观介绍案情,重新设置了复议程序,加强监督员监督意见的刚性和提高监督员履职的热情;人民监督员进行监督的基础需要保障其知情权,《深化人民监督员制度改革方案》(以下简称《方案》)在完善知情权保障方面也做出了改革,细化了具体的实施规则。

一、人民监督员制度改革试点的内容

(一) 选任管理外部化

人民监督员的选任管理是人民监督员的工作基础,此次试点改革的亮点之一便是监督员的选任管理实现外部化。从 2003 年试点实行人民监督员制度一直到在全国检察院推广,这期间出台的规则方案规定人民监督员均是由检察机关自己选任、自我管理和考核。人民检察院无法回应"自己选人监督自己"的尴尬,监督员的独立性和监督效力也备受外界质疑。

在制度施行的过程中,有的地区发现这一问题之后,也曾经尝试人民监督员选任管理的"体制外"试点。全国最先试点这一改革的是山东枣庄山亭区,后四川省又发展出人民监督员监督的"广安模式"①。上述地区探索由人大选任、管理监督员的新模式,以群众性为方向,以独立性为追求目标,以外部性为原则。县人大常委会总领人民监督员的选任管理工作,其内部的领导小组办公室负责抽选、联络监督员和确定监督具体案件的时间、地点等日常协调工作。

2015 年的《方案》将人民监督员的选任管理赋予司法行政机关。省级和设区的市级司法行政机关分别负责选任同级人民检察院人民监督员,建立监督员信息库与人民检察院信息共享,并对选任出来的监督员进行初任培训。

司法局相对于人大选任监督员存在以下几个方面的优势:其一,司法行政机关的性质是从事辅助国家法律实施活动的行政机关,由其选任管理人民监督员体现和符合其部门属性;其二,人民代表大会及其常务委员会能够选举或同

---

① 徐昕:《人民监督员制度的广安模式》,载《当代法学》2009 年第 6 期,第 141 页。

意产生人员都由法律或者具有法律效力的全国人大常委会决定所明确规定,人大及其常委会选任人民监督员没有明确的法律依据,有超越法律权限之嫌;①其三,由司法行政机关进行选任管理可以避免人民监督员成为人大个案监督的工具;其四,人大选任人民监督员,模糊了人民监督员权利监督与社会监督的定位,外部权利监督可能沦为人大权力监督的一部分,从而使人民监督员制度的外部监督作用削弱。

选任管理方式的外部化直接影响人民监督员的独立性。以往由于人民监督员基本上都由检察机关自己选任产生,监督员的经济补贴由检察机关财政部门支付,管理和奖惩也由检察机关自己决定,这就使得人民监督员直接受制于选任他们的检察机关,监督时一般都会有顾虑,大多不会反对承办人对案件的拟处理意见,即使反对,也多会被承办人所说服。很大程度上影响了人民监督员的独立性和监督意见的效力。选任管理的外部化则有利于提高监督结果的公信力,也使制度更加公正和权威。

(二)拓展监督案件的范围

1. 监督范围的扩大论与缩小论

人民监督员监督案件的范围经过两次变化,在制度试行之初,人民监督员监督案件的范围被概括为"三类案件""五种情形",但在 2010 年最高检颁发《规定》之后,人民监督员监督案件的范围变为了"七种情形",取消了"三类案件"中原来有刚性监督效力的"犯罪嫌疑人不服逮捕决定的",针对监督员监督范围,学界有不同的观点。

有学者认为,人民监督员监督案件的范围应当扩展到普通案件,不能仅仅局限于检察院办理的自侦案件,普通刑事案件相对于职务犯罪案件更有可能存在滥用自由裁量权的危险,为避免权益保护的不平等,有必要将人民监督员的监督范围扩展到普通刑事案件。② 但也有专家学者认为新的制度应当着眼于解决现有制度解决不了、监督乏力或不到位的地方,这是制度设计的最终目的,也是对有限资源的合理配置,而非监督越多越好。党的十八届四中全会明确肯定了人民监督员重点对查办职务犯罪案件进行监督,在发挥现有制度可以有效应对普通刑事案件的情况下,不宜再将其纳入人民监督员监督案件的

---

① 秦前红:《人民监督员制度的立法研究》,武汉大学出版社 2010 年版,第 35 页。
② 陈卫东:《人民监督员制度的困境与出路》,载《政法论坛》2007 年第 4 期,第 116 页。

范围。①

笔者同意将现阶段监督案件的范围限定在人民检察院直接受理立案侦查的案件。党的十八届四中全会着眼于当前司法实践中的突出问题，人民检察院自行立案侦查的案件仅有内部监督，没有有效的外部监督制约机制，容易发生滥用权力的想象，滋生腐败，引发公众质疑。而普通刑事案件侦查、起诉等阶段都具有外部监督机制。例如，公安机关提请批捕的案件，由检察机关决定是否逮捕，本身就是一种强有力的外部监督；人民检察院决定不起诉的案件，必须通知公安机关，公安机关有相应的要求复议和提请复核的权力；案件有被害人的，对不起诉决定被害人可以申诉或者向法院直接起诉。可见，对于公安机关移送案件批捕起诉，也已经体现了外部监督，再由人民监督员进行重复监督是不符合诉讼经济和效率原则，而且庞杂的案件也不利于发挥监督员的监督效果。

2. 改革方案的选择

2015 年的《方案》增加了四种监督情形，一方面是与新修订的刑诉法中保障律师会见权、规范取保候审保证金的收取和返还程序的规定相衔接；另一方面是落实四中全会关于人民监督员监督重点的要求，将"犯罪嫌疑人不服逮捕决定的"重新纳入监督范围，② 监督案件的范围扩展到 11 种情形。③ 其主要变化是在监督范围上增加了四种情形：恢复"犯罪嫌疑人不服逮捕决定的"情形，增加"采取指定居所监视居住强制措施违法的""阻碍律师或者其他诉讼参与人依法行使诉讼权利的""应当退还取保候审保证金而不退还的"三种情形。

在人民监督员制度试点之初，"犯罪嫌疑人不服逮捕决定的"被列入监督

---

① 张建升等：《让检察权在人民监督下依法独立公正行使——专家学者纵论深化人民监督员制度改革》，载《人民检察》2015 年第 5 期，第 45 页。

② 郭洪平、徐盈雁：《最高检办公厅负责人就人民监督员制度改革方案答问》，载 https://www.sohu.com/a/5877049_117893，最后访问日期：2015 年 3 月 12 日。

③ 《深化人民监督员制度改革方案》：人民监督员对人民检察院办理直接受理立案侦查案件的下列情形实施监督：（1）应当立案而不立案或者不应当立案而立案的；（2）超期羁押或者检察机关延长羁押期限决定不正确的；（3）违法搜查、扣押、冻结或者违法处理扣押、冻结款物的；（4）拟撤销案件的；（5）拟不起诉的；（6）应当给予刑事赔偿而不依法予以赔偿的；（7）检察人员在办案中有徇私舞弊、贪赃枉法、刑讯逼供、暴力取证等违法违纪情况的；（8）犯罪嫌疑人不服逮捕决定的；（9）采取指定居所监视居住强制措施违法的；（10）阻碍律师或其他诉讼参与人依法行使诉讼权利的；（11）应当退还取保候审保证金而不退还的。其中第 8—11 种为新增加的监督情形。

员监督范围之内,但实践中侦查人员对此颇有微词。首先,由于侦查工作以案件保密为原则,公民的介入会大大增加泄密的几率,从而为案件侦查带来麻烦;其次,相关规范性明确规定不得因人民监督员的介入而延长法定办案期限,但是实践中监督员介入案件监督客观上占用了司法工作人员的办案时间,使本就有限的侦查期限更加紧张;最后,最高检已经将职务犯罪批捕权统一上提一级,加强了内部监督,可以在一定程度上减少执法不公的现象,所以不再将其纳入监督范围。

《方案》再次将"职务犯罪嫌疑人不服逮捕决定"纳入监督范围是考虑到逮捕作为一种最严厉的强制措施,基于审慎用权和保障犯罪嫌疑人人权的原则,应当将其纳入监督范围,通过内部制约和外部监督相结合的方式促进逮捕权的正确行使,实现四中全会的要求。

刑事诉讼法规定,人民检察院有权决定对犯罪嫌疑人实施指定居所监视居住强制措施,并交公安机关执行,同时,人民检察院还应当对决定和执行的合法性进行监督。检察院作为法定的监督机关,对公安机关决定和执行指定居所强制措施进行监督为国家机关的法定监督权、外部监督制约机制,无可厚非,但对人民检察院自己决定采取指定居所强制措施是否合法进行自我监督难以抵消公众质疑。指定居所监视居住的封闭性、外部监督的缺乏、侦查一体化的办案机制导致上级监督的虚置,使这一期间犯罪嫌疑人的权利难以得到有效保障。

最高人民检察院重视对指定居所监视居住的内部监督制约,于2015年12月28日,发布了《人民检察院对指定居所监视居住实行监督的规定》。该《规定》明确要求检察院要对三种具体情形启动监督程序,不仅包括犯罪嫌疑人及其法定代理人向检察机关控告、申诉监视居住存在违法情形从而申请检察机关启动程序,检察机关自身在审查逮捕、起诉等工作过程中发现违法情况主动启动监督程序,还包括人民监督员认为该强制措施存在违法情形,主动向检察机关提出监督意见。这一《规定》与《方案》所规定人民监督员对"采取指定居所监视居住强制措施违法的"情形进行监督相衔接,进一步肯定了人民监督员监督案件的范围,完善了该措施的外部监督制约机制。

在职务犯罪案件中"采取指定居所监视居住强制措施违法的"的情形,分为两个方面,一是做出指定居所监视居住决定中存在违法问题,一般是程序违法;二是在具体执行指定居所监视居住存在违法情形,也就是在具体实施过程中存在违法情形,这两个方面存在不同的表现方式,分别规定在《人民检察院刑事诉讼规则》的第119条和第120条。① 在司法实践中,以上两类违法行为若发生,检察机关作出指定居所监视居住决定的程序一般不存在违法情形,而是执行过程中发生违法情况的较多,但是怎样对执行机关进行监督、如何打破监视居住场所的封闭性、保障犯罪嫌疑人的权利,都需要进一步探索。

其他增加的两种情况"阻碍律师或者其他诉讼参与人依法行使诉讼权利的""应当退还取保候审保证金而不退还的",相对于"采取指定居所监视居住强制措施违法的"来说,无论是规定方面还是在实践中人民监督员介入监督都比较简单,可以借鉴以前人民监督员对"五种情形"的监督程序。② 人民监督员在监督过程中发现职务犯罪案件中存在以下阻碍律师或者其他诉讼参与人依法行使诉讼权利的,有权依法提请人民检察院启动人民监督员监督程序:(1)未告知嫌疑人有委托辩护权;(2)未转达嫌疑人委托辩护要求;(3)对辩护人、诉讼代理人提出的回避要求不予受理或者对不予回避决定不服的复议申请不予受理的;(4)逾期不办理辩护人变更或解除强制措施申请;(5)侵犯辩护人案件信息知情权;(6)侵犯辩护人会见通信权;③(7)其他阻碍辩护人、诉讼代理人依法行使诉讼权利的。现在在普通刑事案件中,辩护人会见犯罪嫌疑人已经基本不存在问题,但是在职务犯罪案件中,由于对口供的极端

---

① 2019年《人民检察院刑事诉讼规则》第119条规定的是在作出指定居所监视居住决定中存在违法情况的,主要包括以下几种情形:(1)不符合指定居所监视居住的适用条件的;(2)未按照法定程序履行批准手续的;(3)在决定过程中有其他违反刑事诉讼法规定的行为的。第120条规定的是在在具体执行指定居所监视居住中存在的违法情况,一般有以下几种表现方式:(1)执行机关收到指定居所监视居住决定书、执行通知书等法律文书后不派员执行或者不及时派员执行的;(2)在执行指定居所监视居住后24小时以内没有通知被监视居住人的家属的;(3)在羁押场所、专门的办案场所执行监视居住的;(4)为被监视居住人通风报信,私自传递信件、物品的;(5)违反规定安排辩护人同被监视居住人会见、通信,或者违法限制被监视居住人与辩护人会见、通信的;(6)对被监视居住人刑讯逼供、体罚、虐待或者变相体罚、虐待的;(7)有其他侵犯被监视居住人合法权利行为或者其他违法行为的。

② C市人民检察院内部文件:人民监督员发现人民检察院的有关部门及检察人员有"五种情形"的,可以书面或者口头的方式向人民检察院提出监督意见,对于人民监督员提出的监督意见,人民检察院各有关部门应当分工负责,互相配合,依法公正处理,承办部门应当在规定期限内将调查结果通报人民监督员办公室,人民监督员办公室跟踪督办。

③ 尽管最高人民检察院于2015年12月23日发布《关于依法保障律师执业权利的规定》,其中第2条规定:人民检察院应当依法保障律师在刑事诉讼中的会见权。人民检察院办理直接受理立案侦查案件,除特别重大贿赂案件外,其他案件依法不需要经许可会见。但实践中,职务犯罪案件的律师存在没有会见权的情况。

依赖，侦查人员害怕嫌疑人翻供，一般不愿辩护人与犯罪嫌疑人接触，在律师提出会见时，侦查人员存在以侦查涉及国家秘密为由予以拒绝的情况，在证据固定以前，律师难以见到嫌疑人，造成职务犯罪案件中犯罪嫌疑人的辩护权得不到平等的保护。因此，将这一情形列入人民监督员监督范围具有现实意义。

取保候审缴纳保证金的目的是避免犯罪嫌疑人逃避侦查起诉，保证诉讼程序的顺利进行。尽管刑事诉讼法在第72条第2款新增加规定"提供保证金的人应当将保证金存入执行机关指定银行的专门账户"，取消了决定执行机关的保管权，但决定没收或者退还保证金的权力仍归属各决定机关，而对此内外部监督匮乏，在实际执行中较为混乱。公检法三机关存在对同一被取保候审人重复收取的情况；被取保候审人没有违反规定，在取保候审结束后却收到《没收保证金决定书》，保证金变为没收款，甚至出现被取保候审人在向决定机关讨要保证金时，被以种种借口羁押起来。人民监督员对取保候审保证金的退还情况进行监督，对检察机关的没收权力进行制约，可以避免权力相对集中，预防出现违法情形。应当退还取保候审保证金而不退还在《人民检察院刑事诉讼规则》第106条之中有具体全面的表现方式，在此，不再赘述。①

最高人民检察院对四种新增情形一语带过，缺乏顶层设计，没有具体的工作办法。在实践中有些改革试点地区在摸索尝试制定具体的实施办法，规定是否合理和试点效果是否能够达到理想目标，将在下文结合试点地区具体实践讨论。

（三）完善参与监督案件的程序

人民监督员监督"十一种情形"并非适用同一种监督程序。对"拟撤销案件的""拟不起诉的"和"犯罪嫌疑人不服逮捕决定的"三类案件的监督是强制性的刚性监督，前两者是对诉讼程序的终局性裁决，影响重大，要求做出的决定公平、公正，无滥用职权或偏私等违法情况，而后一种情况是对犯罪嫌疑人采取的最严厉的强制措施。人民检察院案件承办人在处理案件时只要发现上述情形之一，就必须启动人民监督员监督程序，通过本院的案件管理系统呈报上一级人民检察院，上一级人民检察院在两日内进行审核，符合监督条件的，人民监督员办公室在受理案件后的两日内组织人民监督员对案件进行监督，一般案件通知3名人民监督员，有重大影响或者疑难、复杂案件参加监督

---

① 《人民检察院刑事诉讼规则》第106条：犯罪嫌疑人在取保候审期间没有违反刑事诉讼法第71条的规定，或者发现不应当追究犯罪嫌疑人刑事责任的，变更、解除或者撤销取保候审时，应当告知犯罪嫌疑人可以凭变更、解除或者撤销取保候审的通知或者有关法律文书到银行领取退还的保证金。

的人民监督员一般不得少于 5 名。① 而对于剩下的八种情形,无论案件来源都要经过本级人民检察院审核,确定需要监督的情形存在之后,人民检察院才会启动人民监督员监督程序。② 人民监督员无案件的启动权,仅享有"提请权"。

人民监督员制度被人诟病、不可忽视的缺陷之一,在于监督意见的效力较低,而 2010 年最高人民检察院发布的《规定》将复议程序取消使监督员的话语影响力更加微弱。为了增强人民监督员监督意见的效力,实现制度设计的目的,2014 年人民监督员制度改革重新规定了复议程序③:一方面是检察长不同意人民监督员表决意见时,不会立即产生最终的否决结果,检察长必须将其否决意见提交检察委员会讨论,这种内部的监督制约有利于阻止或者延缓检察长自由裁量权的滥用。另一方面规定人民检察院处理决议未采纳多数人民监督员评议表决意见,多数人民监督员在经过检察机关反馈说明后仍对不采纳结果持异议的,有权要求提请人民检察院复议一次,赋予了人民监督员监督结论对检察机关程序上的约束力,④ 但对于复议的期限和复议结果的告知程序还需要进一步完善。

(四)保障监督员知情权

知情权是监督权行使的基础,人民监督员发现 11 种需要监督的情形不能依靠道听途说,更不能自己去调查,法律并没有赋予人民监督员调查权,监督员不能分享检察院的权力。人民监督员受自身知识能力所限,即使认真履职也有可能发现不了问题,在此,更需检察机关保障人民监督员的知情权,通过各种客观条件尽可能弥补监督员自身存在的一些缺陷。

自侦案件中检察机关自侦查至审查起诉等各个环节都要向犯罪嫌疑人及其

---

① 参见最高人民检察院:《关于实行人民监督员制度的规定》第 22 条、第 23 条和第 26 条规定。

② 应用系统手册编委会:《检察机关统一业务应用系统使用指引手册——人民监督员业务》,中国检察出版社 2013 年版,第 100 页。

③ 《深化人民监督员制度改革方案》:人民监督员对所监督案件独立进行评议和表决,制作《人民监督员表决意见书》,说明表决情况、结果和理由。承办案件的人民检察院应当对人民监督员的表决意见进行审查。检察长不同意人民监督员表决意见的,应当提交检察委员会讨论决定。检察委员会应当根据案件事实和法律规定,全面审查、认真研究人民监督员的评议和表决意见,依法作出决定。检察长或者检察委员会的处理决定应及时告知参加监督的人民监督员。检察委员会的最终处理决定与人民监督员表决意见不一致的,应当向参加监督的人民监督员作出必要的说明。

④ 秦前红、宫吉娥:《人民监督员制度与人民陪审员制度之关系》,载《国家检察官学院学报》2009 年第 4 期,第 52 页。

近亲属告知人民监督员制度，有举报人、控告人时也要向他们告知。在查办案件过程中形成职务犯罪台账，定期向人民监督员公开，允许监督员查阅，利于其了解案件办理进程，发现监督线索。不仅在查办案件过程中邀请人民监督员参加，在案件办理结束之后，检察机关也要开展职务犯罪案件跟踪回访，全面监督人民检察院立案侦查的案件。

二、C 市人民监督员制度改革试点的成效

2015 年 7 月，北京、浙江、山东等 8 个省份已率先完成全省范围内的新任人民监督员选任工作，共选任 5300 余名监督员，组织监督案件 1179 件，包括 19 件对新增的四种情形提请监督的案件。① 安徽省司法厅于 2015 年 8 月 14 日，完成了全省的人民监督员选任工作，省司法厅向社会公布了全省选任的 489 名人民监督员。② 宁夏自治区也在 2015 年 8 月 26 日，完成了全区的人民监督员选任工作，共选任人民监督员 93 名。③ 至此，10 个试点地区全部完成新一届人民监督员改选工作。

从 2003 年人民监督员制度产生之初，C 市就是试点单位之一，在人民监督员制度发展施行方面具有丰富的经验。2014 年 9 月 10 日，最高人民检察院、司法部印发《关于人民监督员选任管理方式改革试点的意见》（以下简称《意见》）又将 C 市以及其他 9 个省、自治区和直辖市列为新一轮人民监督员制度改革试点的单位。我们将以 C 市人民检察院的整体情况、C 市人民检察院其所辖的 A 分院的具体情况为样本分析人民监督员制度试点一年的成绩和问题。

C 市包含市人民检察院、五个分院和 38 个区县人民检察院，其所辖的 A 分院下辖 10 个基层院，辖区面积 1.19 万平方公里，常住人口 852.55 万，分别占全市的 14.4% 和 27.1%。

在最高检将其作为改革试点地区之后，C 市人民检察院和司法局积极响应，2014 年 9 月即开始进行改革试点的调研、组建工作，并制订工作方案和时间进程表：2015 年 2—4 月选任出新一届人民监督员，市司法局建立人民监

---

① 周斌文：《试点 10 省份选出 5300 余名人民监督员》，载《法制日报》2015 年 7 月 7 日，第 2 版。

② 记者：《安徽省 489 名人民监督员选任名单公布》，载 http://ah.anhuinews.com/system/2015/08/15/006914867.shtml，最后访问时间：2015 年 12 月 31 日。

③ 申东：《宁夏检察院新聘任 10 名人民监督员》，载 http://www.china.com.cn/legal/2015-08/26/content_36423290.htm，最后访问时间：2015 年 12 月 31 日。

督员信息库；2015年5月对人民监督员进行初任培训；2015年6—9月新任人民监督员正式履职；2015年10月改革试点为期1年左右，对工作进行总结，分析存在的问题，提出完善建议。①

2015年7月20日，C市司法局公布了第三届218名人民监督员的名单，其任期至2020年7月。7月20—21日，市司法局、市检察院联合举办了人民监督员选任颁证仪式暨初任培训会。2015年全年，A分院辖区一共提请监督案件37件45人，其中拟不起诉的26件28人，拟撤销案件11件17人，新增加的四种情形尚未有一例由人民监督员主动提请监督。辖区61名人民监督员有102人次参加了案件监督，参加率为89%。综合分析启动人民监督员监督程序的案件类型：拟撤销案件的11件当中，多为不构成犯罪（8件）其中一例涉及法不溯及既往，因证据不足而拟撤销案件的3件；26件拟不起诉案件中，其中22件根据《刑事诉讼法》第173条第2款的规定作出微罪不诉的决定，占不起诉案件的85%，4件根据《刑事诉讼法》第171条第4款作出存疑不起诉决定。

表一

案件类型	提请监督（件）	所占比例	原因	件数	所占比例
拟撤销案件	11	30%	非罪	8	73%
			证据不足	3	27%
拟不起诉案件	26	70%	微罪不诉	22	85%
			存疑不诉	4	15%

进入监督程序的一般都是较为简单的案件，三类案件中拟作出不起诉或者撤销终局性裁决的案件社会危害性小，案情简单，人民监督员不需要提前阅卷即可当场作出判断，所以人民监督员办公室的工作人员一般通知了人民监督员前来监督之后，在监督当天由案件承办人将案情介绍提交监督员审阅；但因证据不足而作出不起诉决定的复杂案件应当为监督员提供充分的时间来阅卷，而不是仅仅依靠简单的、有倾向性的案情介绍让并不专业的人民监督员作出判断。

（一）人民监督员结构符合广泛代表性的要求

2004年7月5日，最高人民检察院实施的《试行规定》在选任人民监督

---

① C市人民检察院内部文件。

员应具备的条件之一由"有良好的政治素质和较高的政策、法律水平",改为"公道正派,有一定的文化水平和政策、法律知识",将法律水平降低但仍然作为选任的必要条件之一;2010年《规定》将人民监督员应当具备的条件改为"公道正派,有一定的文化水平",彻底取消了"法律知识"作为选任的硬性要求;2015年最高人民检察院《深化人民监督员制度改革方案》将这一条件调整为"具有高中以上文化程度,具有较高的政治素质、广泛的代表性和扎实的群众基础"。将文化水平限定为高中以上,相较于"一定的文化水平",更加明确,也避免了因为文化程度不高对案情理解存在问题而影响监督效果,同时"高中以上文化程度"的规定,以现在的国民受教育水平来看,也不存在将大多数群众排除在外的担忧。根据数据显示,我国目前新增劳动力绝大部分接受过高中以上教育,高中阶段毛入学率达到86.5%。① 对人民监督员文化程度要求的降低和具备法律知识要求的取消体现了人民监督员从精英向平民的转变,为普通公民参与司法创造条件。制度设计的初衷也是为了让普通公民以常识、常情、常理的角度分析判断司法行为的合法性和合理性,以弥补职业法学家理性有余、感性不足的缺陷。

C市作为此次改革试点地区,高度重视本地区的改革工作。C市人民检察院、司法局根据文件要求,重新修改并发布了《关于开展C市人民监督员选任管理方式改革试点工作的实施方案》②,《方案》中人民监督员的选任方式、结构比例按最高检、司法部的要求落实,明确了关于改革工作的步骤,新一届人民监督员选任工作于2015年2—3月启动,6—9月正式履职。由于上一届人民监督员任职期限尚未届满,市检察院请示高检院,并与司法局商议,最终确定本次监督员选任改革过程中,现任人民监督员凡愿意继续留任的,一律优先选任。

在这轮改革之前,根据规定,人民监督员的产生是由检察机关先确定监督员的产生单位,再通过产生单位推荐、选举、考察和确认,最终由检察长向其颁发人民监督员证书。监督检察机关执法活动的人民监督员制度在制度设计和运行中都由作为被监督者的检察机关主导,监督者难有发挥作用的空间。人民监督员的误工费、补助等费用由人民检察院自己承担,被监督者决定监督者,而且还决定人民监督员的经济待遇,这一制度从开始时就存在着不可忽视的缺陷,检察院无法回避自己请人监督自己的嫌疑;人民监督员无法回应公众对其

---

① 袁贵仁:《全面深化综合改革教育 全面加强依法治教 加快推进教育现代化——在2015年全国教育工作会议上的讲话》,载《人民教育》2015年第4期,第8页。
② 参见C市人民检察院一分院首页,载http://yifenyuan.cqjcy.cn/default.asp。

独立性和公正性的质疑，难以实现真正的超然。

C市司法局在官方网站、《重庆日报》等主流媒体上发布新一届人民监督员的选任公告，选任公告在落实最高检和司法部制定的《意见》和《方案》要求的同时，C市人民监督员选任管理改革试点工作的实施方案进一步细化了最高检、司法部的有关规定，在人民监督员的选任条件中增加要求人民监督员"户籍所在地或经常居住地在本市行政区域内""有履职时间"两项要求，确认和保障选任出的人民监督员在履职客观上没有障碍、主观上也积极乐意参与案件监督，充分发挥制度实效性。并规定确认拟任人选时"基层群众所占比例不得低于新增人民监督员的三分之二""拟任人选中应有女性、少数民族和民主党派"，充分体现人民监督员构成的群众性、广泛性和代表性。

2015年4月13日，C市司法局在官方网站上发布《C市司法局关于选任人民监督员的公告》，4月23日公布了拟选任的218名人民监督员名单，公示时间为7日，接受群众监督并公布监督电话，有不符合人民监督员选任条件的，将取消其任职资格。之后，C市司法局官方网站于2015年7月20日确认并发布了C市第三届人民监督员名单。各区人民检察院为任期尚未届满的人民监督员积极创造报名条件，218名人民监督员之中，留任人数达到102人，占总数的46.8%（如图一所示）。① 留任的人民监督员一方面为改革过程中需要监督的案件平稳过度，防止新任监督员没有上任之前案件无人监督的情况出现；另一方面，新选任的人民监督员可以与之前留任的人民监督员充分交流经验，带动新人迅速进入案件监督程序。特别是在案件监督过程中，一般案件的监督需要3名人民监督员共同选出1名人民监督员作为主持人，新旧搭配，有利于监督程序的开展，提高监督实效。但留任的人民监督员也不宜过多，否则会影响其他公民参与司法的热情，也会引起公众对司法行政机关选任过程公开性和公平性的质疑，从而影响人民监督员制度的权威性和公信力。选任的人民监督员中，人大代表、政协委员43人，占总数的16%；中共党员136人（含预备党员5名），占总数的53%，民主党派34人，占总数的13%，无党派群众48人，占总数的18%，其中女性人民监督员67人，占所有监督员总数的30.7%，更注重民主性、参与性和代表性，具体情况如图二所示。

---

① 数据是作者通过C市人民检察院公布的2011年选任的人民监督员名单和C市司法局2015年选任的人民监督员名单一一对比分析得来。

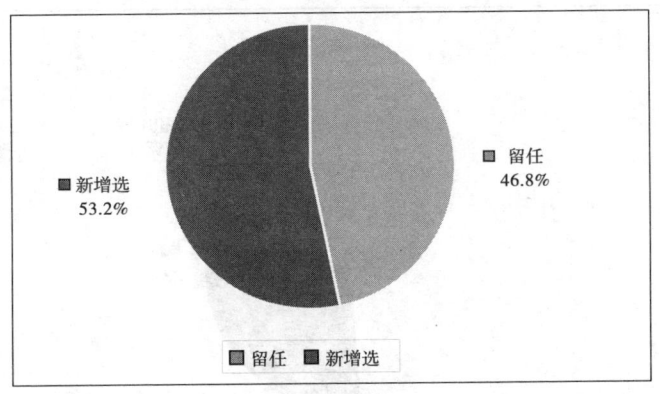

图一 C 市 2015 年人民监督员留任与新增选人数对比

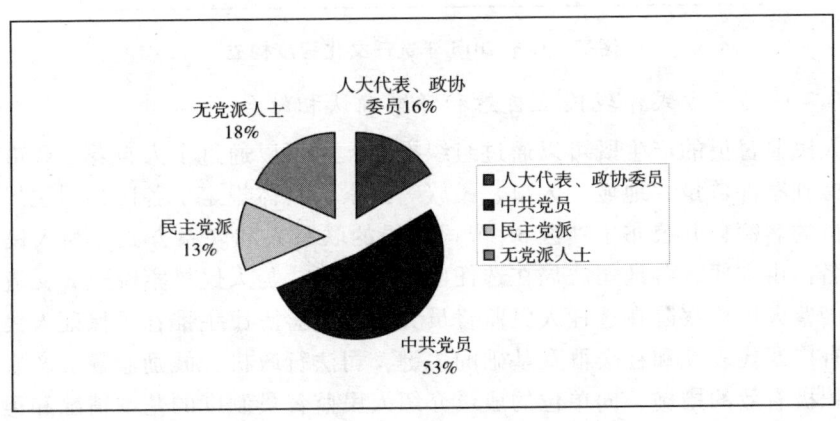

图二 C 市 2015 年选任监督员人员构成

C 市人民监督员的任职条件与最高检和司法部发布的文件一致，在监督员文化水平方面，要求高中以上，不要求人民监督员一定要熟练掌握法律专业知识，在专业知识方面，他们不可能比检察官、法官更精通法律。监督员的选任开始从精英化转向平民化，反映了检察机关力图让民众从常情、常态、常理上去判断，独立得出结论，从而可以与专业化的检察人员形成思维互补。第三届 218 名人民监督员之中，人数最多的是本科学历共 108 人，占监督员总人数的 49%，高中、中专学历和硕士及以上学历都比较少，学历太低，无法充分理解案情，影响监督实效，但对学历在符合基本条件的前提下不应作特别要求，否则影响人民监督员的代表性。2015 年选任的人民监督员具体的文化程度构成如图三所示。

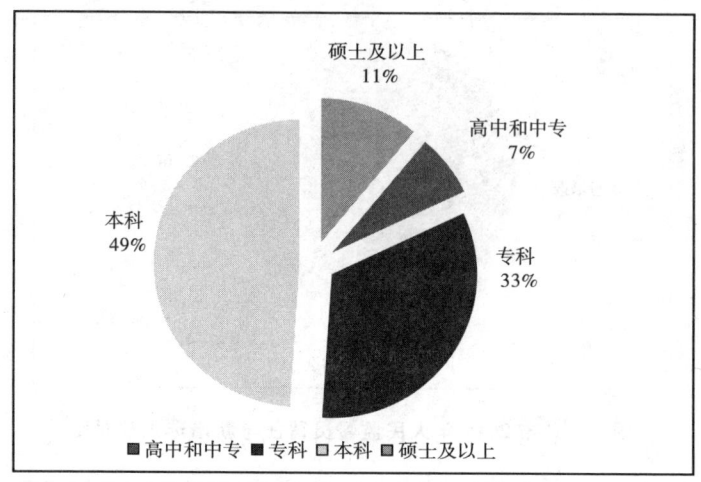

图三　C 市 2015 年选任文化程度构成

（二）选任方式体现民主自愿和考察确认相结合

人民监督员的产生既可以通过组织推荐，也可以通过个人自荐。C 市司法局考虑到案件数量、地域、人口、民族等因素，具体规定了各区县司法局人民监督员的名额，并公布了辖区 38 个司法局的联系人和联系方式，为人民监督员报名提供方便，各地司法局在选任监督员之时，与人民检察院充分交流，吸收和借鉴人民检察院在选任人民监督员方面的经验。民主推荐是保证人民监督员具有广泛代表性和社会群众基础的关键，司法行政机关鼓励监督员产生单位采取积极有效的措施，向单位的成员介绍人民监督员制度的基本情况和担任人民监督员应当具备的条件，积极发动群众推荐人民监督员人选，必要时可以采取投票的方式，选出具有广泛群众基础的人选，以保证组织推荐的人民监督员也具有代表性和广泛性。

同时，对于单位推荐产生的人民监督员司法行政机关也要尊重被推选的人民监督员的个人意愿。尽管人民监督员制度已经实行 13 年，但是由于其适用范围仅限于检察机关自侦案件中的几种特殊情形和制度本身存在的缺陷，导致该制度的利用率不高，更遑论社会公众对这项制度的了解了。社会公民对制度本身不了解而持观望态度或者出于工作时间和监督路途、时间等方面的考虑，有的被推选人并不愿意担任人民监督员。对此，司法行政机关和产生单位，一方面要通过加强宣传人民监督员制度赢得有关人员的理解和支持，另一方面也要充分理解和尊重被推选人的意愿，征得被推选人本人的同意是必经程序，毕竟这直接影响人民监督员履职热情和监督责任心，影响案件的监督质量。

C 市从 2009 年 1 月 1 日起，在全市检察机关全面实行人民监督员制度，并面向社会以"自荐为主,推荐为辅"的方式公开选任280名人民监督员,①虽然刚开始公民自荐产生的人民监督员在监督员总数中所占比例较低,但这种发展已经显示人民监督员制度趋向更加民主。2015年选任人民监督员时各司法行政机关仍以这一原则为基础,选任出C市第三届人民监督员,公民自荐产生的监督员相对于组织推荐,他们具有更强烈的履职热情。笔者在A分院调研时发现,个人自荐而被选任的监督员,检察机关通知其在规定时间、地点参加案件监督时,他们往往都能比指定时间提前到达,参与案件监督时,更加认真和努力,他们会提前准备相关的法律知识或者是现场通过手机上网查询最高检、最高法最新的解释和规定,并能够大胆地向人民检察院案件承办人员进行提问和说明自己的观点意见。

以前,国字号组织或者单位在社会生活中处于垄断地位,大多数成员均来自这些领域,人民监督员通过这些单位推荐产生,尚具有代表民意的可能,有其合理性,但随着社会主义市场经济的发展,多元化社会取代了过去的单一局面,人民监督员如果还是从这些单位选任,监督员的代表性和民主性就难以得到保障。人民监督员制度是公民参与司法的一种表现,个人自荐更能体现司法民主;而且有助于发挥监督员的主动性。采取以自荐为主,推荐为辅的方式,公民以主人翁的姿态参与,更有利于保障其制度实施的效果,同时摆脱其推荐过程不透明、不公正的缺陷。

为了确定人民监督员是否符合任职资格,C市各地司法行政机关对选任的人民监督员逐步筛选和考察,确保走好改革第一步。司法行政人员首先通过申请人填写的报名表信息进行初选,经过第一轮筛选之后,确定候选人员,第一轮初选主要是依据《C市司法局关于公开选任人民监督员的公告》重点审查任职的积极条件和消极条件,排除报名人员中不适宜担任人民监督员的申请人;经过初选之后,各地司法局工作人员奔赴候选人单位,经过面对面交谈,与候选人单位其他人员了解情况,确认候选人资格。C市本次选任人民监督员以面试的方式加以考察,一方面进一步确认候选人报名所填内容的真实性,防止不符合条件的人员进入监督员队伍;另一方面通过面试确保人民监督员具有对案件的理解能力和水平。但是面试也存在一些问题,面试人员着重对候选人背景情况进行考察,对候选人是否理智、公正,和解决实际问题的能力的关注

---

① 高一飞:《人民监督员制度改革研究》,载《南京师大学报(社会科学版)》2009年第4期,第39页。

不够。我们可以借鉴英国面试治安法官的做法,① 对申请人进行两次面试,第二次以讨论案件的方式进行,将以往人民监督员监督的案件作为案例,考察候选人发现问题和判断案情的能力。

(三) 通过培训提高了人民监督员履职能力

尽管法律要求人民监督员是从常情、常理判断案情,不要求其具有法律专业知识,但并不意味着监督员是对法律知识一无所知的法盲,广大民众参与司法是"将国民健全的社会常识反应到诉讼程序中来"。② 人民监督员大多来自基层普通群众,为保证其有能力听取各方的争辩,做出公正、合理的判断,对人民监督员的培训便显得必不可少,培训使人民监督员在技术上具有合理性。

C市第三届人民监督员于2015年7月20—21日接受了为期一天半相关知识的培训,培训首先让其了解人民监督员制度设计的背景、意义及发展过程,司法行政机关的职责范围、地位作用和人民监督员制度改革的进展,重点就人民监督员履职的内涵及如何才能正确履职等问题与人民监督员进行了交流。培训使得人民监督员对自身性质有了初步了解,知道所要监督的案件范围,为开展案件监督活动打下了初步基础。

在调研期间,通过对参与案件监督的新任人民监督员进行随机访问发现,有一些人民监督员比较活跃、会积极发言,而有一些则说话不多。访问的几位新任的监督员都知晓和了解他们是对人民检察院自己决定立案侦查的案件中"十一种"情形进行监督,知道自己在监督过程中所享有的权利和承担的义务,为了解他们对所监督案件的掌握情况,笔者随机编了一个案例(利用影响力受贿案),虽不具有代表性,但透过案例也可以看出他们的分析判断能力。随机采访的9位人民监督员,几位监督员均认为案例中的当事人构成犯罪,其中有一半以上认为是构成受贿罪,有2人准确指出当事人构成利用影响力受贿罪,后来得知,他们在培训过程中,检察院也给他们讲解了几类犯罪案件的典型案例,其中一例与此类似。在调研中,受访的人民检察院的工作人员认为,比起基本法律常识都不知晓的普通群众,接受了培训的人民监督员介入案件监督更能发现问题,提高监督实效。

C市人民检察院在人民监督员履职之前对其进行了为期一天半的培训,培训时间较短,而且仅进行了一次初任培训,履职后没有较为系统的后续培训。在人民监督员履职之后,建议对他们进行第二次培训,类似英国治安法官的两

---

① [英] 马赛尔·柏宁斯:《英国的治安法官》,载《环球法学评论》1990年12月,第60页。

② 江必新、程琥:《司法程序公开研究》,载《法律适用》2014年第1期,第28页。

次培训模式,在此阶段,人民监督员和检察机关应当就如何适用法律,认定案件事实进行更为详尽的讨论,并且实际参与案件监督,发现具体问题。

一次短期培训使监督员了解了几种基本的监督情形,但监督员发现问题和提问能力还有待提高。以笔者亲身参加的一起案件监督为例,A 分院组织了 3 名人民监督员参与 B 区人民检察院提请的"犯罪嫌疑人陈某某涉嫌受贿案拟作不起诉处理"的案件进行监督。B 区人民检察院案件承办人首先将案情介绍交给人民监督员审阅,一共 11 页,监督员在认真审阅之后向案件承办人提出问题。监督员发现陈某某上缴了 7.5 万元,而后面文件中说陈某某受贿为 6.5 万元,有 1 万元的出入,案件承办人回答:"尽管上缴 7.5 万元,但有 1 万元没有认定为受贿款项",人民监督员接受了这一回答,没有追问。一问一答之间反映出,一方面,监督员阅读案卷态度比较认真,能够准确发现案件存在的数字差距;另一方面,也反映出案件承办人对问题的回答缺乏诚意,并没有进一步解释为什么没有认定、1 万元是什么款项,而参加案件监督的 3 位人民监督员都是新选任的,也没有追问,监督员的问题意识还有待加强。

参与案件监督,监督员的问题意识可以大大提高监督效益。由于人民检察院提请监督,上一级人民检察院通知人民监督员前来监督案件,案件监督时间很短,提请监督的下级检察院一般提供简单的案情介绍、证据目录,但不提供案卷,案情介绍成为人民监督员主要、很可能是唯一的信息来源。但案情介绍由案件承办人撰写,受制于案件承办人的主观倾向的影响,可能存在信息不全的情况。这时就需要人民监督员的提问,将自己的信息补全,从而客观全面地做出判断。

(四)通过三项制度保障人民监督员的知情权

C 市人民检察院为推进本区域人民监督员制度改革的发展,在新类型案件的监督方式和监督程序,人民监督员知情权保障方面都有探索和创新。C 市 C 区根据最高人民检察院改革试点工作方案的要求,进一步拓宽完善人民监督员工作职能,结合区检察院的工作实际,制定了《C 市 C 区人民检察院人民监督员监督指定居所监视居住案件工作办法》;C 市人民检察院 2015 年 5 月 6 日在全市检察院系统内印发了《C 市人民检察院关于进一步完善和落实人民监督员知情权保障机制的通知》,在全市范围内探索建立职务犯罪台账制度,① 深化人民监督员接待日、人民监督员告知、人民监督员信息通报"三项制度";

---

① 职务犯罪台账制度是人民检察院为方便人民监督员掌握案件办理情况,发现监督线索,检察机关对职务犯罪立案情况,对犯罪嫌疑人采取强制措施情况,扣押财务的保管、处理、移送、退还情况,以及刑事赔偿案件办理情况建立相应的台账,供人民监督员查阅。

B区人民检察院检察委员会通过了《C市B区人民检察院人民监督"十一种"情形的案件信息告知制度》,进一步细化了向人民监督员告知事项的内容和具体范围,告知的方式、时限、责任部门,以及对人民监督员要求查阅案卷、询问案情和直接启动监督等的处理程序。

知情权的保障需要制度的双向建设:不仅监督员有途径得知存在需要进入监督程序的案件,人民群众也需要渠道向监督员反映。司法行政机关和人民检察院通过报纸、电台、电视、网络等向社会积极宣传新一届人民监督员选任名单,让社会了解、熟悉人民监督员的情况,通过人民监督员建立起群众和检察机关之间的桥梁。公布名单并不是可有可无的程序,一方面,可以通过人民监督员宣传检察机关的职能地位和工作情况,让群众更加了解、支持检察工作;① 另一方面,C市人民检察院A分院建立起人民监督员之窗,将辖区内所有人民监督员名单公布在网上,若是有人想向任何一位人民监督员反映情况,点击其姓名即可通过网络向特定的人民监督员发匿名信,人民监督员登录系统后会看到,但其他人没有机会看到,A分院为各位人民监督员提供可以更加有效的方式听取人民群众对于检察机关执法办案情况的意见和建议,使他们能够及时向检察机关提出监督意见,促进检察机关及时发现自身存在的问题和不足,不断改进检察工作。

C市人民检察院实行人民监督员接待日、人民监督员告知、人民监督员信息通报三项制度搭建人民监督员参与平台,保障监督工作的实效性和可操作性。为了确保各种监督案件的信息畅通,保证监督工作的顺利进行,2014年4月、5月,C市人民检察院先后印发《关于推行〈C市检察机关人民监督员接待日制度〉的通知》《关于在全市检察机关推行保障人民监督员监督知情权"三项制度"的通知》;2015年5月,又印发《关于进一步完善和落实人民监督员知情权保障机制的通知》,既是对2014年发布的两个文件的总结,也是在最高检将C市作为人民监督员制度改革试点地区之后,C市所作的积极回应。

第一,人民监督员信息通报制度,是C市人民检察院就职务犯罪案件过程中涉及人民监督员监督的相关情况按期向监督员通报的制度。按照改革试点和《方案》的要求,为便于人民监督员了解检察机关办理直接受理立案侦查案件的情况,畅通发现监督线索的渠道,各级院应建立"职务犯罪台账制度",供人民监督员查阅。C市人民检察院要求职务犯罪台账由各级院职侦部门负责建立和更新,人民监督员工作部门负责向人民监督员公开。台账采取按季度集中公开和应申请公开两种方式进行,每季度末,各院必须向人民监督员

---

① 周永年主编:《人民监督员制度概论》,中国检察出版社2008年版,第140页。

集中公开一次本院立案查办的职务犯罪案件相关台账,人民监督员因监督需要,可以向人民监督员工作部门提出申请查阅。各级检察院在人民监督员就职后,都进行了一次集中公开,以后按照市院要求每季度向人民监督员集中公开一次。向人民监督员公开职务犯罪台账,可以使其更加直观地对职务犯罪立案情况、对犯罪嫌疑人采取强制措施的情况,扣押款物的保管、处理、移送、退还情况,以及刑事赔偿案件办理情况等信息和案件程序进行监督,了解检察机关查办职务犯罪案件的具体流程,以公开接受监督的方式预防检察机关滥用职权,一定程度上缓解职务犯罪程序的官僚性特征和相对封闭性。

第二,人民监督员接待日。市院规定每月第一周周四为"人民监督员接待日",各检察机关设置专门的人民监督员接待室,将人民监督员接待日打造成为人民监督员广泛接受监督信息的常态化窗口。如果监督员制度宣传到位,人民监督员接待日将会为控告人、举报人、申诉人开辟一条救济途径,他们因为各种顾虑可能不会向检察机关提出申诉、控告,但是基于人民监督员社会监督的属性和监督员自身监督的独立性,不会抵制人民监督员的介入,信任监督员的公正性,会将情况向监督员反映,是人民监督员发现监督案件的重要来源。

第三,人民监督员告知制度。市院结合深化改革要求,决定采取"一书一卡"的形式,将人民监督员监督事项贯穿到直接受理立案侦查案件的侦查、批捕、起诉等各个阶段及执法办案的各个关键环节,进一步将人民监督员告知制度落实到实处。

C 市 2014 年至今全面推行保障人民监督员知情权"三项制度",[①] 取得良好效果。据统计,2015 年 C 市三级检察院共邀请人民监督员参与"人民监督员接待日"活动 225 人次,面对面接访群众 700 余人次;向被告人、犯罪嫌疑人及其家属、辩护人发放"人民监督员告知卡"606 余份,全市三级院已接受人民监督员查阅职务犯罪案件信息 161 件。[②] 市检察院积极探索落实实行人民监督员告知制度,在办理职务犯罪过程中,采取发放"人民监督员告知卡"等形式,主动向犯罪嫌疑人及其亲属、辩护人告知人民监督员监督的范围及其申请监督的途径等事项。该市检察院某分院自制以"人民监督员告知卡"为内容的送达回证,由被告知人签收,并附案卷存档备查。

在按照市院统一部署全面推行保障人民监督员监督知情权"三项制度"的实践基础上,B 区人民检察院研究出台了《人民监督"十一种情形"案件

---

① 三项制度分别指人民监督员接待日、人民监督员告知和人民监督员信息通报制度。
② 参见 2015 年 C 市人民检察院工作报告。

信息告知制度》，进一步细化了向人民监督员告知事项的范围和具体内容，告知的方式、时限、责任部门，以及对人民监督员要求查阅案卷、询问案情或者启动监督程序等的处理程序。设立专门的人民监督员联络员，案件每到一个阶段，都会发短信告知人民监督员，例如，职侦局接收一件案件，职侦局立案或者不立案都要向人民监督员办公室汇报，人民监督员办公室给人民监督员发短信反映职侦局案件，告知立案或者不立案决定，这种阶段性汇报贯穿职务犯罪立案侦查始终，B 区人民监督员办公室向人民监督员汇报案件时按照阶段划分，到哪个阶段就向监督员汇报到哪个阶段，全方位畅通人民监督员监督信息的来源。

（五）在监督具体案件时重视机制创新

C 市人民检察院在落实最高人民检察院规定的基础上，重视制度创新，探索完善接受人民监督员监督的有效措施。在最高人民检察院发布《人民检察院对指定居所监视居住实行监督的规定》之前就尝试设计人民监督员对指定居所监视居住案件进行监督的程序，并邀请人民监督员见证职务犯罪案件搜查活动和参加检察长接待日活动，以亲身经历来感受和评价检察院的司法。

1. 对指定居所监视居住进行监督

人民监督员有权监督指定居所监视居住的适用条件；是否履行法定批准手续；是否在执行后 24 小时内通知被监视居住人的家属；执行机关；指定居所监视居住场所；是否有其他违反刑事诉讼法规定的情形等情况。发现具有上述情况之一的，根据《C 市 C 区人民检察院人民监督员监督指定居所监视居住案件工作办法》第 6 条、第 7 条和第 8 条规定，三类主体可以启动人民监督员监督程序：人民检察院自身可以启动，"本院根据工作需要，可以邀请人民监督员对指定居所监视居住进行监督"；犯罪嫌疑人及其家属可以申请启动，"犯罪嫌疑人及其亲属向检察院侦查部门、控申部门申请启动人民监督员监督程序的，相关部门要在 24 小时内将申请书移送检察院人民监督员办公室，由人民监督员办公室将申请情况告知人民监督员"；人民监督员认为有必要启动监督程序的，可以直接向人民监督员办公室提出。

法律赋予三类主体启动权，但启动权的效力是不一样的。人民检察院自行决定启动的，一般会产生确定性的效力，即只要人民检察院依法启动，就产生人民监督员介入案件监督的效果；而犯罪嫌疑人及其家属申请启动或者人民监督员依申请启动的，需要人民检察院审查后报检察长决定是否启动监督程序，检察长决定不启动的，应由人民监督部门填写不启动监督程序理由说明书，并回复人民监督员。将程序的最终决定权赋予检察机关而非人民监督员或者嫌疑人及其家属，可以有效防止程序滥用，拖延诉讼期限，影响诉讼程序的顺利进行。

在此,我们以C区人民检察院试点邀请人民监督员对一起指定居所监视居住的案件进行监督为例,来观察监督程序。① 人民检察院通知3名人民监督员参与指定居所监视居住案件,人民监督员到达人民检察院后,与检察院签订保密协议,防止泄露侦查秘密,检察机关介绍案件大致情况,将立案决定书、监视居住决定书、犯罪嫌疑人权利告知书等法律文书交监督员查阅。人民监督员到达监督场所后重点监督强制措施是人民检察院自己执行还是依法交由公安机关执行,场所是否与看守所等羁押场所分离,在监督过程中,人民监督员分别与检察机关和执行的公安机关工作人员交谈,了解犯罪嫌疑人在指定居所监视居住期间的基本情况。人民检察院播放监视居住期间的监控视频,但由于案件处于侦查阶段,出于保密的需要,将监控视频的声音做技术处理,人民监督员看得到但是全程听不到,也不允许监督员与犯罪嫌疑人单独接触。

上述制度是C区人民检察院的大胆尝试,检察院工作人员也在实践中不断修改完善工作办法,目前该工作办法已经经检察委员会讨论修改了四次,最终通过。改革之初,对新制度的创建他们持谨慎小心的态度,步伐不会迈得太大,侦查机关将指定居所监视居住期间视为突破犯罪嫌疑人心理防线,取得嫌疑人口供的最佳时期,若因为人民监督员的介入而影响了侦查部门办案,会得不偿失。

2. 人民监督员见证职务犯罪案件搜查活动

笔者在调研期间,C市一分院邀请两位人民监督员作为见证人见证了一项搜查活动。A分院之所以邀请监督员作为见证人,一方面是出于保障监督员知情权,《方案》中第五章"完善人民监督员知情权保障机制"第3项有相关规定"……在查封、扣押职务犯罪案件嫌疑人财务和文件时,可以邀请人民监督员参加";另一方面,人民监督员在法律专业知识、责任心等方面要优于普通的见证人,人民监督员在此活动中既是见证人又行使了监督权。人民监督员随检察机关一起来到嫌疑人家中,监督搜查人员整个搜查程序,感受检察机关执法过程中文明执法和关怀精神,检察机关不仅仅只是为了完成搜查活动,同时也考虑到嫌疑人近亲属中两位重病的老人、其配偶的心情等因素采取适当的措施将搜查活动对嫌疑人近亲属的伤害降到最低。人民监督员对此次搜查活动给予了高度评价,改变了以往检察机关高高在上、冰冷的形象,提升了检察机关的公信力,也丰富了人民监督员的监督形式,更好地发挥了监督员的作用。

---

① C区某国税局工作人员涉嫌贪污罪,案件处于初查阶段。

3. 人民监督员参与检察长接待日活动

调研中发现，人民检察院不仅引入人民监督员制度监督自侦案件，更努力通过人民监督员来宣传检务公开活动，通过监督员这一窗口让社会更加了解检察院的工作，提升检察院的自身形象。

例如，人民监督员参与检察长接待日活动，与检察长一起接待上访人员，参观检察机关办案工作区，了解案件办理经过的具体程序，参与检察机关对外联络和检察开放日活动。人民监督员参与检察机关的各种活动，一方面是对检察权的监督和制约，没有透明度，群众无法参与，也就难以进行监督，没有一定的公开性和介入渠道，社会监督就无法发挥作用，更难以取得积极效果；另一方面，也是检察院贯彻群众路线，倾听群众意见的重要途径，也符合2015年改革文件中"人民监督员对检察机关的其他工作提出意见和建议"的要求。

三、从试点情况来看人民监督员制度改革的问题

任何改革都不是一蹴而就的，人民监督员制度改革刚刚开始实行，改革之前存在的根深蒂固的问题不可能立即解决，人民监督员制度的改革也是一样，自2014年9月最高人民检察院、司法部先后发布《方案》和《意见》，在改革试点地区，都完成了新一届人民监督员的选任、培训工作，新一届人民监督员基本都已上岗参与案件监督。以C市人民检察院为例，按照计划表的进程，2015年6—9月份是改革后的人民监督员运行阶段，C市在人民监督员选任和制度创新，保障人民监督员知情权方面均有进步，但是改革之前的一些老问题仍然存在，而且随着改革的进展，也发现新制度实施过程中出现了新问题。

（一）人民监督制度试点的规范性文件未公开

最高人民检察院、司法部2014年推行的《意见》和《方案》，两个重要的改革文件，在网络上找不到，没有向社会公开，这就直接影响这两个文件的落实，堵塞了听取各方意见修改和完善人民监督员制度的途径。

C市司法局根据两个文件制定并向社会发布了《C市司法局关于公开选任人民监督员制度的公告》，对人民监督员的职责和选任条件进行详细的规定，便于选任工作的开展。但C市还有很多关于人民监督员制度的文件尚未公开，而是以内部文件的方式向下级各检察院下发，文件的非公开化导致人民监督员制度本身的社会了解程度降低，人民监督员自身可能也会对制度的某些方面存在疑问，例如，关于人民监督员履职补助的问题，C市在2009年就下发过《关于为C市检察机关人民监督员监督职责提供保障的通知》，但文件并未向社会公开，监督员只有在监督完案件之后，才会从组织监督案件的办公室工作人员那里听到文件的名称。而对社会公众来说，不公开相关文件，一方面是人

们对相关制度的不了解、不信任；另一方面，在个案监督过程中，使人们对监督员本身监督案件的结果产生质疑。

(二) 人民监督员履职保障不充分

虽然担任人民监督员是一种荣誉，但如果因担任监督员而缺勤，影响全勤奖金、升迁机会或者为监督案件而付出交通、餐饮、住宿等额外费用就得不偿失了，所以检察机关为充分调动人们参与司法活动的积极性，就要为人民监督员履职提供充分的保障。

C市人民监督员参加活动期间，人民检察院与所在单位协商，保障人民监督员的工资福利待遇方面不受损害；同时规定对于人民监督员参加案件监督工作支出的费用实行每次包干补贴制，即每参加一件案件的一次监督工作给予一次性包干补贴，划分主城九区和其他区县地区，规定人民监督员只要是在产生范围内参与案件监督的，每人每件补贴200元；在产生地区的范围之外参与案件监督的，每人每件补贴300元；每住宿一天增加补贴100元。这一补贴标准仍是2009年制定的，随着通货膨胀的影响，已经不太适合经济发展状况，应当将补贴标准适当提高，特别是住宿补贴，不能让人民监督员参与案件监督时，不仅付出劳力还要支付财力，影响履职的积极性。适当提高补贴也可以规避为节省开支，只找自己地区的人民监督员参与监督，而剥夺了其他地区人民监督员参与案件监督的可能性。

根据改革文件的要求，选任管理人民监督员的相关工作经费应当纳入司法行政业务经费预算予以保障，因此，组织人民监督参与案件监督的费用应当由司法行政机关支付，但笔者在A分院参与组织人民监督员监督案件时发现，监督程序结束后仍然是由检察机关自己支付人民监督员的补贴，监督员办公室的工作人员在监督结束之后分别给人民监督员每人200元钱，监督员在领取条上签字领取补贴。监督员办公室的工作人员说，尽管2015年《深化人民监督员制度改革方案》要求司法行政机关承担这部分费用，但是行政机关并没有这方面的预算，所以费用还是一直由他们自己来支付。笔者在调研期间，适逢各部门都在编制2016年预算和2016年至2020年五年滚动财政预算，也参与编制了人民监督员办公室的费用计划。发现他们每年要组织监督30至40起案件，参与监督案件的人民监督员按照5人计算①，以每件案件补贴人民监督员300元计算，一年的预算大概为6万元，而且还有人民监督员参与对外联络活动、参加检察长接待日活动，以及向人民监督员赠订报刊，这些费用对人民检

---

① 实际中一般为3人，但不排除复杂案件要求5名人民监督员参与案件监督。

察院来说是一笔不小的开支，加重了检察院的财政负担，也有可能影响人民监督员中立公正履职。

（三）案件监督程序不科学

1. 随机抽选无保障

根据改革文件的要求，司法行政机关应当建立起人民监督员信息库，参与具体案件监督的人民监督员，由组织案件监督的人民检察院会同司法行政机关从人民监督员信息库中随机抽选产生。司法行政机关选任人民监督员参与案件监督，避免人民检察院选人"熟人化"，保证监督员的独立性与公正性，使监督结果更具有说服力；随机抽选使人民监督员都有机会参与案件监督，可以有效提高公民参与司法的积极性。

但根据笔者调研发现，C 市司法局尚未建立起完善的人民监督员信息库，A 分院有自己的文件（一张 Excel 表格）记录辖区内的监督员姓名、工作地点、住址、联系方式等信息，选择人民监督员参与案件监督时，随意性较大，只是在计算机桌面上打开文件，倾向于选择距离检察院比较近的、交通方便的来参与案件监督工作，随机挑选无保障。笔者随机抽取 2015 年监督的 21 件案件发现，有一位人民监督员参与监督案件 10 次，近所抽样本的一半；一位参与案件监督 6 次；有 5 位人民监督员参与案件监督在 3—5 次之间。

2. 单方"汇报式"的监督程序

检察机关承办人提请监督员监督案件时，一般向组织监督的上一级人民监督员办公室提交主要证据目录 1 份，相关法律规定 1 份，人民监督员监督案件报送表以及案情介绍 8 份，为人民监督员准备的是简单的案情介绍，为使监督员相信人民检察院办案是"以事实为依据，以法律为准绳"，在案情介绍之后附主要证据目录和适用的法律解释，为并非专业的人民监督员释明法律规定。但监督员接触的仅仅是案情介绍和证据目录，与要求的"提供充分的有关案件事实、证据和法律适用等材料"具有较大差距，人民监督员对案件信息了解并不全面，受自身知识能力所限，人民监督员有可能认真履职都发现不了问题，更何况在案件信息并非全面的情况下履职。

案件监督时，案件承办人一般都是在单方汇报案情，人民监督员接触的案情介绍为承办人一手所写，倾向性明显，影响监督员客观全面对案件做出判断。为了确保人民监督员能够及时提出正确处理的结论性意见，除尽可能提前告知案情和法律规定之外，可以考虑在必要时，允许案件当事人接受人民监督员对案件事实的询问，有助于人民监督员维护当事人的合法权益，并对案件处理形成比较客观的处理意见，真正发挥监督作用。对于评议和表决程序的设置，应当强调人民监督员独立性的保障，使其能够依法发表自己的意见。

3. 不断压缩的监督时限

人民监督员的监督时限短,难以充分发挥监督作用。在刑事诉讼中侦办自侦案件时间紧、任务重,而监督案件难免会占用一部分时间,为节约办案期限,检察机关倾向于压缩人民监督员的监督时限。[①] 从人民监督员接触了解案情相关情况,到做出评议表决,许多都是在半天之内完成,翻阅人民监督员监督的案卷可能会发现,3位人民监督员上午刚监督了一起拟不起诉案件,下午就又监督了一起拟撤销案件,当然,这种情况比较少见。据笔者询问人民监督员办公室负责人员,人民监督员可以提前两三天阅卷,但大多数案件的监督都是监督员到现场查阅案情介绍,听案件承办人汇报,在一下午的时间就做出评议决定的。若案情简单、人民监督员业务熟练,监督员可以比较准确评议、表决案件;若案情复杂,较短的时限可能会影响监督效果。

(四)"八种情形"案件来源难以得到保障

改革后,人民监督员监督案件的范围被简要概括为"三类案件,八种情形","三类案件"监督程序的启动是强制性的,但"八种情形"的启动有赖于对人民监督员知情权的保障。C市人民检察院设置了三项制度保障人民监督员的知情权,但实践中出于种种原因,实施效果并不是很理想,以B区人民检察院为例,基层院设有专门的人民监督员接待办公室,接待来访人员,但是人民监督员接待日落实情况不好,原因在于,申诉人或者控告人要反应的问题就出现在基层院辖区范围内,中国人都有找上级来管理监督下级的思想,控告人、申诉人多是向市分院反映情况,基层院人民监督员在接待日一般都是在人民监督员接待办公室枯坐,反映了群众对人民监督员制度还不信任,制度宣传仍不到位,到目前为止,"八种情形"尚未有一例由人民监督员提请监督。

从人民监督员制度施行至今,无论是原来"五种情形",还是现在发展的"八种情形",这些案件的来源一直困扰人民监督员制度的实行,这些案件在实践中并非没有,只是监督员缺乏发现的途径。以2012年至今的监督数据为例,2012年人民监督员主动提请监督的五种情形的监督案件为16例,2013年为41例,出现了猛增的趋势,但是2014年全年又没有人民监督员对"五种情形"主动提请,2015年至今也尚未有一例对"八种情形"的案件提请监督。

---

① 陈卫东、孙皓:《人民监督员制度运行调研报告》,载《国家检察官学院学报》2011年第5期,第90页。

2012年人民监督员监督三类案件79例,2013年67例,2014年104例,2015年109例,人民监督员近四年监督的三类案件和五种(八种)情形的数量具体如图四所示。

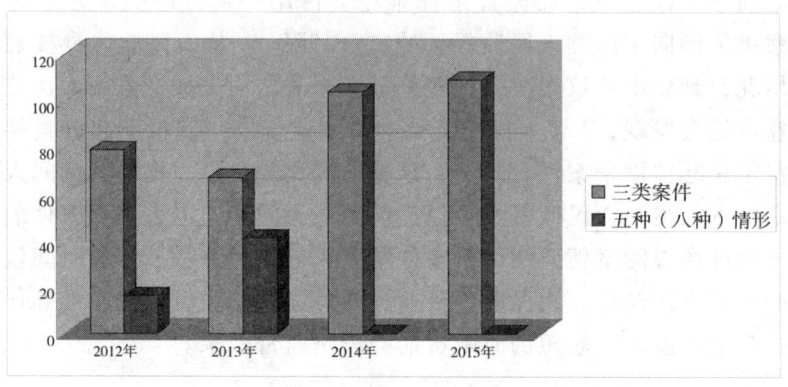

图四　C市人民监督员监督案件类型对比

据人民检察院工作人员介绍,2013年之所以出现了人民监督员主动提请监督"五种情形"井喷的情形,在于C市人民检察院在2013年曾经在检察系统内部出台了一项考核政策。为保障这五类案件的监督,C市人民检察院将人民监督员主动提请监督的案件列入检察院考核加分项目中,本院辖区的人民监督员每主动提请一起监督案件加5分,15分封顶,所以每到年底考核时,每个检察院一般会有三起人民监督员主动提请监督的案件,该考核制度实行一年之后因为种种弊端被取消,因此,2014年人民监督员主动提请监督的"五种情形"案件又恢复为零。虽然,硬性的考核指标无法保障案件来源的质量,但是数据也表明"五种情形"或改革文件增加到"八种情形"的案件在实践中并不是没有,只是缺少发现途径而已。明确的启动或者发现机制的缺乏,导致人民监督员没有专门的渠道去准确的发现问题,只凭道听途说是无法保证将来"八种情形"的案件来源的。

(五)知情权与案件保密之间的矛盾

实践中,案件承办人最担心的就是人民监督员介入会增加泄露侦查秘密的可能,许多制度设计都不敢走得太远。如C区人民检察院试点的指定居所监视居住工作办法,为防止泄露侦查秘密,不允许被指定居所监视居住的犯罪嫌疑人与人民监督员接触,大大影响了案件监督的实际效果;另外,职务犯罪案件信息受执法办案保密规定的限制,根据我国保密法、国务院颁布的《中华人民共和国保守国家秘密法实施条例》和最高人民检察院办公厅《关于印发

《关于确定检察机关工作秘密的意见》的通知》等保密规定，职务犯罪案件相关材料属于机密级文件，保密范围仅限办案人员，保密期限长达20年，仅有立案决定书、起诉书等法律文书在执行后可以公开。但保密法也作出例外规定，① 所以，经检察长批准，人民监督员是可以查阅职务犯罪案卷材料的。然而实践中，各级检察机关出于各方面考虑，大多遵循一般保密规定，不采用例外规定。

C市各分院机构设置不同，监督员的案件信息来源程度也就不相同，若是检察长分管机要部门和人民监督员办公室，人民监督员办公室的工作人员相应的对哪些信息需要保密、哪些信息可以披露更为了解，人民监督员获得的案件信息相对多些，有些甚至可以直接阅卷；但有些人民监督员办公室的分管领导为并非主管机要部门的副检察长或纪检组长，办公室的人员对人民监督员接触案件信息会更加小心谨慎，将保密视为第一原则，限制人民监督员的知情权是常态。知情权是监督权行使的基础，不能一概以案件涉及侦查秘密而将人民监督员挡在案件监督程序之外，但任何权利的行使都是有限制的，在满足参与案件监督的监督员知情权的同时也要保守国家秘密，同时加强对人民监督员的培训管理，提高其保密意识，完善人民监督员泄密追究机制。

（六）监督效力的刚性不足

人民监督员的制度定位为社会监督，不同于法律监督，前者的监督是一种权利监督，而后者是权力监督，这两种监督都具有约束力。人民监督员评议结果的约束力在被人民检察院采纳之前是建议性质而非强制性的，建议没有强制性效力，但并不是没有效力，这是政治法律领域的常识。② 但监督权的行使不应侵犯独立的检察权，若监督结果具有实质约束力则人民监督员实际分享了检察权，与宪法规定不符，还会陷入"谁来监督监督者"的怪圈。

人民监督员监督意见的约束力主要表现为一种程序性的约束力，一方面，符合监督条件的案件一定要进入监督，启动人民监督员监督程序；另一方面，在与检察机关承办人拟作的案件处理决定不相同时，人民监督员具有程序性救济使自己的监督意见可能被采纳。案件承办人将监督评议结果提交审查，检察长不同意评议结果时，要经过检察委员会讨论而无权直接否决监督员的意见；多数人民监督员对检察院未采纳其意见有异议的，有权提请检察机关复议。

---

① 《中华人民共和国保守国家秘密法》第16条第3款：国家秘密的知悉范围以外的人员，因工作需要知悉国家秘密的，应当经过机关、单位负责人批准。

② 高一飞：《东亚文化背景下的建议性陪审团》，载《财经法学》2015年第1期，第97页。

从被监督者角度来说，人民监督员大多不是司法业务领域的内行，而案件承办人都是司法业务领域的内行，当外行与内行意见不一时，多数人会选择相信内行而否定外行；从人民监督员自身来说，有些监督员长期处于体制内，是典型的"好好先生"，一般也不会反对检察机关业已形成的拟处理意见，而有些人民监督员尽管形成了自己合理的怀疑，谨慎提出但由于对自己结论的不自信，检察机关案件承办人解释之后也不会再坚持，这些都是影响制度约束力的因素。

从制度本身的规定来看，现行有效的文件没有规定提交案件监督的人民检察院应当在监督完成几日之内将最终案件的处理结果告知组织案件监督的人民监督员办公室。实践中，由于没有硬性规定，提交案件监督的区人民检察院在人民监督员监督之后的半个多月甚至于半年才将案件处理结果告知组织监督的人民监督员办公室，而监督员办公室也大多直接将《人民监督员监督案件处理决定告知书》附卷保存，不会专门打电话告知人民监督员，使对监督结果有异议的人民监督员的提请复议权落空。

但是也不能以人民监督员改变了多少检察机关的拟处理决定作为衡量该制度刚性的标准，监督制度的作用不可能是"替代性"的司法权力分割，而应当是"补足性"和"拾遗补缺性"的，参与检察权的社会民众大规模改变检察机关处理决定的事情，也是不可想象的。实践中，人民监督员制度的刚性不足体现在，应当提请监督的案件存在漏监督的情况，没有相应的程序性制裁措施；对未采纳监督结果的说理性不足，监督员尚未完全独立于检察院，考虑到自身与检察机关的关系也不会再坚持到检委会甚至到提请复议；对人民监督员提请复议权保障不力，目前，C市启动人民监督员监督的案件尚未有一例提请检委会讨论决定或者提请人民检察院复议。

四、新时代人民监督员制度改革试点的经验

（一）公开文件、推进立法

我国早已过了"法不可知，则威不可测"的时代，法律及规范性文件应当公布是现代法治政府的基本要求。通过报刊、广播、官方网站全面公开最高检、司法局的两个改革文件的要求，而不是以答记者问的形式给予公众片面的文件信息，可以使民众了解文件的内容，知晓与之相关的行为规则，为人民监督员制度立法奠定群众基础。地方司法机关制定的有关落实人民监督员制度的具体改革措施，可以有效保障人民监督员的知情权。A分院人民监督员办公室工作人员分析认为，检察长开放日、人民监督员接待日的效果不好的原因之一便是宣传不到位，但是不仅要宣传具体的制度，更要向社会公布制度产生的依

据，使其有章可循。各检察院除了通过新闻媒体大力宣传制度改革措施和相关规定之外，还可以通过专家座谈会、人民监督员交流总结会的形式，让专家学者、人民群众广泛献计献策，完善制度发展，对制度进行宣传，使公众知晓并积极参与司法。

有关人民监督员制度的规定均是出自人民检察院内部，没有国家权力机关的法律支持。一项制度长期没有法律依据将会破坏制度的权威性和民众对规则的信心。① 人民监督员制度施行缺少法律依据，一直是困扰办案人员的难题，实践中，有些地方检察机关宣传的先进典型、制度创新已经突破了规范性文件的要求，法律的缺位，影响了该制度的持续、健康发展，法制化建设是未来人民监督员制度的发展方向。② 最高人民检察院办公厅负责人在谈 2015 年《深化人民监督员制度改革方案》时也提到，"推进人民监督员制度立法是此次改革的重要内容，也是完善人民监督员制度的客观需要"，③ 多年的司法探索为制度建设提供了实践基础，专家学者的学理探讨为其提供了理论基础。

鉴于监督范围事关人民监督员制度的实际运作，监督范围应更加注重可操作性，应对其进行明确的界定。人民监督员制度设立的初衷是回应对自侦案件办理中监督缺位的质疑，应立足这一基础，注重保持适度性和实际操作性，对监督范围加以确定。④ 实践中，由于监督"采取指定居所监视居住强制措施违法"情形存在问题较多，没有可操作性，建议将其排除在监督范围之外。

决定采取强制措施的是人民检察院，而执行的却是公安机关。一般而言，决定机关人民检察院基本无违法情况，最有可能出现违法情况的阶段在执行阶段，人民监督员对强制措施违法情形进行监督，其监督的对象是做出决定的机关还是执行决定的机关。若监督做出决定的检察机关，意义不大，从检察院提交监督的几种文书中就可以看出是否合法，但是若要监督公安机关，就存在以下问题：首先，根据最高检、司法部的规定，人民监督员对人民检察院办理直接受理立案侦查案件的违法违规情况进行监督，规定并没有赋予其监督公安机关的权利，人民监督员不能超越权限行使权利；其次，公安机关和人民检察院的关系一向良好，于检察机关而言，公安机关为其执行指定居所监视居住强制

---

① 周永坤：《法理学》，法律出版社 2004 年版，第 117 页。
② 卞建林、褚宁：《人民监督员制度的运行和完善》，载《国家检察官学院学报》2014 年第 1 期，第 77 页。
③ 郭洪平、徐盈雁：《充分发挥人民监督员监督作用 健全检察机关接受外部监督制约机制》，载《检察日报》2015 年 3 月 12 日，第 3 版。
④ 刘秋有：《完善人民监督员制度的路径选择》，载《人民检察》2014 年第 7 期，第 77 页。

措施是对检察机关的决定依法配合执行,若检察机关反而找人监督自己的执行行为,情理上说不过去,无论公安机关还是检察机关对此都比较抵触;最后,由于检察机关害怕嫌疑人自杀、逃跑,法律又规定指定居所监视的费用不得要求被监视居住人支付,所以适用这一强制措施对决定机关来说成本太大,制度本身适用的情况较少,而且犯罪嫌疑人被采取指定居所监视居住的时间一般都不会很长、监督场所的封闭性,人民监督员即使介入监督,已经时过境迁也很难发现问题。

实践中,C区人民检察院对这一新增加范围进行监督试点,邀请人民监督员进行监督,但实施情况并不好,而该院制定的《指定居所监视居住工作办法》也在检委会讨论了四次,不断修改,区检察院此类案件又比较少,未通过充分的实践检验,所以尽管最终被检察院内部通过,但尚未向市分院和市检察院呈报。从理论逻辑和实践效果来看,不将指定居所监视居住纳入人民监督员的监督范围,是更好的选择。

(二)司法行政机关担起应尽职责

C市司法行政机关应当尽快承担其对人民监督员选任管理的职责,保证监督员监督的独立性。司法行政机关应当建立起一套行之有效和简便易行的管理模式,建设类似于检察机关统一业务应用系统的人民监督员信息系统,将人民监督员管理(包括考核奖惩、培训指导、工作保障等内容)、案件管理、数据上报、学习交流制度化,按照统一业务管理系统的程序要求提请案件监督、考核人民监督员履职情况,对人民监督员进行动态管理。并将信息库与检察机关共享,真正落实随机抽选制度。

为提高人民监督员的履职能力,在每年中期,司法行政机关应当组织人民监督员总结交流大会,请人民监督员充分交流自己的经验,解答人民监督员的疑问,解决他们在履职过程中遇到的各种困难。另外,我国人民监督员制度是对涉及"十一种"情形的个案进行监督,但是对外界还缺乏必要的透明度,作为与香港廉署咨询委员会同属监督反贪机构的人民监督员制度,其工作必须要有一定透明度,要接受社会大众的监督,以体现其人民性和代表性。为此,司法行政机关作为人民监督员管理机关可以适时召开新闻发布会,接受群众和记者提问,提高制度的透明度、公信力和知名度。

人民检察院对人民监督员进行考核和奖惩有可能会削弱监督员的独立性。司法行政机关作为人民监督员的考核奖惩机关更为公正,可以增强监督独立性,使案件监督结果具有更强的说服力。

现行人民监督员制度缺乏对人民监督员考核奖惩的规定,造成积极履职和消极怠工的监督员没有区别,影响监督员履职热情和监督效果。有些监督员不参加案件监督确实存在正当理由,而有些在没有正当理由的情况下,在监督案件的时候迟到,甚至不参加案件监督和检察院举办的其他活动。还有些人民监督员在案件监督过程中仅附和检察院的拟处理决定,而并非通过自己认真阅读案件信息发现问题,监督案件极其不负责任,泄露所监督的案件秘密等情形,亟须司法行政机关制定相应的奖惩标准来规范人民监督员的行为。

(三) 确立合理的案件监督程序

参与案件监督的人民监督员应当由组织监督的人民检察院会同司法行政机关在人民监督员信息库中随机抽选产生,产生后,司法行政机关的工作人员应当联系被抽选的人民监督员,告知其监督的时间、地点,确认其可以准时到达参与案件监督。同时将人民监督员参与案件监督的费用列入经费预算,在人民监督员监督程序完成之后,将补贴发放给参与案件监督的人民监督员,保障监督过程的中立性、监督结果的公信力。

与国外的陪审员职责不同,国外陪审员负责对案件事实进行审查,不对案件法律适用进行评价,而人民监督员负责对检察机关直接受理、立案侦查案件的事实、证据、法律适用等进行监督,不仅对案件事实进行评议而且还包括案件法律适用情况。人民监督员若对以上内容进行评议,得到的案件信息必须充分,才能充分保障其凭借常识理性、社会经验对案件做出符合主流社会共同价值取向的判断;[①] 否则,将大大影响案件监督的效果,也难以使民众信服,影响案件监督的严肃性、权威性,最终可能导致监督沦为形式化。

调研发现,人民监督员对案件的监督程序基本上都是"单方式"报告,而犯罪嫌疑人一方根本就没有机会接触到监督员,无法表达自己的意见,对犯罪嫌疑人来说是极其不公平的。而且这种单方报告式的监督模式对监督员来说得到的案件信息并非是充分的,妨碍监督员"兼听则明",让非专业的人民监督员在监督过程中发现问题的要求苛刻。

赋予人民监督员查阅案卷的权利,人民监督员通过查阅案卷充分了解案情,有助于他们做出正确判断。人民检察院担心案件泄密,影响侦查,一般不会让监督员阅卷,但是一方面案件材料是应当公开的诉讼材料,另一方面人民监督员也签订了保密协议,具有保密义务。若是担心影响侦查,可以区分提请监督的案件的具体情况,对不服逮捕的案件,查阅可能影响案件侦查的敏感材料可做适当限制。提请监督的案件,已经做出终局裁决的,不应当限制人民监

[①] 郑爱之:《完善人民监督员选任机制的三点建议》,载《人民检察》2014年第15期,第78页。

督员查阅权,例如,人民检察院拟做不起诉的案件、拟撤销的案件。

改进人民监督员的表决方式,采用听证会式的表决方式。现代司法实践表明,听证会比仅靠询问、听取意见加阅卷的非听证会决定方式更严谨、公正、程序更加规范。听证会使监督员信息更充分,更有利于其厘清案件事实、明辨是非,从而提高表决结果的合理性。在表决时,应要求人民监督员发表个人意见时具有相关的证据分析、恰当的理由及法律依据,同意人民检察院拟处理意见的理由可以简略,但不同意的理由要充分,即得出结论的程序合法、结果合理,不能简单的表决对与错、是与非。①

人民监督员制度的发展受制于其监督效力,为了加强监督评议的效力,主要从以下三个方面进行思考:第一,将符合监督条件的案件都纳入监督程序,对漏监进行程序性制裁。第二,转变人民检察院工作人员思想观念,自觉接受并尊重人民监督员。人民监督员来自社会各行各业,在专业基础知识方面不存在优势,而且由于办案期限的限制,部分办案人员并不乐意人民监督员介入,而是通过其他途径达到犯罪嫌疑人的诉求。案件承办人应当将符合监督情形的案件主动提交监督,同时加强案件说理,特别注意释明案件的法律适用问题,让人民监督员在充分了解和理解案情的情况下做出独立判断。第三,及时将提交监督的案件最终处理结果告知人民监督员,保障人民监督员的复议权。

2015年《深化人民监督员制度改革方案》规定人民监督员有提请复议的权利,复议程序固然为人民监督员提供了一条救济途径,但其启动的前提条件是多数人民监督员仍有异议,条件过高,导致复议程序可能存在虚置情况。可在启动复议程序之前让不同意人民检察院拟处理决定的人民监督员列席人民检察院检察委员会,使检察委员会能够充分听取人民监督员的监督意见而不是只依据监督文书和相关会议记录来了解监督评议状况,让有异议的人民监督员参与检察委员会讨论,有利于监督员和委员会双向沟通、交换意见,达到监督效果。

(四)落实和完善知情权的保障措施

尽管C市人民检察院制定了保障人民监督员知情权的三项措施,但实施效果并不好。一方面,由于文件未向全社会公开,只在检察机关内部流转,缺乏宣传,使公众对这些制度根本不知晓;另一方面,由于规定较为原则,可操作性不强,让控告人、申诉人在检察机关自己的地盘告诉人民监督员检察机关存在违法行为,多数人都会有顾虑。

---

① 石丽美:《人民监督员制度运行状况调查》,载《人民检察》2013年第8期,第36页。

检察机关可以在办公室外悬挂人民监督员接待日公示牌,标明下一次人民监督员接待日的时间和人民监督员姓名,在人民监督员联络公示栏上,经人民监督员同意,将其照片、姓名和联系方式和 11 种监督情形予以公开,方便有关人员直接向人民监督员提供监督线索。由于人民监督员并没有调查权,最终还得将案件交予检察机关核实案件来源的真实性,为免除举报人、控告人遭受报复的顾虑,人民监督员不应当向检察院透露举报人或控告人信息,这就要求人民监督员具有很强的独立性。控告人、举报人有了联系方式可以匿名打电话,控告人、举报人的人身安全得到保障,或会提供案件线索,进而拓宽人民监督员监督案件的信息来源。

(五)平衡保密与知情权之间的关系

人民监督员制度有别于人民陪审员成员,其主要职责是对检察机关工作人员在侦办职务犯罪案件中可能存在的违法情形予以监督,主要涉及对法律适用及诉讼程序的审查,而非对事实的判定。为此,除了对"三类案件"须将案件事实对人民监督员完整披露,其他情形可视具体案件涉密程度对案件事实的披露适当加以限定。[①]

平衡知情权和保密规定之间的关系可以采取事先预防、事后追究的方式。首先,可以吸取 C 市 C 区检察院的经验,要求进行案件监督之前签订保密协议,保密协议中涉及相应的追责条款;其次,将案件的监督过程集中化,力争案件的监督过程不间断的推进直至达成监督意见,避免监督过程中的信息泄露;最后,建立事后追责机制,通过追究人民监督员相关责任乃至刑事责任,提高人民监督员案件泄露的成本以确保案件保密性。

人民监督员制度从 2003 年产生试点到全面推广,在不断完善和进步,制度促进了检察机关职务犯罪办案质量的提高,执法观念得到转变,执法行为进一步规范。各地检察机关在实行人民监督员制度过程中也发现制度存在的一些弊端,人民监督员制度要保证制度的生命力,就需要改进其弊端进而推进制度立法。最高检联合司法部在党的十八届三中全会、四中全会对人民监督员制度改革要求下,从选任机制、管理方式、拓宽监督案件的范围、完善监督程序和保障人民监督员知情权、推进制度立法等各方面对制度进行较大幅度的改革,并在试点地区开展。试点地区在试行新制度的过程中,已经卓有成效但也发现制度存在的一些问题,有待进一步完善。

[①] 张建升等:《让检察权在人民监督下依法独立公正行使——专家学者纵论深化人民监督员制度改革》,载《人民检察》2015 年第 5 期,第 46 页。

第四章　监察体制改革背景下的人民监督员制度改革

> 本章摘要：监察体制改革背景下人民监督员制度转型的原因有以下方面：人民监督员的原有监督对象已经基本不存在；人民监督员不应当监督侦查（调查）过程；扩大人民监督员监督范围是中国检察体制决定的；扩大人民监督员监督范围能促进司法的社会认同。监察体制改革背景下人民监督员改革的主要内容是：沿用了2016年改革中的遴选程序；形成了四种监督模式，即共同参加模式、旁听观察模式、听取通报模式、主动建议模式；改革了人民监督员的工作机制，即改革了人民监督员的组织程序、参与程序、监督效力和工作保障机制。将来，人民监督员监督模式应当从以下几个方面完善：邀请人民监督员监督所有不起诉案件、扩大人民监督员参加公开审查和听证的范围、特定案件应当协调人民监督员旁听庭审、明确人民监督员"参加审查""参加听证"的含义。人民监督员工作机制应当从以下几个方面进行完善：制定统一的人民监督员选任管理规范、分类确定人民监督员参加监督的人数、与人民法院联合确立人民监督员优先旁听权、明确"检察案卷"的性质及其使用范围、发布各级检察院人民监督员工作年度报告。

扩大人民监督员监督范围，是新时代司法改革的产物，在政策和法律上经历了一个酝酿的过程。

2013年11月12日通过的《中共中央关于全面深化改革若干重大问题的决定》要求"广泛实行人民陪审员、人民监督员制度，拓宽人民群众有序参与司法渠道"。并没有限定人民监督员监督的范围。2014年10月28日《中共中央关于全面推进依法治国若干重大问题的决定》指出："完善人民监督员制度，重点监督检察机关查办职务犯罪的立案、羁押、扣押冻结财物、起诉等环节的执法活动。"这一表述中，"检察机关查办职务犯罪"是监督的重点，但并不排除对其他执法活动的监督。顶层设计已经为拓展人民监督员监督范围埋下了伏笔。

其实，早在 2010 年《规定》第 19 条中就规定："人民监督员可以对其他检察工作、检察队伍建设等提出意见和建议"，第 36 条规定："人民检察院应当为人民监督员履行职责提供下列条件：（一）适时通报人民检察院重大工作部署、决策和其他检察工作情况……"。"其他检察工作"从字面上完全可以理解为包括自侦案件以外的办案工作，这可视为人民监督员监督自侦案件以外的其他检察工作的尝试。

2019 年 1 月 1 日起实施的《人民检察院组织法》第 27 条规定："人民监督员依照规定对人民检察院的办案活动实行监督"，将人民监督员制度首次采取立法的形式固定，这一规定没有限定人民监督员的监督范围为自侦案件，给人民监督员监督四大检察提供了创新发展的法律依据。也意味着《党的十八届三中全会重要改革举措实施规则（2014—2020 年）》提出的"实现人民监督员制度法制化"改革要求已初步完成。①

为进一步贯彻落实《人民检察院组织法》第 27 条的规定，2019 年《最高人民检察院关于实行人民监督员制度的规定》（以下简称 2019 年《规定》）重新设定了人民监督员的职责定位、监督范围、监督方式和监督程序等。从此，人民监督员监督全面覆盖检察机关办理的所有案件类型。2018 年 7 月，最高人民检察院将人民监督员工作机构、职责从办公厅划转到案件管理办公室，不仅突出人民监督员的业务属性，更是为人民监督员对案件实施全面性监督提供保障，扩大人民监督员监督是大势所趋，也已经成为现实。

一、监察体制改革背景下人民监督员制度转型的原因

（一）人民监督员的原有监督对象已经基本不存在

如前所述，检察机关职务犯罪侦查权大部分已经转隶监委，但这次转隶并不彻底，检察机关仍然保留了部分侦查权。2018 年 10 月 26 日修订的《刑事诉讼法》第 19 条规定："人民检察院在对诉讼活动实行法律监督中发现的司法工作人员利用职权实施的非法拘禁、刑讯逼供、非法搜查等侵犯公民权利、损害司法公正的犯罪，可以由人民检察院立案侦查。对于公安机关管辖的国家机关工作人员利用职权实施的重大犯罪案件，需要由人民检察院直接受理的时候，经省级以上人民检察院决定，可以由人民检察院立案侦查。"

---

① 陈卫东等：《新时代人民监督员制度的发展与完善》，载《法学》2019 年第 3 期，第 3 页。

这一条规定了检察机关的两种侦查权,朱孝清检察长称前者为"保留的职务犯罪侦查权",后者可称之为"机动侦查权"。① 对第一种侦查权,李奋飞教授也称之为"新"自侦权②,本章称其为"司法职务犯罪侦查权"。2018年《刑事诉讼法》颁布后,最高人民检察院随即于2018年11月24日出台了《关于人民检察院立案侦查司法工作人员相关职务犯罪案件若干问题的规定》(以下简称《若干问题规定》),对检察机关行使14种司法职务犯罪立案侦查权的管辖制度、具体程序、侦查监督等问题进行了详细规定。

2018年3月,时任最高人民检察院检察长曹建明在最高人民检察院工作报告中指出:"四级检察院反贪、反渎和预防部门职能、机构及44151名检察人员已全部按时完成转隶。"③ 人民监督员制度的设置初衷是监督检察机关自己侦查的职务犯罪案件。职务犯罪侦查权转隶后人民监督员制度存在的主要基础和制度根基已经不存在。

(二)人民监督员不应当监督侦查(调查)过程

职务犯罪侦查活动具有专业性、秘密性、高效性,这使得职务犯罪侦查权不宜也难以接受"外行"的监督。人民监督员制度既是对检察机关的监督制度,又是民众参与检察的一种具体方式。虽然在侦查中存在见证人制度,但是见证的作用仅仅在于"见证",不能像人民监督员一样,对侦查行为进行审查与监督、并对违法和不当行为提出纠正建议。在域外,用外行人监督检察机关的类似制度是美国大陪审团制度、日本检察审查委员会制度和英国的检察审查会制度,三种制度都是起诉阶段的监督。

美国大陪审团是民众参与司法的典型模式。其主要职能是对检察官的起诉权进行制约和监督,负责重罪案件的审查起诉(有少数州也包括一些轻罪)和调查取证的权利。④ 之所以确定这项制度,是希望通过公众对检察机关将要起诉的案件进行审查,及时发现不符合起诉条件的案件,从而保证公民不会受到不当起诉,更好地维护当事人的合法权益,是对公诉权的监督和约束,不能监督侦查过程。

日本检察审查委员会制度,是为了防止检察官滥用检察权,由检察审查委

---

① 朱孝清:《检察机关如何行使好保留的职务犯罪侦查权》,载《中国刑事法杂志》2019年第1期,第3页。

② 李奋飞:《检察机关的"新"自侦权研究》,载《中国刑事法杂志》2019年第1期,第16页。

③ 曹建明:《最高人民检察院工作报告》(2018年3月9日)。

④ 高一飞:《上帝的声音:陪审团法理》,中国民主法制出版社2016年版,第211页。

员会对检察官决定不起诉的案件进行审查的一项司法制度。日本实行检察官起诉垄断主义和起诉便宜主义,检察官不仅享有起诉的独占权,而且还被赋予不提起公诉的裁量权。检察审查委员会的功能是对检察官的不起诉处分是否恰当进行审查,从而达到规制检察官公诉权正确行使的效果。① 检察审查委员会同样不能进行侦查监督。

1996 年,英国皇家检察署在其内部设立检察审查会,其目的是通过监督和评估皇家检察署职权行使,并提供建议,来提高皇家检察署的工作质量。2000 年,检察审查会成为一个由民众组成的、独立的体制外监督机构。② 皇家检察审查会的功能有三个:审查公诉案件、发布专题评论、提交年度报告。皇家检察审查会从司法区域随机抽取 50 个案件,在较大的 8 个地区的皇家检察署选出 100 个案例,在大曼彻斯特和伦敦地区抽选出 150 个案例,对这些案件根据核心质量评估模型进行评估。③ 可见,英国检察审查会根本就不对正在办理的案件进行监督,而是以事后审查的形式抽查案件,类似于我国的案件质量评估,更不可能让外行人进行侦查监督。

不论是美国大陪审团制度、日本检察审查委员会制度,还是英国皇家检察审查会制度,民众参与检察的范围,都仅限于检察机关的起诉权,不涉及对侦查权的民众参与式监督。侦查权不宜也难以接受这种民众参与式的监督形式,这是由侦查的权力运行规律决定的。侦查权要求高效出击、过程秘密,外行人监督可能泄露侦查秘密;对高度专业化的侦查活动,外行人的监督往往难以看到实质,流于形式。外行人以参与到执法司法中去的方式监督侦查,在世界上没有先例。

相反,我国人民监督员制度的监督范围虽然几乎涵盖了包括立案、羁押、撤案、不起诉等检察机关的所有办案环节,但仍然主要集中在对职务犯罪侦查权的监督上。以职务犯罪侦查权转隶监委之前的 2015 年规定为例,2016 年《最高人民检察院关于人民监督员监督工作的规定》(以下简称 2016 年《规定》)中人民监督员监督的 11 种情形,除了其中第 5 项、第 6 项的内容以外,

---

① 陈效:《日本检察审查委员会制度实施现状评析》,载《人民检察》2014 年第 7 期,第 69 页。

② Crown prosecution service Inspectorate Bill [H. L], Deb 30 November 1999, https://api.parliament.uk/historic-hansard/lords/1999/nov/30/crown-prosecution-service-inspectorate,最后访问日期:2019 年 7 月 25 日。

③ CPS, Core Quality Standards Monitoring Scheme, Thematic review of the CPS Core Quality Standards Monitoring scheme, Report of the HM Chief Inspector of the Crown Prosecution Service, March2012, p. 8.

其他都是对侦查过程的监督。

在监督侦查的具体方式上,2004年《最高人民检察院关于实行人民监督员制度的规定》(以下简称2004年《规定》)第24条规定"人民监督员可以向案件承办人提出问题,必要时可以旁听案件承办人讯问犯罪嫌疑人、询问证人、听取有关人员陈述、听取本案律师的意见"。2010年《最高人民检察院关于实行人民监督员制度的规定》则没有规定旁听侦查的情形。2015年3月8日最高人民检察院《深化人民监督员制度改革方案》废除了人民监督员对人证取证侦查行为的现场监督的规定,但是仍然规定"在查封、扣押职务犯罪案件犯罪嫌疑人财物和文件时,可以邀请人民监督员现场监督。"即物证取证的侦查过程仍然可以邀请人民监督员现场监督。2019年《规定》取消了人民监督员旁听侦查过程的内容。在过去,"拟撤销案件的""拟不起诉的"情况是人民监督员监督的重点,但2019年规定的10种情形中,没有包括"拟撤销案件的"情形,对于不起诉也只是针对公开审查的情况可以用旁听方式监督。

在检察院职权转变后,关于人民监督员制度的方向调整,有学者提出可以将人民监督员制度并入到监察委员会,同时扩大监督范围,对监察委员会的全部行为进行监督。① 这一说法同样没有注意到人民监督员不能监督侦查行为的规律(监委的职务犯罪调查行为与侦查性质不同、但办案规律相同)的问题。很难想象,在监委集中统一、高度保密的调查过程中,如果引入人民监督员监督,监委的职务犯罪调查活动如何能开展下去。因此,即使是主张人民监督员监督监委查办的案件的学者,也并不主张将人民监督员监督延伸到调查活动中去,而是认为:"人民监督员只能设立在检察机关的审查起诉环节,用于加强职务犯罪的审查起诉。如果设置在职务犯罪调查环节,一切仍由监委主导,欠缺中立性和独立性,制度设置仍然难免徒具形式。"② 其实,这不是监督犯罪调查会导致"徒具形式"的问题,而是将人民监督员引入犯罪调查,从根本上违背了调查犯罪的规律。

综上所述,虽然检察机关仍然具有部分职务犯罪侦查权,但2019年《规定》并没有规定人民监督员有权对检察机关侦查的部分案件的立案、撤销案件进行监督,没有规定人民监督员有权旁听检察机关的侦查过程。因为以上两个内容都是侦查权的内容,人民监督员的参加,会妨碍侦查的正常进行。2019年《规定》取消人民监督员监督侦查的规定,是人民监督范围的重大调整,

---

① 秦前红:《国家监察机关制度试点改革中的两个问题》,载《四川师范大学学报(社会科学版)》2017年第3期,第17页。

② 龙宗智:《司法改革:回顾、检视与前瞻》,载《法学》2017年第7期,第11页。

是科学务实、符合侦查规律的重大改革。

（三）扩大人民监督员监督范围是中国检察体制决定的

对于人民监督员的监督范围，早就有人提出过限制其监督范围的主张，认为人民监督员应当以监督检察机关自侦案件为限，不宜再将普通刑事案件纳入人民监督员的监督范围。认为新的制度应当解决已有制度不能解决的地方，若已有的程序与制度能够很好地监督普通刑事案件，就不再需要额外引进另一种制度再行监督。① 笔者也曾经主张："人民监督员制度应当回归其应有功能，只对检察机关公诉权进行监督，防止不当不起诉和不当起诉。"② 这种观点可以称之为"限制论"。

另外一种观点则认为，在当前司法改革的时代背景下，人民监督员制度要发挥作用，其监督的内容必须随着时代的发展进行拓展。有学者认为，人民监督员制度的发展需要一个过程，在最开始可以将范围限制的小一点，有了经验以后，再慢慢扩大范围。③ 还有学者认为，人民监督员应当将监督的范围覆盖检察机关办理的各类案件、行使的各项职权，人民监督员可以对一些公众高度关注的普通刑事案件和涉及检察权运行的环节进行监督。④ 上述观点可以称之为"扩大论"。

那么，2019年《规定》为什么采纳了"扩大论"呢？最高人民检察院的主管领导认为，主要的原因在于："落实以人民为中心的发展思想。"我国检察机关"广泛的人民性是最根本的政治属性，必须在各项工作中坚持以人民为中心的思想，努力让人民群众在每一起司法案件中都能感受到公平正义"⑤。

将人民监督员的权力扩大到除侦查过程以外的四大检察各个环节，是由我

---

① 张建升、卞建林、秦前红、孙灵珍、高一飞、金园园：《让检察权在人民监督下依法独立公正行使——专家学者纵论深化人民监督员制度改革》，载《人民检察》2015年第5期，第45页。

② 高一飞：《职务犯罪侦查权转隶后人民监督员制度的出路》，载《中州学刊》2018年第2期，第60页。

③ 龙宗智：《关于人民监督员制度的几个问题探讨》，载《人民检察》2005年第8期，第40页。

④ 张建升、卞建林、秦前红、孙灵珍、高一飞、金园园：《让检察权在人民监督下依法独立公正行使——专家学者纵论深化人民监督员制度改革》，载《人民检察》2015年第5期，第45页。

⑤ 董桂文：《〈人民检察院办案活动接受人民监督员监督的规定〉的理解与适用》，载《人民检察》2019年第21期（11月上），第49页。

国检察机关作为法律监督机关的性质所决定的。

我国检察机关是法律监督机关。在西方国家,检察机关仅仅是行政机关中承担专门犯罪追诉职能的一个部门,而我国检察机关是"一府一委两院"中与其他三个机关即政府、监委、人民法院处于同等地位的法律实施机关,承担部分案件的侦查和所有公诉案件的起诉职能。但是,检察机关同时也是诉讼监督者,对侦查机关、审判机关、刑罚执行机关进行监督,还代表国家承担公益诉讼职能。检察机关既是执法者、也是执法司法的监督者,我国检察机关拥有的权力远远大于西方国家检察机关的权力,权力越大,滥用权力的可能性就越大。作为法律监督机关,检察机关的每一项权力都需要面对"谁来监督监督者"的质疑。我国人民监督员制度不能简单套用西方国家民众参与检察时只监督公诉权的模式,而是要让所有检察权都受到同样的监督。

打铁还需自身硬,检察机关必须强化自身的内部监督和外部监督。从现有的外部监督形式来看,都存在一些不足。人大及其常委会的监督主要表现为听取和审议检察机关的报告,而对检察机关办理具体个案的活动却缺乏介入途径,因而难以对检察机关在办案活动中可能出现的违法违规行为进行有效规制。因受信息不对称、监督途径不畅通等因素的限制,以新闻媒体、人民团体、公民个体为主的社会监督则缺乏理性和正当程序,对办案活动难以形成直接监督。而人民监督员的监督是对检察机关办案活动的程序化的、直接的参与式监督,是符合正当程序、理性、有序的监督。扩大人民监督员的监督范围,是由我国检察机关在国家政治体制中的定位所决定的,是中国检察机关依法行使职权的特殊要求。

人民监督员监督四大检察没有机制上的障碍。刑事检察大多涉及刑事追诉、审判和执行,针对的是人民民主专政职能中的定罪和执行刑罚行为,而民事检察、行政检察、公益诉讼检察可以公开的范围和深度远远超过刑事检察涉及的信息。人民监督员作为外行人和普通民众参与监督非刑事诉讼,不会影响司法机关独立办案和有效办案。所以,从监督的可行性而言,人民监督员能够监督刑事检察,就当然可以监督非刑事检察。当然,这并不否认人民监督员应当按规定遵守履职保密的规定,但在非刑事案件中,人民监督员监督带来的办案风险要比在刑事案件中小得多。

(四)扩大人民监督员监督范围能促进司法的社会认同

人民监督员的参与和建议,能够防止检察人员的偏见。长期从事某种专项职业的人,长时间的特定经历,会形成特有的思维定式以至于形成职业偏见。而人民监督员中立的身份监督能够监督检察官恪守客观义务,公正办理案件。

人民监督员的参与有助于检察官适用法律、行使自由裁量权时更加符合法律精神。日本法务省在审视检察审查会的功能时,明确提出,其目的是"在认可检察官起诉独占和追诉裁量权的同时……直接反应民意"①。我国人民监督员的本质也是外行人监督,张军检察长指出:"不少监督员可能有顾虑,觉得自己不够专业,怕说外行话,这些担心在我看来都是不必要的。就是要充分发挥大家熟悉社情民意、阅历经验丰富的优势。"②民情、民意是立法的基础,但法律是高度概括和抽象的产物,一经发布实施就具有相对独立性。晦涩的法律语言、专门的职业化操作,往往又与民众的正义感存在距离。来自民间的人民监督员,比检察官更贴近生活、更能体验普通人的心理。社会总是在前进、发展,法律的功能是有限的,人民监督员能及时把社区的道德观念带到司法活动中来,能够弥补法律的漏洞,促进司法的动态公正;由于没有职业思维定式的束缚,他们更能以一个普通人的道德观对案件加以评判,把社区伦理带到司法活动中,使司法活动合理行使法律允许的自由裁量权,做到最大程度上合情、合理、合法,更加接近实质公正。

另外,人民监督员参与检察机关办案活动并提出建议,还能够使民众和当事人感到,对他们的处理也是普通人同意的,能够增加其对案件处理结果的信任感,从而增强司法公信力。

二、监察体制改革背景下人民监督员改革的主要内容

2004年《规定》第15条③、第18—20条、第29条④规定了五种监督机制:参加执法检查、查阅案卷材料、列席有关会议、参加有关活动、了解检察

---

① 最高人民检察院法律政策研究室:《支撑日本21世纪的司法制度——日本司法制度改革审议会意见书》,中国检察出版社2003年版,第43页。

② 周斌:《张军在人民监督员代表座谈会上提出,人民监督员"真建言"检察机关"真接受"》,载http://www.legaldaily.com.cn/index_article/content/2019-12/17/content_8077497.htm,最后访问日期:2020年4月22日。

③ 2004年《规定》第15条:"人民监督员可以应邀参加人民检察院查办职务犯罪案件工作的其他执法检查活动,发现有违法违纪情况的,可以提出建议和意见。"

④ 2004年《规定》第29条:"人民检察院应当为人民监督员履行职责提供必要的工作条件。可以根据监督工作需要邀请人民监督员列席有关会议、参加有关活动、了解检察工作情况。"

工作情况。2010 年《规定》第 18 条①、第 25 条②、第 29 条③以及第 36 条④规定了六种监督机制：参与执法检查活动、查阅案件材料、观看视听资料、听取检察机关通报重大事项参加、列席有关会议、参与案件公开审查和听证等。从整体来看，监督方式包括直接参与办案活动过程和事后审查材料、听取汇报两类。2015 年《规定》采用了"要求启动"⑤ + "监督评议程序"⑥ 两种机制，其中监督评议程序中人民监督员有权查阅材料、听取汇报、观看视听资料。⑦

2019 年《规定》的"十种方式"具有将"监督程序融于具体办案活动中"⑧ 的特点，根据特定监督范围与特定办案机制的结合的情况，又可以将"十种方式"归纳为共同参加模式、旁听观察模式、查阅通报模式、主动建议模式四种监督模式。对十种监督方式进行类型化分析，有利于总结监督规律、完善监督机制。下文拟将监督范围融入到四种监督模式中，分别进行分析。

---

① 2010 年《规定》第 18 条："人民监督员应邀参加人民检察院组织的有关执法检查活动，发现有违法违纪情况的，可以提出意见和建议。"

② 2010 年《规定》第 25 条："人民监督员办事机构或者专人收到案件承办部门移送的有关案件材料后，应当及时审查。对于材料不齐备的，应当要求承办部门补充移送。"

③ 2010 年《规定》第 29 条："案件监督中，案件承办人必要时可以向人民监督员出示相关案件材料，或者播放相关视听资料。"

④ 2010 年《规定》第 36 条："人民检察院应当为人民监督员履行职责提供下列条件：（一）适时通报人民检察院重大工作部署、决策和其他检察工作情况；（二）每年至少一次向人民监督员通报办理直接受理立案侦查案件工作情况；（三）邀请人民监督员参加、列席有关会议，参与执法检查、案件公开审查和听证等活动；（四）提供履行监督职责所需的工作场所；（五）帮助人民监督员了解和掌握相关法律知识、检察业务知识；（六）提供履行职责所必需的其他条件。"

⑤ 2015 年 12 月 21 日《规定》第 8 条："人民监督员认为人民检察院办理的案件具有本规定第二条第一款情形之一，要求启动人民监督员监督程序的，由人民检察院人民监督员办事机构受理。"

⑥ 2015 年《规定》第 14—20 条。

⑦ 2015 年《规定》第 15 条："案件监督评议工作应当依照下列步骤进行：（一）人民监督员办事机构向人民监督员提交拟处理意见（决定）书及有关材料，并告知应当遵守的纪律规定和保密要求；（二）案件承办人向人民监督员介绍案情和当事人、辩护人意见，说明拟处理意见（决定）的理由和依据；（三）案件承办人回答人民监督员提出的问题；（四）人民监督员进行评议和表决。"第 16 条："案件监督评议中，案件承办人可以向人民监督员出示相关案件材料，或者播放相关视听资料。"

⑧ 董桂文：《〈人民检察院办案活动接受人民监督员监督的规定〉的理解与适用》，载《人民检察》2019 年第 21 期（11 月上），第 49 页。

（一）沿用了2016年改革中的遴选程序

规范依据	积极条件	不得担任人民监督员的消极条件	推荐方式	任期
2004年《规定》	年满23岁的守法公民、具有"政策、法律知识"（第5条）	受过刑事处罚或者受到刑事追究的；被开除公职或者开除留用的。（第6条）职务原因（第7条）	推荐（第8条）；由同级检察院选任管理	3年
2010年《规定》	同上，但取消具有"政策、法律知识"（第4条）	在前述条件基础上详细规定立法、司法职业人员不能担任人民监督员（第5条、第6条）	省级以下，上级选任。（第7条）推荐为主、自荐为辅（第9条）。	5年，连任不超过两届。（第13条）
2016年《人民监督员选任管理办法》	同上，增加了"具有高中以上文化学历"的要求（第8条）	同上（第7条、第10条）	省级以下，上级选任。（第4条）自荐为主、推荐为辅（第10条）	同上（第6条）
2019年《规定》	没有规定，沿用《人民监督员选任管理办法》	没有规定，沿用《人民监督员选任管理办法》	没有规定，沿用《人民监督员选任管理办法》	没有规定，沿用《人民监督员选任管理办法》

2016年人民监督员改革方案的特点是将"组织法"与"监督法"分开，2010年《规定》是程序法和实体法，规范人民监督员的监督范围和机制、程序，而2016年7月5日《人民监督员选任管理办法》则是组织法，在选任管理方面，规定了人民监督员的条件和选任、管理的主体和遴选、培训、考核、奖惩等工作内容。2019年《规定》在规范体系上沿用2010年《规定》并修改了具体内容，而没有对"组织法"进行修改，因此，2016年《办法》仍然有效。这一规定的特点是：

第一，在人民监督员的选任条件上，体现了最广泛的代表性。2004年《规定》，在选任人民监督员应具备的条件之一是"公道正派，有一定的文化水平和政策、法律知识";2010 年《规定》将人民监督员应当具备的条件改为"公道正派,有一定的文化水平",取消了"法律知识"作为选任的硬性要求;2015 年最高人民检察院、司法部《深化人民监督员制度改革方案》将这一条件调整为"具有高中以上文化程度,具有较高的政治素质、广泛的代表性和扎实的群众基础"。2016 年《办法》第 8 条关于人民监督员的基本要求是:"拥护中华人民共和国宪法、品行良好、公道正派、身体健康的年满 23 周岁的中国公民,可以担任人民监督员。人民监督员应当具有高中以上文化学历。"没有关于"政策与法律知识"的要求。另外,《办法》增加了高中以上的学历的要求,之所以这样规定,是考虑到人民监督员不仅要了解案件情况、凭社会知识和朴素情感作出判断,但并非投票判断,他们要做的是向检察机关提出意见和建议,这就需要他们要有一定的表达能力,需要受过一定的教育。可以说,年满 23 岁的、具有高中以上学历的守法公民是人民监督员基本条件。

第二,强调了党政机关人员和法律职业人员不得担任人民监督员。2004 年《规定》第 7 条规定:"因职务原因可能影响履行人民监督员职责的人员不宜担任人民监督员。"但具体内容规定不明,有的地方出现了人大代表、政协委员、律师同时兼任人民监督员的情况。但是,2010 年《规定》第 6 条指出:"下列人员不宜担任人民监督员:(一)党委、政府及其组成部门的负责人;(二)人民代表大会常务委员会组成人员;(三)人民法院、人民检察院、公安机关、国家安全机关、司法行政机关的在职人员;(四)执业律师、人民陪审员;(五)其他因职务原因可能影响履行人民监督员职责的人员。"在强调党政机关人员不能担任人民监督员的同时,特别规定了执业律师、人民陪审员等可能从事法律职业的人员不能担任人民监督员,避免产生法律职业上的利害关系冲突;同时也体现人民监督员并非依靠法律专业知识进行监督,没有法律专业背景的人更能摆脱法律条文的固有理解,体现普通人对案件的判断。

第三,在推荐方式上,体现了"自荐为主、推荐为辅"。2004 年《规定》没有规定自荐;2010 年《规定》第 9 条规定:"省级、地市级人民检察院可以商请机关、团体、企业事业单位和基层组织推荐人民监督员人选;公民个人可以向本人工作单位所在地或者住所地的人民检察院自荐报名。"将推荐放在前面,自荐放在后面,体现的是"推荐为主、自荐为辅";而 2016 年《办法》第 10 条则规定:"司法行政机关应当发布人民监督员选任公告,接受公民自荐报名,商请有关单位和组织推荐人员报名参加人民监督员选任。"将自荐置于前,推荐置于后,体现的是"自荐为主、推荐为辅"。

第四,在遴选的主体上,体现了遴选主体的中立第三方特征。2004 年《规定》、2010《规定》都是由检察机关遴选人民监督员,但是,2016 年《办法》第 4 条规定:"人民监督员由省级和设区的市级司法行政机关负责选任管理。县级司法行政机关按照上级司法行政机关的要求,协助做好本行政区域内人民监督员选任和管理具体工作。"司法行政机关负责选拔、管理人民监督员,有利于有效制约检察权,走的是一条专门化、专业化的管理道路,① 目的是防止检察院在选任中排斥自己不喜欢的人,更加具有中立性,这样的制度设计符合权力制约的要求。

(二) 形成了四种监督模式

1. 共同参加模式

2019 年《规定》确立了人民监督员与检察人员共同参加办案活动并提出建议的监督模式。2019 年《规定》第 9 条、第 11 至 15 条规定了检察机关 6 种办案活动应当或者可以邀请人民监督员参加,听取人民监督员的意见建议,可以概括为"共同参加模式"。其中又可以分为两种情况:一种是应当邀请人民监督员参加的办案活动,2019 年《规定》第 9 条规定了 5 种人民检察院的办案活动应当邀请人民监督员参加;另一种是可以邀请人民监督员参加的办案活动,2019 年《规定》第 11 至 15 条规定了人民检察院的 5 种办案活动可以邀请人民监督员参加。

应当邀请人民监督员参加公开审查和听证。2019 年《规定》第 9 条指出:"人民检察院对不服检察机关处理决定的刑事申诉案件、拟决定不起诉的案件、羁押必要性审查案件等进行公开审查,或者对有重大影响的审查逮捕案件、行政诉讼监督案件等进行公开听证的,应当邀请人民监督员参加,听取人民监督员对案件事实、证据的认定和案件处理的意见。"人民检察院应当邀请人民监督员参加的案件包括三种公开审查案件和两种公开听证案件。

人民监督员参加公开审查和听证,是人民监督员制度建立以来就存在的监督模式。不服检察机关处理决定的刑事申诉案件、拟决定不起诉的案件、羁押必要性审查案件等事项检察机关拥有决定权,关系当事人切身利益。人民监督员参加审查和听证能够直观、当场了解案件情况,观察各方当事人状态,听取各方当事人的意见,给检察机关提出意见建议。具体包括了三类公开审查案件和两类公开听证案件:

一是参加刑事申诉案件公开审查。2012 年 1 月 21 日,最高人民检察院实施的《人民检察院刑事申诉案件公开审查程序规定》明确了人民检察院公开审查申诉案件应当邀请没有利害关系的人民监督员参加。2013 年 3 月 22 日,

---

① 陈瑞华:《司法行政机关的职能定位》,载《东方法学》2018 年第 1 期,第 156 页。

最高人民检察院出台的《关于加强和改进刑事申诉检察工作的意见》，要求"注重公开审查制度与人民监督员制度、群众工作制度等有机结合"。但这一规定没有指出"结合"的方式，2019年《规定》解决了这一问题。

二是参加羁押必要性案件公开审查。2016年1月22日，最高人民检察院发布的《人民检察院办理羁押必要性审查案件规定（试行）》明确了羁押必要性公开审查的案件可以邀请与案件没有利害关系的人民监督员参加。人民监督员参加羁押必要性公开审查，发表意见，有助于提高检察机关作出是否羁押决定的科学性、合理性。[①] 还可以增加检察工作的透明度，保证审查的公正性和公信力。

三是参加不起诉案件公开审查。2001年最高检公诉厅制定的《人民检察院办理不起诉案件公开审查规则（试行）》规定对不起诉案件可以公开审查。虽然该规定中没有明确可以邀请人民监督员参加"但考虑到该规定出台时间早于人民监督员制度试点时间，按照条文原意，普通公民都可以旁听，人民监督员也应当可以被邀请参加"[②]。同时，这一做法也符合最高检《2018—2022年检察改革工作规划》中"建立有重大影响案件审查逮捕听证制度""完善不起诉公开审查机制"的改革目标。

四是参加有重大影响的审查逮捕案件的听证。审查逮捕与羁押必要性审查具有同样的性质，前者是检察机关对逮捕的事前审查，后者是事后审查，既然检察机关已经有规定可以邀请人民监督员监督羁押必要性公开审查，当然也应当邀请人民监督员参加审查逮捕听证。

五是参加检察机关行政诉讼监督的听证。在行政诉讼监督过程中，检察机关与行政机关同属于国家权力的代表，具有天然的同属性，人民监督员对检察机关的监督行为进行监督，能够督促检察机关合理行使监督权，也能够增加司法公信力。

2019年《规定》对上述"案件公开审查、公开听证"事项的人民监督员监督表述为"应当邀请人民监督员参加，听取人民监督员对案件事实、证据的认定和案件处理的意见"，"应当"二字表明人民监督员监督这类案件的必然性。在2019年《规定》颁布后，各地检察院积极响应，湖北省鹤峰县检察院邀请人民监督员对五起拟不起诉案件进行公开审查，人民监督员就案件情况

[①] 吴波、谭尘、毕明茜：《"枫桥经验"视野下人民监督员制度的发展与转型》，载《中国检察官》2019年第11期，第67页。

[②] 董桂文：《〈人民检察院办案活动接受人民监督员监督的规定〉的理解与适用》，载《人民检察》2019年第21期（11月上），第51页。

向承办人提问，并就法律适用、案件处理等方面发表意见；① 湖北省红安县检察院举行刑事申诉公开审查答复会并邀人民监督员参加，人民监督员认真听取案情并公开发表自己的意见。②

检察机关可以邀请人民监督员参加的其他检察工作包括以下五种：

一是可以邀请人民监督员参加人民检察院对监狱、看守所等进行的巡回检察。2019 年《规定》第 11 条指出："人民检察院对监狱、看守所等进行巡回检察的，可以邀请人民监督员参加，听取人民监督员对巡回检察工作的意见建议。"2018 年 5 月 28 日，最高人民检察院印发了《检察机关对监狱实行巡回检察试点工作方案》。2018 年修订、2019 年 1 月 1 日起实施的《人民检察院组织法》第 17 条规定："人民检察院根据检察工作需要，可以在监狱、看守所等场所设立检察室，行使派出它的人民检察院的部分职权，也可以对上述场所进行巡回检察。"建立了派驻检察与巡回检察相结合的监所检察制度。而 2018 年底最高检出台《人民检察院监狱巡回检察规定》中要求监狱巡回检察工作开展情况，应当以适当方式向社会公开，接受人民群众监督，这为人民监督员参加巡回检察提供了空间。在 2019 年《规定》颁布以后，各地检察院纷纷响应号召，邀请人民监督员对本院的巡回检察工作进行监督，例如，南昌铁路运输检察院邀请省级人民监督员参加对南昌铁路公安处南昌看守所的巡回检察，并认真听取人民监督员的意见；③ 湖北省罗田县人民检察院邀请人民监督员参与社区矫正巡回检察工作，人民监督员对巡回检察工作提出建议。④

人民监督员与检察人员共同参加巡回检察，人民监督员是巡回检察组成员的一部分，这可以起到双重作用：一方面，人民监督员代表社会大众对执法机关的执法活动进行监督，增加了巡回检察执法活动的透明度和社会参与度。另

---

① 记者：《湖北鹤峰：人民监督员对五起拟不起诉案件进行公开审查》，2019 年 10 月 30 日，来源：人民监督公众号，https：//mp.weixin.qq.com/s/GAUbWQzNzTseXoV1DYFjyQ，最后访问日期：2019 年 10 月 22 日。

② 记者：《湖北红安：公开审查答复！一刑事申诉案件息诉息访》，来源：人民监督公众号，https：//mp.weixin.qq.com/s/jrRncpB_LIXELsuLIgCoFg，最后访问日期：2019 年 10 月 22 日。

③ 记者：《南昌铁检：邀请省级人民监督员参加对看守所的首轮巡回检察》，来源：人民监督员公众号，https：//mp.weixin.qq.com/s/_oNTswuvFuvoIoDGYT5o1w，最后访问日期：2019 年 10 月 26 日。

④ 记者：《湖北罗田：人民监督员参与社区矫正巡回检察》，来源：人民监督公众号，https：//mp.weixin.qq.com/s/hg2vztK8mExvu9VRtkALfA，最后访问日期：2019 年 10 月 26 日。

一方面，检察机关作为法律监督机关，有权力有职责监督其他执法机关的执法活动，规范执法机关的执法行为。人民监督员参加可以防止检察机关滥用监督权或者消极行使监督权而对有关执法机关监督不力，从而制约检察机关的监督权、促使检察机关正确行使巡回检察权。

二是可以邀请人民监督员参与检察建议工作。2019年《规定》第12条提出："人民检察院研究提出检察建议、督促落实检察建议等相关工作的，可以邀请人民监督员参加，听取人民监督员对检察建议必要性、可行性、说理性等方面的意见建议，或者对检察建议督促落实方案、效果等方面的意见建议。"过去，检察建议只是作为检察机关参与社会治安综合治理的一项措施。2019年2月最高检修订的《人民检察院检察建议工作规定》明确了检察建议是人民检察院依法履行法律监督职责，主要包括再审检察建议、纠正违法检察建议、公益诉讼检察建议、社会治理检察建议、其他检察建议等。该规定第18条明确了宣告送达检察建议书"必要时"可以邀请人大代表、政协委员或者特约检察员、人民监督员等第三方人员参加。2019年《规定》肯定了这一做法。公开宣告送达检察建议书，通过送达的公开化和仪式化，能够增强检察工作透明度，体现检察建议的严肃性和权威性。检察建议是检察机关依法履行法律监督职能的重要手段，通过公开送达的形式，邀请人民监督员、人大代表等参加，能够对相关单位形成警示作用，督促其尽快整改。

三是可以邀请人民监督员参加法律文书宣告送达。2019年《规定》第13条提出："人民检察院组织开展法律文书宣告送达活动的，可以邀请人民监督员参加，听取人民监督员对法律文书说理工作的意见建议。"党的十八届三中全会以后，各地检察院在总结实践经验的基础上，对检务公开进行了一系列的制度创新，法律文书公开送达就是其中之一。① 2019年2月最高检修订的《人民检察院检察建议工作规定》第18条也规定：检察建议书可以书面送达，也可以现场宣告送达。"必要时，可以邀请人大代表、政协委员或者特约检察员、人民监督员等第三方人员参加。"法律文书公开送达的目的一是督促相关单位及时落实文书内容；二是起到警示社会大众的作用，扩大执法行为的边际效应；三是将文书内容公之于众，接受大众审查，能够倒逼检察人员提高法律文书说理质量。

四是可以邀请人民监督员参加案件质量评查。2019年《规定》第14条规定："人民检察院组织开展案件质量评查活动的，可以邀请人民监督员担任评

---

① 高一飞、丁海龙：《论检察机关法律监督公开宣告制度》，载《四川理工学院学报》2014年第5期，第6—10页。

查员,听取人民监督员对评查工作的意见建议,或者对检察办案活动的意见建议。"2017 年底最高检出台的《人民检察院案件质量评查工作规定(试行)》规定案件质量评查可以邀请人大代表、政协委员、特约检察员、人民监督员对评查工作提出意见建议,向他们通报相关情况。案件质量评查的指标包括证据采信、事实认定、法律适用、办案程序、文书制作和使用、释法说理、办案效果、落实司法责任制等方面。① 其实,在此项工作上湖北省检察机关一直走在前列,早在 2019 年《规定》颁布之前,天门市人民检察院、② 武汉市江岸区人民检察院,③ 就已经邀请人民监督员对案件质量进行评查。2019 年《规定》颁布后,湖北省武汉市东湖技术开发区人民检察院积极响应,邀请人民监督员参与案件质量评查工作,听取人民监督员对评查工作的意见和建议④;湖北省黄冈市浠水县与罗田县人民检察院举行案件质量交叉评查工作,并邀请人民监督员对此工作提出建议;⑤ 湖北省恩施市人民检察院邀请人民监督员对该院办理的部分"羁押必要性审查"案件及"违反社区矫正规定收监执行"案件进行专门评查。⑥ 定期开展案件质量评查活动、司法规范化检查,是健全完善规范检察工作的长效机制。人民监督员参与其中,可以保障检察机关实事求是进行评查和审查,保证评查审查结果的客观性。

五是可以邀请人民监督员参加司法规范化检查。2019 年《规定》第 15 条规定:"人民检察院组织开展司法规范化检查活动的,可以邀请人民监督员参

---

① 董桂文、石献智:《〈人民检察院案件质量评查工作规定(试行)〉的理解与适用》,载《人民检察》2018 年第 3 期,第 20 页。

② 记者:《湖北天门:人民监督员受邀评查案卷,助力检察院提升案件质量》,来源:人民监督公众号,https://mp.weixin.qq.com/s/pnZaKmQN99Ii 5sI4s34MLw,最后访问日期:2019 年 11 月 10 日。

③ 记者:《武汉江岸:接受人民监督员监督,检察院又有新动作》,来源:人民监督公众号,https://mp.weixin.qq.com/s/ScUny_ Xi2roU52dMA8jJUg,最后访问日期:2019 年 11 月 10 日。

④ 记者:《湖北:主动拓宽人民监督员监督渠道》,来源:人民监督公众号,https://mp.weixin.qq.com/s/9GMwXEh0upodsXjpLIhZXg,最后访问日期:2019 年 11 月 10 日。

⑤ 记者:《湖北:浠水、罗田两地检察院首次启动案件质量交叉评查,代表委员、人民监督员、律师全程监督》,来源:人民监督公众号,https://mp.weixin.qq.com/s/binY1NyjwC8UNdR6Q9LBAg,最后访问日期:2019 年 11 月 10 日。

⑥ 记者:《湖北恩施:我办案您评查,人民监督员"零距离"监督办案》,来源:人民监督公众号,https://mp.weixin.qq.com/s/XLxKNPSXXWRc52F tmff3gA,最后访问日期:2019 年 11 月 10 日。

加，听取人民监督员对检查方式、内容、效果等方面的意见建议，或者对检察办案活动的意见建议。"司法规范化检查，涉及到办案实体、办案程序、法律文书、风险评估、法律文书公开、统一业务应用系统使用、卷宗装订等多个方面，要求每一位检察人员对自己的工作负责，做到精益求精，经得起审查检验，从而提高检察机关整体工作水平。人民监督员的参与，成了让人民群众了解检察机关情况的形式，也是创新监督模式、体现内部监督与外部监督相结合的重要形式。

人民监督员能够与检察机关共同参加上述案件的基础是：这些案件中，"应当邀请"参加的，是公开审查、听证案件，本来就是面向社会公开的；"可以邀请"参加的五种办案活动中，有的本来就是属于检务公开改革中的在一定范围内公开的行为，如巡回检察和法律文书公开送达，其最大的特点就是邀请特定社会人员参加，实际上就是办案活动向社会公开。以上检察机关办案活动，可以向社会公开或者向一定范围的社会公众公开，人民监督员以程序化的模式参加，能够提出更有针对性的监督建议。

而其他的"可以邀请"人民监督员参加的检察工作，都是宏观、抽象的办案活动，不涉及个案的办案过程，人民监督员有能力参加上述活动，能体现检察机关建议、巡视、送达、评查、检查行为的客观中立，增加司法权威性和公信力。

共同参加模式中，区分了"应当邀请"和"可以邀请"人民监督员参加两种情形，这两种情形都提供了人民监督员共同参加检察机关某些办案活动的可能性，但对检察机关是否邀请人民监督员参加的强制性义务有所不同。随着实践的发展，如果发现某些办案活动有邀请人民监督员参加的特别必要性，检察机关可以将"可以邀请"改为"应当邀请"，扩大检察机关强制性义务的范围。

2. 旁听观察模式

2019年《规定》第10条规定："人民检察院对检察官出席法庭的公开审理案件，可以协调人民法院安排人民监督员旁听。"

习近平总书记强调："阳光是最好的防腐剂。权力运行不见阳光，或有选择地见阳光，公信力就无法树立。执法司法越公开，就越有权威和公信力。"[①] 公开的目的是避免司法机关暗箱操作、产生司法腐败行为。检察机关执法公开，目的就是将检察监督权置于阳光下运行，接受社会监督。参加旁听是人民

---

① 习近平：《十八大以来重要文献选编》（上），中央文献出版社2014年版，第720页。

监督员直接深入了解检察机关执法活动的重要方式，能够全面保障人民监督员的知情权，上海市人民检察院第一分院早就有这样的探索。① 早在2019年《规定》颁布之前，上海杨浦区检察院便邀请人民监督员参加庭审评议活动，将庭审讯问、质证、法庭辩论等环节纳入监督评价范围；② 重庆綦江区检察院也邀请人民监督员参与刑事案件公开庭审工作，对检察官出庭支持公诉的情况进行考评。③ 人民监督员旁听公开审理的刑事案件，是以检察机关的监督者身份监督公诉人的庭审活动，是检察机关接受外部监督制约的内在要求。检察机关在公诉活动中接受人民监督员的监督，能够提高公诉和审判监督水平，进而保障刑事案件审理程序的合法性、规范性以及裁判结果的公正性。

人民监督员旁听庭审的基本目的是监督公诉行为。2006年6月26日，最高人民检察院出台的《关于进一步深化人民检察院"检务公开"的意见》强调要充分发挥人民监督员的作用，进一步增强检察机关决策的民主化、科学化。人民监督员旁听庭审是检察机关检务公开的重要内容。2019年《规定》第10条规定"对检察官的出庭活动进行监督，庭审结束后应当听取人民监督员对检察官出庭行为规范、文书质量、讯问询问、举证答辩等指控证明犯罪情况的意见建议。"通过这种方式监督出庭公诉人员规范公诉行为，提高公诉质量。

人民监督员旁听庭审还可以督促检察机关监督审判活动。虽然庭审由人民法院主导，公诉人应当在法官指挥下进行公诉，但检察机关作为法律监督机关，还有监督法官审判行为的职责。由检察机关协调人民法院安排人民监督员参加旁听，可以督促人民检察院监督审判行为，防止审判活动违背法定程序、侵犯诉讼参与人权利，能够提高检察监督质量，提升监督效果。

3. 听取通报模式

2019年《规定》第16条规定："人民检察院应当建立健全检察工作通报机制，向人民监督员通报重大工作部署、司法办案总体情况以及开展检察建议、案件质量评查、巡回检察等工作情况，听取人民监督员的意见建议。"这

---

① 项谷、姜伟：《双轮驱动深化人民监督员制度改革》，载《人民检察》2016年第20期，第58页。

② 记者：《上海杨浦：邀请人民监督员参加听庭评议活动》，来源：人民监督公众号，https://mp.weixin.qq.com/s/EJogFOUtylwgesdpC608BQ，最后访问日期：2019年10月24日。

③ 记者：《重庆綦江：邀请人民监督员参与刑事案件公开庭审活动》，来源：人民监督公众号，https://mp.weixin.qq.com/s/65QPDKyc06JbBMu0zPfBvA，最后访问日期：2019年10月24日。

一条在规范的义务设定方面用了"应当"二字,这表明,"根据本条要求,向人民监督员通报检察工作情况是检察机关的义务,必须要做。"① 2019 年 9 月 6 日,湖北省武汉市洪山区人民检察院举行"人民监督员走进洪检"暨检察工作情况通报会,8 名人民监督员应邀参加通报会,听取检察机关的工作情况,②便是对该《规定》的响应。

人民监督员作为法律规定的检察机关的监督者,了解上述情况才能整体了解检察机关的办案活动。听取检察工作情况通报是人民监督员获取监督线索的常规方式。向人民监督员定期通报检察工作情况,既包括总体工作情况通报,也包括专项工作情况通报,前者包括重大工作部署、司法办案总体情况;后者包括开展检察建议、案件质量评查、巡回检察等专项工作情况。

4. 主动建议模式

2019 年《规定》第 17 条规定:"人民监督员通过其他方式对检察办案活动提出意见建议的,人民检察院人民监督员工作机构应当受理审查,及时转交办理案件的检察官办案组或者独任检察官审查处理。"规定了人民监督员可以通过其他形式提出意见建议,我们可以称之为"主动建议模式"。这里的"其他方式"与第 8 条规定的"监督其他相关司法办案工作"中的含义是不同的,应当理解为"其他监督模式",而后者应当理解为"其他工作"。这一兜底式条款给人民监督员选择三种监督模式之外的其他模式提供了空间。

人民监督员来自社会群众,有广泛的代表性和群众基础。在"十种方式"中,除通过共同参加、旁听观察、听取通报等模式获得监督线索外,人民监督员还可以通过当事人投诉、律师反映情况、人民群众来访来信、媒体曝光等途径获取监督线索。人民监督员通过其他方式了解检察机关可能存在的问题或者工作还有改善必要时,主动向检察机关提出建议,体现了人民监督员的人民性、监督内容的广泛性、监督模式的多样性。

在上述四种监督模式中,2019 年《规定》明确了人检察院应当邀请人民监督员监督的情形有两种。一种是前述《规定》第 9 条要求人民检察院组织的特定类型案件的公开审查、公开听证活动,应当邀请人民监督员参加。另一种就是《规定》第 16 条要求人民检察院应当建立健全检察工作通报机制,向人民监督员通报重大工作部署等检察工作情况。我们称之为刚性监督。

---

① 董桂文:《〈人民检察院办案活动接受人民监督员监督的规定〉的理解与适用》,载《人民检察》2019 年第 21 期(11 月上),第 53 页。

② 记者:《湖北:主动接受人民监督员监督》,来源:人民监督公众号,https://mp.weixin.qq.com/s/ORDP6B36UmeXjWlzumhPig,最后访问日期:2019 年 11 月 10 日。

2019 年《规定》根据具体的监督内容明确了不同的监督模式，为人民监督员进行监督提供了切实可行的监督模式，有利于提高监督质效。2019 年《规定》中"监督其他相关司法办案工作""其他方式"这两个表述，表明监督范围和模式仍然有扩大的空间。兜底条款的规定能够保证人民监督员的监督检察工作的全面性，为检察机关开展工作留下探索的余地。将来，检察机关将根据实践情况，进一步拓宽人民群众有序参与司法的渠道，健全确保检察权依法独立公正行使的外部监督制约机制，通过人民监督员制度保障人民群众对检察工作的知情权、参与权、表达权、监督权。在下文中，我们将对人民监督员监督范围的进一步完善提出自己的设想。

（三）改革了人民监督员的工作机制

最高检案管办负责人谈到《人民检察院办案活动接受人民监督员监督的规定》明确了人民监督员的监督方式、程序等，同时又只作原则性规定，以便为各地开展工作留有创新发展的空间。① 与过去的三个规定相比，2019 年《规定》的原则性规定有自己的独特内容，在此我们进行简单地比较分析。

1. 人民监督员的组织程序

文件	选任程序条款	特点分析
2004 年《规定》	第 21 条、第 22 条	同级检察院自己组织。确定 3 名以上、总人数为单数的人民监督员参加案件监督工作
2010 年《规定》	第 21 条	省级以下，上级组织（但省级统一选任的，本院组织）；省级以上，本院组织。3 名或者 5 名以上单数的人民监督员参加
2016 年《规定》	第 6 条、第 14 条	省级以下，上级组织；省级以上，本院组织。应当有 3 名以上单数的人民监督员参加
2019 年《规定》	第 20 条、第 21 条	省级和市级，本院组织；基层院或者直辖市分院，上级组织。灵活确定人数

在抽选人民监督员的数量上，2004 年、2010 年与 2015 年文件中都规定应当有 3 名以上单数的人民监督员参加监督。2019 年《规定》第 20 条规定：

---

① 最高人民检察院：《最高检案件管理办公室负责人就〈人民检察院办案活动接受人民监督员监督的规定〉答记者问》（2019 年 9 月 2 日），最高人民检察院官网，https://www.spp.gov.cn/spp/xwfbh/wsfbt/201909/t20190902_430837.shtml#3，最后访问日期：2019 年 9 月 29 日。

"人民检察院邀请人民监督员监督办案活动的,应当根据具体情况确定人民监督员的人数。"不管是应当邀请还是可以邀请人民监督员参加监督的案件,人民检察院可以根据案件情况确定人民监督员人数,这给了检察机关较大的自由裁量权。有些监督活动不一定需要形成多数意见,还可以不受上述3名或者5名监督员的限制。检察机关根据具体监督情形,可以少于3人,也可以多于5人,因为发表的意见是建议式的,也不需要受单数双数的限制。这样根据情况邀请或者允许合适人数的人民监督员参加监督,不仅能够保证监督效果,也能节约监督资源。

在组织人民监督员的方式上。过去相关规定中,2004年《规定》是由本院组织人民监督员进行监督,2010年《规定》、2015年《规定》都体现了省级以下检察院由上级检察院组织人民监督员监督的特点。2019年《规定》第21条规定:"省、自治区、直辖市人民检察院和设区的市级人民检察院接受人民监督员监督办案活动的,由本院协调联络同级司法行政机关抽选人民监督员并组织开展监督;基层人民检察院或者直辖市人民检察院分院接受人民监督员监督办案活动的,由设区的市级人民检察院或者直辖市人民检察院协调同级司法行政机关抽选人民监督员,具体联络、组织开展监督等工作由基层人民检察院或者直辖市人民检察院分院负责。"其与以前的变化是:对设区的市级人民检察院办案活动的监督,也不再要求上提一级即由省级人民检察院抽选人民监督员,而是由本院组织人民监督员进行,这主要考虑到两方面的原因,一是我国地域辽阔,由省级检察院对具体组织市级检察院的人民监督员监督活动,需要巨大的人力物力;二是过去的做法到今天应当因时而变,因为过去人民监督员的监督数量不多,而在2019年《规定》扩大人民监督员监督范围后,市级检察院每次监督都由省级检察院组织不再具有现实可行性;三是经过多年的实践,各级人民检察院管理人民监督员的经验已经更加丰富,市级人民检察院有能力自己做好人民监督员的组织工作。因此,2019年《规定》确立的人民监督员组织程序具有便利性和可行性。

2. 人民监督员的参与程序

文件	发表意见程序	特点分析
2004年《规定》	第24条	通过听取介绍说明、旁听办案过程了解情况;评议并无记名表决,形成多数意见
2010年《规定》	第28—30条	通过听取介绍说明,阅读资料、观看视听资料;评议并表决,没有要求形成多数意见

续表

文件	发表意见程序	特点分析
2016年《规定》	第15—17条	同上
2019年《规定》	第9—18条	通过四种不同监督模式了解情况,发表意见,不进行表决。对人民监督员的意见,记录在案,列入检察案卷

人民监督员监督检察办案活动,有权依法独立发表监督意见。"独立发表意见权",这是人民监督员发挥作用的根本。① 《深化人民监督员制度改革方案》明确了人民监督员由司法行政机关负责选任,解决了此前人民监督员由检察机关选任造成的自己选任监督者的诟病,人民监督员的独立性增强。人民监督员来源于社会大众,是人民群众的代表,本身就是独立于检察机关的外部监督组织。

2019年《规定》与过去的三个《规定》相比,体现为三个特点:

一是不同的监督对象规定了不同的监督程序。已经形成了共同参加模式、旁听观察模式、查阅通报模式、主动建议模式四种监督模式。针对不同的监督内容设置不同的监督程序,体现了监督程序的多样化和针对性。

二是取消了旁听侦查过程的规定。对此,已经在前面的论述中提到,不再赘述。

三是增加规定了人民监督员的监督意见应当记录在案、列入检察案卷的要求。2019年《规定》第18条要求对人民监督员的意见,"人民检察院应当如实记录在案,列入检察案卷"。这是以前的三个《规定》没有的,不仅仅是人民监督员参加的见证,也是将来审查案件的重要依据,是人民监督员监督意见增加刚性的表现。

3. 人民监督员的监督效力

人民监督员认真履行监督职责,通过前述四种形式了解检察活动情况,并提出意见建议。人民监督员有权了解意见建议的采纳情况其实质就是知晓其监督是否收到应有的效果。《关于实行人民监督员制度的规定》第34条以及《深化人民监督员制度改革方案》第四部分第3条均规定了检察机关应当将人民监督员意见的采纳情况告知人民监督员,《深化人民监督员制度改革方案》第四部分第4条增加了复议程序。

---

① 叶俊:《独立性是人民监督员制度的根本》,载《民主与法制时报》2015年5月16日,第2版。

文件	监督意见效力条款	特点分析
2004 年《规定》	第 25 条、第 26 条	研究监督意见的主体包括检察长、检察委员会。有提请上一级人民检察院复核的程序
2010 年《规定》	第 33 条、第 34 条	研究监督意见的主体包括检察长、检察委员会。取消了提请上一级人民检察院复核的程序
2015 年《规定》	第 19 条、第 20 条、第 21 条、第 22 条、第 23 条	没有规定本院研究监督意见的具体主体，增加了向本院提出复议的程序
2019 年《规定》	第 19 条	没有规定本院研究监督意见的具体程序，取消了得上级院提请复核、向本院提请复议的程序

2019 年《规定》第 19 条明确："人民检察院应当认真研究人民监督员的监督意见，依法作出处理。监督意见的采纳情况应当及时告知人民监督员。人民检察院经研究未采纳监督意见的，应当向人民监督员作出解释说明。人民监督员对于解释说明仍有异议的，相关部门或者检察官办案组、独任检察官应当报请检察长决定。"与前面三个《规定》相比，没有规定本院研究监督意见的具体程序，取消了上级院提请复核、向本院提请复议的程序。原因在于：随着人民监督员监督范围的扩大和监督机制灵活性的增加，如果事事可以通过这么复杂的程序来回应人民监督员的监督，工作量太大；严格的内部研究程序和检察长决定程序已经能够保障人民监督员意见得到充分的重视。

4. 人民监督员的工作保障机制

人民监督员要开展监督工作需要检察机关给予配合。2019 年《规定》第 22—27 条关于检察机关对人民监督员保障责任的条款可以概括为"五个保障"：参与机会保障、选任保障、独立监督保障、工作场所保障、信息技术保障、经费保障。是对过去三个《规定》的做法的继承与肯定，为人民监督员开展监督工作提供了全面的保障。

文件	保障机制的内容	特点分析
2004 年《规定》	第 29—34 条	程序保障和相关保障融在一起进行规定，包括：参与机会保障、知情权保障、独立性保障、经济保障
2010 年《规定》	第 36—41 条	同上

续表

文件	保障机制的内容	特点分析
2015年《规定》	第27—35条	增加了信息台账制度
2019年《规定》	第22—27条	取消了信息台账制度，增加了信息技术保障规定

与过去三个《规定》相比，主要的变化是取消了信息台账制度，增加了信息技术保障规定。2015年《规定》第28条增设了信息台账制度："人民检察院应当对直接受理立案侦查案件的立案情况，对犯罪嫌疑人采取强制措施情况，查封、扣押、冻结涉案财物的处理情况，以及刑事赔偿案件办理情况等程序性信息建立台账，供人民监督员查阅。"要求人民检察院对所有自己侦查案件的立案、侦查情况的信息提供给人民监督员查阅，这一做法在当时被给予很高评价，认为其"便于人民监督员了解案件办理情况，更好地发现监督线索，为启动监督程序创造条件"①。不仅在查办案件过程中邀请人民监督员参加，在案件办理结束之后，检察机关也要开展职务犯罪案件跟踪回访，全面监督人民检察院立案侦查的案件。② 但是，这样做的问题是，一是涉及的信息量过于庞大，人民检察院的所有案件（当时是自己侦查的案件）的案件信息人民监督员都有权查阅，看似人民监督员有广泛的知情权，实际上人民监督员无从下手，其知情权最终流于形式；二是人民监督员以查阅台账的方式去了解案件情况，其保密责任难以保障。现在取消这一制度是完全必要的。在取消信息台账制度以后，2019年《规定》第26条要求："人民检察院应当加强人民监督员监督工作信息化建设，为人民监督员实时了解相关司法办案信息提供技术支持。"这意味着人民监督员根据法定方式和程序有权了解相关案件信息，检察机关应当充分发挥信息技术和智慧检察的作用，以方便、快捷的方式向人民监督员提供信息。

三、新一轮人民监督员制度改革存在的问题

如前所述，人民监督员实际上可以用各种方式监督人民检察院的所有环

---

① 陈菲、罗沙、白阳：《让人民监督员更有代表性——最高检、司法部有关部门负责人就人民监督员选任管理办法和监督工作规定答记者问》，载 https://www.rmzxb.com.cn/c/2016-07-13/916419.shtml，2016年7月13日。

② 高一飞、苗海丽：《人民监督员制度试点的观察与反思》，载《四川理工学院学报》2016年第3期，第15页。

节，但是，人民检察院也对特定情形规定了特定的监督方式，从而形成了四种监督模式。但新的人民监督员监督的缺点依然明显，一是监督范围广泛但重点不突出；二是机制灵活但随意性过大。缺乏严格的规范性。

（一）部分监督方式趋同于普通社会监督

2018年10月26日修订的《人民检察院组织法》第27条是唯一的一处对人民监督员进行立法的规范，其内容仅仅是："人民监督员依照规定对人民检察院的办案活动实行监督。"2019年《规定》只是强调人民监督员制度是一种"外部监督制约机制""人民检察院的办案活动依照法律和本规定接受人民监督员的监督"。但是，没有明确这种外部监督的性质，没有区分它与一般的社会监督的区别。定位不明的结果是导致人民监督员的监督方式与普通公民无异，主要包括两个方面：

第一，规定与普通公民相同的参加听证权。2019年《规定》第9条指出，人民检察院应当邀请人民监督员参加特定案件的公开审查、公开听证，听取人民监督员对案件事实、证据的认定和案件处理的意见。但是，在公开审查、听证的监督中，人民监督员参与行为的本质仍然是旁听人员，其与普通公民的权利无异。

第二，规定与普通公民相同的庭审旁听权。2019年《规定》第10条指出："人民检察院对检察官出席法庭的公开审理案件，可以协调人民法院安排人民监督员旁听。"人民监督员的这一权利中也没有规定特殊的权利，因为在一般的案件审判中，普通公民也有这些权利，也可以对人民法院和检察机关提出意见。

我国《宪法》第41条规定："中华人民共和国公民对于任何国家机关和国家工作人员，有提出批评和建议的权利。"既然是公开听证、公开审查、公开审判，所有公民都可以参加旁听、都具有批评和建议权。参与式监督的特征决定了人民监督员的监督权不同于公民的社会监督权，而是一种程序化监督权，人民监督员应当享有不同于普通公民的权利。

在人民监督员制度中，不同于普通公民的程序性监督权表现为两个方面：一是特定的监督机制，即有不同于普通公民司法知情权（如旁听权、其他获得司法信息的权利）的权利；二是有不同于普通公民监督检察权的特殊效力，即人民监督员对检察机关提出的意见，其效力不同于人民群众的批评、建议，具有一定的刚性，即检察机关对人民监督员的意见是否采纳都应当认真研究并予以答复。后者在2019年《规定》中表现为：第18条要求，"人民监督员监督检察办案活动，依法独立发表监督意见，人民检察院应当如实记录在案，列入检察案卷"；第19条强调，"人民检察院应当认真研究人民监督员的监督意见，依法作出处理。监督意见的采纳情况应当及时告知人民监督员"。

在旁听式监督机制中，2019年《规定》没有规定人民监督员有优先旁听权，而仅仅只有对普通公民旁听权的重申；在公开审查听证中，2019年《规定》没有规定人民监督员在听证中的地位，即到底是听证员还是普通的旁听者，如果是旁听者，则仅仅是普通公民的权利，不需要在《规定》中重申。人民监督员程序化监督社会化，必然导致将人民监督员的地位和权利表面上丰富、实质上弱化，导致监督方式上的虚假繁荣。

（二）监督范围广泛但重点不突出

人民监督员的十种监督对象几乎涵盖了除检察机关侦查权以外的所有权力，但存在的问题是监督范围广泛但重点不突出。2003年、2010年、2015年三个规定都要求人民监督员监督检察机关自侦案件的"拟不起诉的"情形。这样规定的理由是，检察机关自己侦查的案件，自己又决定不起诉，权力过于集中，特别需要监督。不起诉是终结性决定，历来是对检察机关进行各种方式监督的重点环节。因此，三个《规定》都没有把起诉作为监督的情形，但对检察机关自侦案件的不起诉决定则成为重点监督的环节。

日本的检察审查会的全部功能就是防止不当不起诉，原因就在于东亚文化容易形成人情案、放纵犯罪，检察机关不起诉裁量权容易被滥用。因为不起诉是终局的，直接关系到犯罪嫌疑人的切身利益，应该监督也适宜监督，其具体作用表现为两个方面：

一方面，防止不当不起诉。这与日本检察审查委员会相类似。公诉职能是检察机关的基本诉讼职能。我国现行刑事诉讼法兼采起诉法定主义和起诉便宜主义。检察机关在起诉权的裁量上预留一定空间的同时，也为滥用公诉权留下可乘之机。把人民监督员制度引入检察机关公诉权的监督之中，将有助于增强检察工作的透明度，形成对公诉权的民众监督，促进司法公正，也有利于更好地实现法律效果和社会效果的统一，增加司法公信力。

另一方面，人民监督员制度还可以用于防止不当起诉。2016年6月27日，中央全面深化改革领导小组第25次会议审议通过的《关于推进以审判为中心的刑事诉讼制度改革的意见》中提出要完善不起诉制度和撤回起诉制度。检察官要严格审查案件的事实、证据，对不符合起诉条件的案件，应当依法作出不起诉决定，严防案件"带病"进入审判程序。将人民监督员制度正式引入不当起诉的监督审查之中，构建防止不当起诉的内外监督制约机制，能更好地防范当事人遭受不当起诉的不公正待遇，实现"惩罚犯罪与保障人权"的有机统一。

另外，2019年《规定》在人民监督员参加公开审查和听证的范围、人民监督员旁听庭审、参加审查、参加听证具体内容等方面都存在重点不突出的问题。人民监督制度的最终目的是加强对检察权监督，其监督模式上应当体现检察机关哪种权力最大、最容易滥用，哪种权力就应当是人民监督员监督的重点。人民监督员规范不能只体现形式上的范围广大，而忽略监督的重点内容。

（三）人民监督员工作机制缺乏规范性

2019年《规定》的监督方式、程序比较灵活，为各地开展工作留有创新发展的空间。主管机关领导认为，这是新规定的优势所在。① 与过去的三个《规定》相比，2019年《规定》的灵活性体现在以下几个方面：

在人民监督员的组织程序方面。在抽选人民监督员的数量上，过去三个《规定》都规定应当有3名以上单数的人民监督员参加监督。2019年《规定》人民检察院可以根据案件情况确定人民监督员人数。这样根据情况邀请或者允许合适人数的人民监督员参加监督，其优势是：不仅能够保证监督效果，也能节约监督资源。更重要的是，保障了人民监督员个人单独监督的权利。

在组织人民监督员的方式方面。2019年《规定》第21条，对设区的市级人民检察院办案活动的监督，也不再要求上提一级即由省级人民检察院抽选人民监督员，而是由本院组织人民监督员进行，组织程序具有便利性和可行性。

在人民监督员的监督效果方面。2019年《规定》与前面三个《规定》相比，没有规定本院研究监督意见的具体程序，取消了上级院提请复核、向本院提请复议的程序。原因在于：随着人民监督员监督范围的扩大和监督机制灵活性的增加，如果事事可以通过这么复杂的程序来回应人民监督员的监督，工作量太大；严格的内部研究程序和检察长决定程序已经能够保障人民监督员意见得到充分的重视。同时，2019年《规定》第18条要求对人民监督员的意见，"人民检察院应当如实记录在案，列入检察案卷"。目的是永久保存人民监督员意见，便于案件的复查和事后监督。

在人民监督员工作信息的公开方面。自2003年人民监督员产生以来，我们梳理2004年到2009年的《最高人民检察院工作报告》和负责人民监督员的部门发布的新闻，发现：2008年、2009年《最高人民检察院工作报告》完全没有涉及人民监督员工作，《最高人民检察院工作报告》和其他新闻报道只公布了2003年、2004年、2009年三年的年度人民监督员选任数量，其他缺如；2009年至今，人民监督员不同意办案部门原拟定意见的案件数量、检察机关

---

① 最高人民检察院：《最高检案件管理办公室负责人就〈人民检察院办案活动接受人民监督员监督的规定〉答记者问》，载 https://www.spp.gov.cn/spp/xwfbh/wsfbt/201909/t20190902_430837.shtml#3.（2019-09-02），最后访问日期，2019年9月29日。

采纳人民监督员意见的案件数量全部缺如;没有公布过人民监督员监督的经典案件。当然,更没有公布过人民监督员工作情况至今的白皮书式文件。

人民监督员工作机制的灵活性增加固然具有其积极意义,但其弊端是随意性增大,主要表现在人民监督员选任管理到底依据什么规范不明确;简单地将人民监督员的人数不作规定、也不要求上级抽选,可能导致实践中有些检察机关邀请一名人民监督员参加、甚至于形成少数人常驻检察院监督的形式主义作法;明确"检察案卷"应当入卷,但是对于案卷的性质及其使用范围没有作出明确规定。另外,人民监督员工作信息不公开,违反了"进一步深化检务公开,增强检察机关执法办案的透明度"① 的基本要求。

四、确立人民监督员的参与式监督地位

从世界各国的情况来看,人民参与检察权行使的性质有三种:

第一种是准司法权性质。日本的检察审查会的特点在于:设立于中立司法机关(法院)且有常设机构;职权独立且不受被监督者控制;采用随机抽选且实行交替任期制;选任程序规范且衔接性强。② 因此,检察审查会被认为是一种准司法机构,其机构设置于法院内部,费用列入法院预算,事务官由法院任命,虽不是司法机关,但可以认为是准司法机关。

第二种是准检察权性质。美国的大陪审团就是如此。在美国,大陪审团被誉为"自由的堡垒"。它调查犯罪,维护社会稳定;它审查检察官的指控,防止无辜的人受到不当追诉;它监督公共事务,查处腐败。这当中,无论大陪审团以什么面目出现,有一点是不容质疑的,那就是它始终是一个调查机构,保持着调查与追诉的检察权性质。③ 因此,它不会像法院一样遵循法官中立、控辩平等,也不会给予被调查对象和证人过多的权利救济,甚至不允许被调查对象出席大陪审团的调查程序。

第三种是参与式监督权性质。英国的检察审查会制度和和我国的人民监督员制度都是这种模式。1996 年,皇家检察署在内部设立皇家检察审查会,英国皇家检察审查会虽然也审查具体案件,但是工作的成果却并不是个案裁判,

---

① 《人民检察院案件信息公开工作规定(试行)》(2014 年 6 月 20 日)第 1 条。

② 《检审法》第 13 条第 1 款规定:"检察审查会事务局长必须以抽签方式在每年 12 月 28 日之前从第 1 分群候补检察审查员中各选 5 名,3 月 31 日之前从第 2 分群候补检察审查员中各选 6 名,6 月 30 日之前从第 3 分群候补检察审查员中各选 5 名,9 月 30 日之前从第 4 分群候补检察审查员中各选 6 名检察审查员及补充员。"

③ 高一飞、王金建:《昨日辉煌:风雨中的美国大陪审团制度》,载《重庆大学法律评论》2020 年第 3 期,第 3—32 页。

而是从个案中得出的、对宏观事务的评论和政策性建议。① 美国大陪审团和日本检察审查会制约检察官公诉权力具有强制性，对具体案件的起诉适当性得出自己的结论，具有直接行使国家权力的特征。而英国检察审查会和我国的人民监督员制度性质相同，都具有参与式监督的特征。

遗憾的是，现有的人民监督员参与案件的机制和提供的意见等方面，有些内容已经逐渐趋同于人民群众的普通社会监督。人民监督员制度已经被写入人民检察院组织法，其根本原因在于人民监督员制度具有特殊的监督性质，即它是一种程序化的、参与式的监督方式，与人民陪审制具有相同的性质，不是一般的社会监督，而是一种参与式监督，是人民参与检察的一种方式。人民监督员监督权的性质是对检察权的参与式监督，其监督的方式是程序式监督，因此，人民监督员的产生、参与方式和参与效力都应当具有不同于普通公民的特点，2019年《规定》在以下几个方面应当加以完善，以改变人民监督员监督趋同于社会监督的趋势：

（一）制定统一的人民监督员选任管理规范

从2016年起，人民监督员改革方案将"组织法"与"监督法"分开，2015年《规定》是实体法和程序法，规范人民监督员的监督范围、机制和程序，而2016年7月5日《人民监督员选任管理办法》（以下简称《办法》）则是组织法，规定了人民监督员的条件和选任、管理的主体和遴选、培训、考核、奖惩等内容。2019年《规定》在规范体系上基本沿用2015年《规定》，因此，2016年《办法》仍然有效。

人民监督员监督有不同于普通社会监督的特殊地位，首先就是因为人民监督员是限定了特殊条件、通过特殊机制产生、通过正式程序任命，其专门的选任管理程序是人民监督员参与式监督地位确立的前提。但是，2019年《规定》没有通过修订和重申人民监督员的选任管理机制，这必然导致实践中引用文件混乱。而普通公民更是难以理解前后文件之间的关系，不利于坚持和发展人民监督员选任管理改革的成果。

最高人民检察院应当制定新的统一的《人民监督员选任管理方式规定》，形成内容明确、条款清晰的选任管理规范，同时，把改革的新成果体现在这一文件之中。在条件成熟的时候，人民监督员制度应当出台专门的《人民监督员法》。2018年4月27日第十三届全国人民代表大会常务委员会第二次会议

---

① Five Year Review and Annual Report 2014 – 2015, report of the HM chief Inspector of the Crown Prosecution Service, London: The Stationery Office, 2015, p. 18.

通过了人民陪审员法。人民监督员制度要改变长期以来通过最高人民检察院司法文件进行规范的现状，参照人民陪审员法的立法经验，尽快出台《人民监督员法》。

（二）赋予人民监督员在公开听证中的听证员地位

2020年9月14日最高人民检察院发布实施的《人民检察院审查案件听证工作规定》第7条规定："人民检察院可以邀请与案件没有利害关系并同时具备下列条件的社会人士作为听证员。"第16条规定："听证员的意见是人民检察院依法处理案件的重要参考。拟不采纳听证员多数意见的，应当向检察长报告并获同意后作出决定。"这一规定特别明确了人民群众监督检察工作的两种不同方式，一是作为听证员和检察人员一起进行听证，二是作为听证的旁听人员参加听证会。

2019年《规定》第9条规定了人民监督员参加部分案件的公开审查和公开听证的权利。这里的"参加"是何含义，是容易引起误解的。一种理解是人民监督员与其他公民一样，旁听审查、听证；另一种理解是人民监督员与检察人员一起，共同审查、听证。但如果只是一般的旁听人员，则人民监督员与普通公民无异，没有体现人民监督员制度作为一种程序化监督制度的特殊地位，完全可以不必在此特别规定。

人民监督员的建议权不同于普通民众的监督建议权。其理由是：人民监督员与普通旁听人员不同，人民监督员是在有阅卷权、了解案件情况权的基础上，[①] 同时参与案件的审理。因此，在具体参加听证的方式和程序上，人民监督员应当成为听证员，与检察人员坐在相同的席位上一起听取各方意见。因此，在这一程序上，人民监督员具有双重身份：他们既是审查、听证程序中的听取他人意见者，即听证员；又是决定程序中的意见发表者和检察人员听取意见的来源。为此，应当在条文中对人民监督员参加审查、听证时的地位进行明确，作出如下规定：

人民监督员参加检察机关公开审查、听证案件的，人民监督员应当与检察人员一起审查案件、听取各方意见，检察人员作出决定时，应当听取人民监督员对案件事实、证据的认定和案件处理的意见。

（三）与法院联合确立人民监督员优先旁听权

庭审旁听席位对特殊人员可以优先设置，如我国的人大代表旁听庭审制度

---

① 2019年《规定》第22条规定："人民监督员工作机构应当通知相关部门或者检察官办案组、独任检察官提供与监督有关的材料并及时送交人民监督员。"

就是例证。我国最早规定人大代表旁听权的是 1998 年 12 月 24 日最高人民法院《关于人民法院接受人民代表大会及其常务委员会监督的若干意见》,该《意见》之(八)规定:"人民法院开庭审理重大案件和在当地有重大影响的案件时,可为人大代表、人大常委会委员旁听提供方便或事先邀请参加,其他一切案件公开审理的,人大代表、人大常委会委员均可参加旁听。庭审或者宣判结束后还应认真听取参加旁听代表或者人大常委会委员的意见。"此后,2000 年 12 月 29 日最高人民法院在《关于加强与人大代表联络工作的决定》中进一步规定,要"建立邀请人大代表旁听重大案件审理制度。各级人民法院在公开审理有重大社会影响的案件时,可邀请人大代表旁听,进一步增进人大代表对法院工作的了解,扩大办案社会效果"。2007 年 6 月 4 日,最高人民法院发布了《关于加强人民法院审判公开工作的若干意见》,第 16 条规定:"对群众广泛关注、有较大社会影响或者有利于社会主义法治宣传教育的案件,可以有计划地通过相关组织安排群众旁听,邀请人大代表、政协委员旁听,增进广大群众、人大代表、政协委员了解法院审判工作,方便对审判工作的监督。"

给予特殊人员旁听优先权是合理且有根据的。给予特殊人员旁听优先权并不违反公平原则,因为公平原则的一个重要内容是"权利倾斜性配置"。[1] 例如,日本《法院旁听规则》第 1 条就规定:"给一定数量的新闻记者优先旁听权,给予犯罪被害人等与案件有关的人员的旁听机会,也是公开主义的内容。"[2] 美国也有类似的做法,当西班牙裔美国人、非裔美国人的媒体或同性恋媒体对某个特定案件的审判有浓厚的兴趣时,美国法院可能会给这些特别媒体保留席位。[3] 给予人大代表旁听优先权的合理性表现在:当事人和其他与案件有关的人员优先旁听,有利于维护当事人利益、接受审判结果。人大代表、政协委员具有广泛的代表性,他们参加旁听可以实现审判在实质上的最大公开。

2019 年《规定》第 10 条规定:对特定案件,人民检察院"可以协调人民法院安排人民监督员旁听"。检察机关邀请人民监督员旁听人民法院公开审理

---

[1] 高一飞、贺红强:《庭审旁听权及其实现机制》,载《社会科学研究》2013 年第 1 期,第 77 页。

[2] [日]田口守一:《刑事诉讼法》,张凌译,法律出版社 1998 年版,第 159—161 页。

[3] Center for Democracy & Technology, A Quiet Revolution in the Courts: Electronic Access to State Court Records, Aug. 2002, http://www.cdt.org/publications/020821courtrecords.shtml, 2012 - 2 - 14.

案件，但不能直接安排。保障公民旁听审判是人民法院的责任，安排庭审、维护法庭秩序也是人民法院的权力，检察机关不是"应当邀请"而是"可以协调"人民监督员参加旁听。公开审理的案件，人民监督员以普通公民身份就有权旁听，没有任何障碍。但若要以人民监督员身份旁听，获得优先旁听的机会，不能直接由检察机关决定，而应当由检察机关协调法院根据庭审规则进行安排。

这里出现的问题是，"协调人民法院安排"的内容是柔性的规定，如何协调、如何安排，没有明确的制度保障。尽管由于我国检察机关与人民法院是配合与制约的关系，法检两家能够做到互相尊重和配合对方合理的要求，但是，从制度上看，人民监督员没有优先旁听权，人民法院也没有安排的义务。为此，人民检察院应当与人民法院联合发布文件，确立人民监督员优先旁听权。人民检察院应当协调人民法院修改《法庭规则》或者通过联合司法解释确立以下内容：检察机关邀请人民监督员旁听庭审的，人民法院应当优先安排人民监督员旁听。

五、强化人民监督员的监督重点

本文认为，对特定的监督内容可以使用何种监督方式，还可以进行完善。

（一）邀请人民监督员监督所有不起诉案件

根据2019年《规定》，人民检察院对拟决定不起诉的案件进行公开审查的，应当邀请人民监督员参加。这一《规定》与过去三个《规定》相比，对拟不起诉的监督范围进行了缩减：限定在公开审查的环节中，检察机关可以通过先决定不公开审查达到排斥人民监督员监督的目的。笔者建议，邀请人民监督员参加监督所有拟不起诉案件，目的是防止检察机关滥用自由裁量权，防止放纵罪犯，维护司法公正。不起诉案件数量不大，人民监督员对所有拟不起诉案件进行监督，具有可行性。

当然，人民检察院不需要对每一个决定提起公诉的案件都邀请人民监督员监督。如果所有起诉案件都应当邀请，人民监督员工作量也会非常大。对于起诉不当，还有人民法院的审判把关。另外，不规定"应当邀请人民监督员监督提起公诉的案件"，并不否认检察机关可以对重大提起公诉案件邀请人民监督员参加；对于重大的公诉案件，还可以通过前述邀请人民监督员旁听庭审的方式进行监督。

上述设想可以通过以下条款表述：检察机关拟决定不起诉的，应当邀请人民监督员参加监督；人民检察院对拟决定不起诉的案件进行公开审查的，应当邀请人民监督员参加审查。

（二）扩大人民监督员参加公开审查和听证的范围

首先，2019 年《规定》第 9 条规定了邀请人民监督员参加刑事申诉案件的公开审查。但是将刑事申诉案件和民事、行政申诉案件区别对待令人费解，体现的是重刑轻民（行）的陈旧观念。实际上，不服检察机关处理决定的申诉案件，无论是刑事还是民事、行政案件，对当事人而言，都是重要的案件。刑事案件中有轻罪案件，民事、行政诉讼案件也可以涉及当事人价值亿万的经济利益和重大人身权益，简单地以案件性质来区分申诉案件的重要性，显然是不科学的。因此，对于人民检察院对不服检察机关处理决定的民事、行政申诉案件，也应当邀请人民监督员参加。

其次，2019 年《规定》要求应当邀请人民监督员参加有重大影响的行政诉讼监督案件公开听证。但是，同样让人难以理解的是，2019 年《规定》没有同时规定人民监督员参加民事诉讼监督案件公开听证。行政诉讼监督和民事诉讼监督性质相同，同样可以通过听证等方式进行公开审查，同理也可根据案件情况邀请人民监督员实施监督。

同时，还应当考虑到我国检察机关公开听证案件的数量极少，进行公开听证的，往往就是有重大影响的，或者有当事人长期申诉上访等特殊原因的，没有必要加上"有重大影响的"这一限制来缩减人民监督员参加听证的范围。2019 年《规定》第 9 条没有在人民监督员参加公开审查的特定类型案件上加上"有重大影响的"的限制，而对程序更加复杂、使用更加稀少的公开听证案件加上这一限制，体现了立法内容上的逻辑矛盾和立法精神上的不一致。

综上所述，笔者建议将 2019 年《规定》第 9 条修改为：人民检察院对不服检察机关处理决定的刑事、民事、行政申诉案件公开审查的，应当邀请人民监督员参加审查。对民事、行政诉讼监督案件进行公开听证的，应当邀请人民监督员参加听证。

（三）特定案件应当协调人民监督员旁听庭审

如前所述，2019 年《规定》第 10 条规定："人民检察院对检察官出席法庭的公开审理案件，可以协调人民法院安排人民监督员旁听。"但是，我国检察监督的一些特殊案件，监督内容重要，而人民监督员监督的力度有限，所以，笔者建议对特定案件的庭审，检察机关应当协调人民监督员旁听。这些案件包括以下三类：

一是减刑、假释开庭审理案件；二是人民法院可能决定暂予监外执行的案件；三是人民检察院提起公益诉讼的开庭审理案件。可以对 2019《规定》第 10 条"人民检察院对检察官出席法庭的公开审理案件，可以协调人民法院安

排人民监督员旁听"的内容补充为:

人民检察院对检察官出席法庭的公开审理案件,可以协调人民法院安排人民监督员旁听;对于人民检察院参加出庭的减刑、假释和可能决定暂予监外执行的案件、人民检察院提起公益诉讼的案件,应当协调人民法院安排人民监督员旁听。

当然,这里要特别强调的是,本文之所以强调人民监督员旁听上述案件,主要考虑的是旁听这些案件具有特别意义,并不是认为这是人民监督员监督的唯一方式,人民监督员还可以用十种方式中的参加巡回检察、检察建议、案件质量评查、司法规范化检查、听取检察工作情况通报、主动提出意见建议等多种方式监督。

六、完善人民监督员的工作机制

2019年《规定》明确了四种监督模式,也规定了人民监督员监督的具体机制,最高人民检察院的相关负责同志有过详细的解读,① 人民监督员的监督机制和程序整体上是完备的。但是,2019年《规定》确立的人民监督员制度体系是扩大监督范围后全新的制度规范,人民监督员的监督方式、程序又"只作原则性规定",还需要进一步完善其监督的机制和程序。

(一) 分类确定人民监督员参加人数和程序

2019年《规定》第20条要求邀请人民监督员参加监督时,"应当根据具体情况确定人民监督员的人数"。这一规定整体上是科学的,因为人民监督员的监督方式多样,特别是对于2019年《规定》第17条规定的"主动建议模式",不能因为发现问题、提出建议的人民监督员人数少,就不允许人民监督员监督,也就是说,人民监督员提出对检察机关的建议,不需要召集一定的人数,一个人就可以提出建议,这有利于人民监督员对检察机关的监督方式多样化、经常化。

但是,这一规定也有顾此失彼的漏洞:对于人民监督员参加听证,如果只有一个人参加,其发表的意见就成了个别人的意见,缺乏代表性和说服力。2016年《关于人民监督员监督工作的规定》第14条规定:"监督评议案件,应当有三名以上单数的人民监督员参加。重大案件或者在当地有重大影响的案件,应当有五名以上单数的人民监督员参加案件监督评议工作。"这是能够体

---

① 最高人民检察院:《最高检案件管理办公室负责人就〈人民检察院办案活动接受人民监督员监督的规定〉答记者问》。

现听证的规律和价值的规定。

为此,在维持已有规定中灵活确定人民监督员人数的前提下,应当对人民监督员参加听证的情况作出特别规定,笔者建议,将2019年《规定》第20条修改为:

一般情况下,应当根据具体情况确定人民监督员的人数;但对于人民监督员参加公开听证的,应当有3名以上单数的人民监督员参加。

(二)明确"检察案卷"的性质及其使用范围

人民监督员的监督意见应当记录在案。这不仅仅是人民监督员参加的见证,也是将来审查案件的重要依据。2019年《规定》第18条要求对人民监督员的意见,"人民检察院应当如实记录在案,列入检察案卷"。但是,对于检察案卷形成的是检察内卷还是普通案卷没有明确,对其使用范围没有具体规定。这会在实践中形成争议:上述案卷内容是否是辩护律师或者代理律师可以阅卷的范围。

笔者认为,人民检察院形成的检察案卷一般不应当对外公开,理由是:如果人民监督员意见没有被采纳,这本来是很正常的情况,但这可能会形成当事人及其辩护人、代理人与检察机关的对抗情绪,不利于人民检察院独立办案。对人民监督员的意见列入检察案卷,目的是充分听取人民监督员的意见、增强检察人员责任感,不宜向社会公开,也不能向辩护人和代理人公开。人民监督员的意见和建议本身只有建议性,提出意见的人民监督员数量和程序也具有灵活性,但是,当事人及其辩护人和诉讼代理人有可能违背人民监督员的设置目的和功能,误解或者故意歪曲其与检察机关不同意见的性质,影响人民检察院正常行使职权。

为此,笔者建议,应当将2019年《规定》第18条修订为:

人民监督员监督检察办案活动,依法独立发表监督意见,人民检察院应当如实记录在案,列入检察副卷。

(三)将人民监督员工作信息纳入检务公开范围

最高人民检察院于2014年6月29日在第十二届检察委员会第二十四次会议通过了《人民检察院案件信息公开工作规定(试行)》。该规定的实施对人民检察院应当如何处理好检务公开的范围(公开与不公开信息的范围),应当由哪些部门发布检务公开的信息,以及应当如何实施对检务公开信息的监督等做出了详细的规定。但遗憾的是,对于人民监督员监督情况并没有纳入案件信息公开的范围,导致我国人民监督员工作信息、整体情况信息长期以来不公开的局面。

导致以上情况的原因有三个方面：一是人民监督员监督范围和模式反复调整，导致统计工作困难；二是管理机构也多次调整，并且附属于其他机构，没有专门管理机构，导致工作上缺乏持续、统一的管理主体；三是对于人民监督员工作的重视程度不够。

1999年成立的英国皇家检察审查会，是与我国人民监督员类似的检察监督主体，其重要职能是撰写年度工作报告，年度报告由总检察长提请议会审议后向社会发布。截至2019年，独立后的英国皇家检察审查会一共发布了16份年度报告，最近的报告是《2017—2018年度工作报告》。[①] 我国人民监督员制度的情况主要是通过检察机关的工作报告和新闻发布来向社会公开的。人民监督员制度的自身运行情况、监督活动情况向社会公开是完全有必要的。我们应当借鉴英国检察审查会发布年度报告的做法，在每年检察机关向人大的报告中报告人民监督员制度运行的整体情况；通过年度白皮书等方式公开人民监督员制度运行的详细情况。

2019年《规定》的颁布使人民监督员制度重新绽放了生机与活力，进一步拓展了人民监督员的监督范围，能够为检察机关提供更全面、有力的民众外部监督。随着司法改革的发展和检察工作体制、机制的创新，人民监督员的监督地位、监督重点、监督机制也应当适时改革和调整，让人民监督员制度发挥应有的作用。

---

① HM Crown prosecution service Inspectorate annual report 2017 – 2018, report of the HM chief Inspector of the Crown Prosecution Service, 2018, pp. 7 – 12.

第五章 美国大陪审团制度历史与现状

> **本章摘要**：美国大陪审团制度源自英国，至今已有数百年历史，被誉为"自由的堡垒"。作为美国司法制度的一部分，大陪审团多年来一直承担着审查起诉、调查犯罪和监督公共事务的职能，故有起诉、调查和公民大陪审团的区分。大陪审团强调人员结构的"公平性"和"多样性"，但并不要求有固定的组成人数，也不限制大陪审员被替换的次数。大陪审团运行程序独特，呈现出"保密性"和"非正式性"的特征。大陪审团依旧保持着调查性质，严重限制被调查对象的权利，审理程序具有很大的局限性。时过境迁，大陪审团制度在美国再无往日的辉煌，且饱受民众质疑，连当初的历史传统也在悄然改变。即便如此，在崇尚自由、民主和法治的当下，大陪审团制度仍有持续下去的理由。

2014年8月，美国密苏里州的弗格森市（Ferguson）发生了一起轰动世界的枪击案件。该市的一名白人警察纳伦·威尔逊（Narren Wilson）开枪射杀了未携带武器的黑人青年迈克尔·布朗（Michael Brown），但负责此案的大陪审团经过长时间的调查后却认为没有足够的证据证明警官实施了犯罪行为，作出不起诉的决定。这个不起诉决定再一次刺激了美国民众种族主义的神经，最终引发了全国范围内的大规模骚乱。① 美国的大陪审团制度也因为这起案件重新进入全球公众的视野。

其实，在美国的司法体系中，有两种类型的陪审团：一类是大陪审团（Grand Jury），一般由16到23人组成，任期1个月到6个月不等，主要用于刑事案件的审查起诉；另一类是小陪审团（Petit Jury），一般由12人组成，根据案件的需要临时召集，主要用于刑事或民事案件的审判。②

---

① 参见杨玉生：《美国迈克尔·布朗案全景透视》，载http://www.dffyw.com/faxuejieti/zh/201412/37637.html，最后访问日期：2015年6月10日。

② 参见宋英辉、孙长永、朴宗根等著：《外国刑事诉讼法》，北京大学出版社2011年版，第82页。

第五章 美国大陪审团制度历史与现状

在众多的影视剧和书籍中，小陪审团已为公众所熟知，大陪审团则相对提及的较少，相关的著述和研究也不够丰富。本章将就大陪审团制度的历史、特色、运行以及现状等方面对弗格森案中的这一重要制度进行系统、全面的介绍和分析，试图再现一个真实的美国大陪审团。①

一、美国大陪审团制度的产生和发展

在美国，大陪审团制度是一个特殊的存在，赞美者称之为"自由的堡垒"，反对者则指责其为"纯粹的恶作剧和野蛮时代的残余"。② 不了解大陪审团历史的人，似乎很难理解美国人民的这种复杂的情感。概括而言，大陪审团制度在美国的历史可以分为三个时期：

（一）源于英王亨利二世时期

历史上，法兰克人、斯堪的纳维亚人和罗马人都曾用过类似于大陪审团这样的机构，但通常认为，真正意义上的现代大陪审团制度源于 12 世纪英王亨利二世的一系列司法改革。③

1164 年，亨利二世颁布在其改革生涯中具有重要意义的《克拉灵顿宪章》，规定法官在审理土地纠纷和重大刑事案件时应找 12 名了解案情的当地居民担任陪审员，陪审员有义务就案情及被告人是否有罪宣誓作证。④ 1116 年，亨利二世颁布《克拉灵顿诏令》，进一步规定凶杀、抢劫、窝藏罪犯等案件的指控必须由陪审团提起。⑤ 在随后的 1176 年，亨利二世又颁布了《北安普顿诏令》，进一步强化了陪审团的起诉职能。

---

① 历史上，英国、加拿大、澳大利亚都曾不同程度地使用过大陪审团制度，后又在不同的历史时期废除。目前，世界范围内真正意义上还在继续使用大陪审团的国家就只有美国。See G. D. Woods QC, A History of Criminal Law in New South Wales: The Colonial Period, 1788 - 1900, *Federation Press* 2002, p. 56 - 59; Greg Taylor, The Grand Jury of South Australia, *American Journal of Legal History*, Vol. 45, Issue 4 (October 2001), pp. 468 - 516.

② See Kathryn E. White, WHAT HAVE YOU DONE WITH MY LAWYER: THE GRAND JURY WITNESS'S RIGHT TO CONSULT WITH COUNSEL, *Loyola of Los Angeles Law Review*, Vol. 32, Issue 3 (April 1999), p. 917.

③ See Anna Offit, ETHICAL GUIDANCE FOR A GRANDER JURY, *Georgetown Journal of Legal Ethics*, Vol. 24, Issue 3 (Summer 2011), p. 771.

④ 何家弘：《陪审制度纵横论》，载《法学家》1999 年第 3 期，第 41 页。

⑤ See Kathryn E. White, WHAT HAVE YOU DONE WITH MY LAWYER: THE GRAND JURY WITNESS'S RIGHT TO CONSULT WITH COUNSEL, *Loyola of Los Angeles Law Review*, Vol. 32, Issue 3 (April 1999), p. 914.

根据上述法令的规定，同一个陪审团既负责提起指控，又要负责审理案件，同时肩负着起诉和审判两种职能，有违司法公正，遭到了英国民众的强烈质疑和反对。因此，在1352年，当时的英王爱德华三世发布一项诏令，规定在原陪审团之外另行设立一种陪审团，专门负责案件的审判，而原来陪审团则只负责案件的起诉，不再参与审判。由于负责起诉的原陪审团人数可以多达23人，而负责审判的陪审团则始终固定为12人，所以习惯上将前者称为大陪审团，后者称为小陪审团。

大陪审团在创立之初，还主要是为封建王权服务，但在其后的数百年间，其逐渐充当了"反对专制，使无辜者免受不当追诉"的角色，受到英国民众的赞誉。

（二）17—19世纪在美国的兴起与发展

17世纪初，伴随着英国的殖民统治，大陪审团制度传入美国。在殖民统治时期，大陪审团在美国社会中扮演重要角色。根据各州的法律，大陪审团主要承担控诉职能，对于证据充足、符合起诉标准的案件，向法院提起公诉。此外，在有些州，大陪审团还享有部分案件的调查权和监督公共事务的权力，如监督公共支出、税收和市政工程建设等。①

18世纪30年代，北美殖民地的反抗斗争开始加剧，大陪审团因为享有提起指控的权力，逐渐担负起了反抗殖民当局司法暴政的重任。大陪审团经常被殖民地人民用来对抗英国统治，拒绝殖民当局不合理的起诉要求。如，1734年，纽约当地的两个大陪审团就先后拒绝起诉批评殖民总督的约翰·P. 曾格（John P. Zenger）。在1765年的"印花税法暴乱案"中，波士顿的大陪审团同样拒绝起诉当地的民众领袖。在随后的多起案件中，大陪审团都有类似的做法。另外，大陪审团还经常在审查起诉当中拒绝执行殖民当局制定的不公正或带有和压迫性的法律。当时，殖民当局的众多法律或法令，如邮票法、税收法等，都因为大陪审团的抵制而无法顺利实施。

正是因为大陪审团在英国殖民统治时期"反对专制""保护民众不受任意起诉"的一系列举动，为大陪审团赢得了"自由堡垒"的声誉，受到美国民众的珍视。最终在1789年，大陪审团制度被以第五修正案的形式写入美国《宪法》。该修正案规定："非经大陪审团提起公诉，人民不受死罪和不名誉罪的审判，惟发生于陆海军部队的案件，或者在战时和国家危机时发生于服现役

---

① 王禄生、张昕：《转型中的美国大陪审团制度——由弗格森枪击案谈起》，载《中国党政干部论坛》2015年第1期，第89页。

的民团的案件,不在此限。"这意味着在美国联邦层级法院,除法律规定的特殊管辖以外,所有的死刑和重罪案件,都必须经过大陪审团提起公诉。值得注意的是,尽管美国《宪法》并不要求各州使用大陪审团提起公诉,但其后美国各州在制定州宪法的过程中,也都相继确立了大陪审团起诉的制度。①

(三) 19 世纪中期在美国的衰落

19 世纪中期,大陪审团制度在美国开始遭遇一系列的信任危机,大陪审团的独立性和公正性受到质疑。大批美国民众认为大陪审团已经丧失了自身的独立性,不仅不能防止不当起诉,反而成为任意起诉的帮凶,而且大陪审团起诉制度既浪费时间又浪费金钱。

因此,美国的一些州开始废除大陪审团制度,大陪审团的起诉职能也逐渐被专业的检察官所取代。目前,全美仅有 4 个州要求所有的犯罪案件,15 个州要求所有重罪案件必须经过大陪审团提起公诉。其余的绝大多数州,都不再要求大陪审团起诉。② 大陪审团制度经过这一系列的调整或废除,自身的职能和适用范围双双萎缩,在美国的发展遭遇丛丛危机,开始由盛转衰。

二、大陪审团的种类与功能

大陪审团在美国绝对是一个特殊的存在,特别是历史上,有着多种类型,承担着不同的职能。它可以根据自己的调查独立提出指控,也可以根据对当地检察官移送的案件决定是否提起公诉,还可以对市政工程、公共支出等公共事务进行监督,在美国社会中扮演着重要角色。

(一) 起诉大陪审团

起诉大陪审团(Indicting grand jury)最主要的职能是提起公诉,即起诉。在美国联邦和绝大多数州,大陪审团的首要职责就是审查检察官移送的案件,以决定是否最终将案件移交法院,提出起诉。对检察官移送的案件和提出的起诉建议,大陪审团经过审查,认为有足够的证据支持指控的,会在检察官提交的起诉建议书上签署"准予起诉"(true bill),提起公诉,反之签署"不予起诉"(no true bill; not a true bill; not found),驳回指控。

(二) 调查大陪审团

在美国,大陪审团在调查犯罪方面享有一定的特权,因此常被用来调查政

---

① See Hurtado v. California, 110 U. S. 516, 538 (1884).
② 王禄生、张昕:《转型中的美国大陪审团制度——由弗格森枪击案谈起》,载《中国党政干部论坛》2005 年第 1 期,第 89 页。

治舞弊、敲诈勒索、贿赂等特殊类型的案件，这个功能由调查大陪审团（Investigating grand jury）完成。① 在对上述案件进行调查时，大陪审团可以不受宪法第四修正案、第五修正案等宪法或法律的限制，自由传唤证人，扣押物证、书证。

担负调查职能的美国大陪审团在联邦和各州又有不同。在联邦，这种调查型大陪审团被称为"专门大陪审团"。专门大陪审团可以主动调查犯罪行为，享有广泛的权力。如，根据美国1970年《有组织犯罪控制法》的相关规定，大陪审团如果有合理根据相信某人实施了有组织犯罪，就有权调查该犯罪行为，然后形成调查报告，提出指控。②

在美国各州，调查型大陪审团根据其职权的不同可以分为三类：第一类是依申请启动调查的大陪审团。此类大陪审团不能自行启动调查程序，只能根据检察官或法官的要求，调查由其交付的犯罪案件。第二类是可以自行启动调查的大陪审团。此类大陪审团的调查职权较为广泛，有权调查违反州刑法或其辖区内的任何犯罪行为。第三类是专门调查特定犯罪的大陪审团。此种类型的大陪审团与联邦层级的"专门大陪审团"较为类似，是为了调查那些特殊种类或犯罪涉及面较广的犯罪案件而专门设置的，一般又被称为"专门大陪审团""全州大陪审团""州大陪审团"或"县际大陪审团"等。③

（三）公民大陪审团

大陪审团还负有监督公共事务的职能，这部分大陪审团也被称为"公民大陪审团"（Civil Grand Jury）。公民大陪审团可以对政府的公务行为、公务支出以及市政状况等进行监督，并提出报告。但在其后的过程中，联邦层级大陪审团的此项权力在1946年《联邦刑事诉讼规则》颁布后被废除。④ 不过仍有许多州继续保留了大陪审团监督公共事务的权力，其中，最常见的就是检查地方监狱和其他监禁设施的情况。当前，有一半的州要求或允许大陪审团检查服刑机构及其相关事务。⑤ 还有部分州的大陪审团还同时负责监督当地的政府官

---

① 参见甄贞、王丽：《美国大陪审团与人民监督员制度比较》，载《人民检察》2007年第9期，第61页。

② See 18 U.S.C. §§ 3332–33 (1970).

③ See Susan W. Brenner, The Voice of the Community: A Case for Grand Jury Independence, *Virginia Journal of Social Policy & the Law*, Vol. 3, Issue 1 (Fall 1995), p. 112.

④ See Susan W. Brenner, The Voice of the Community: A Case for Grand Jury Independence, *Virginia Journal of Social Policy & the Law*, Vol. 3, Issue 1 (Fall 1995), p. 116.

⑤ See, e.g., Ala. Code § 12–16–191 (1986).

员，或是负责监督对社会公益或安全有影响的领域。① 如，在加利福尼亚州，大陪审团享有广泛的监督权，可以对监狱设施、贫困病人的治疗、会计账目、税收、公共事务和法律执行等问题进行监督并提出书面意见。

三、大陪审团的人员结构

大陪审团是一个集体决策机构，大陪审员成员的来源及其挑选、组成等是整个大陪审团履行职能、发挥作用的基础和前提。

（一）大陪审团成员的来源与挑选方式

大陪审团由美国当地居民组成，一般要求符合一定的年龄、心智健全、无犯罪记录，在当地有选举权。比如，加利福尼亚州要求大陪审团成员须年满18周岁，是美国公民，在大陪审团所在的县至少居住1年以上。② 此外，还须具有适当的英语语言能力，正常的身体、智力、听力和公平的品质等。

至于大陪审团成员的挑选程序，联邦和各州有所差别。在联邦层级，根据1968年颁布的《陪审团挑选与服务法》的规定，联邦大陪审团成员的挑选一般需要经历以下三个步骤：第一步，先由地区法院发布大陪审员挑选的书面方案，明确大陪审员的任职资格和挑选程序，由各地制作大陪审员名册。第二步，由相关机构从大陪审员名册中随机选出候选大陪审员并通知他们任职。第三步，在排除可能导致司法不公或不能履行职责的大陪审员后，由法院将相应人员列入大陪审团名单，组成大陪审团。美国各州挑选大陪审团成员的方式主要有两种：一种是"抽签法"，即由相关人员在符合条件的候选人中用抽签方式确定大陪审团组成人员；另一种是"评选法"，即由一名或数名法官从符合条件的候选人中通过评议的方式来确定大陪审团组成人员。③

美国大陪审团成员的挑选没有小陪审团那么严格，但也要遵循基本的程序，保持公正。在人员构成上，根据最高法院的判例，大陪审团的组成人员应当满足多样性的要求，要能代表当地的大多数居民，否则即违反了美国《宪法》的"正当程序"和"平等保护"条款，构成撤销刑事指控或定罪的有效理由。④

---

① See Susan W. Brenner, The Voice of the Community: A Case for Grand Jury Independence, *Virginia Journal of Social Policy & the Law*, Vol. 3, Issue 1 (Fall 1995), pp. 117, 118.

② See CAL. PENAL CODE § 893 (a) (1) (West 1985).

③ 甄贞、王丽：《美国大陪审团与人民监督员制度比较》，载《人民检察》2007年第9期，第61页。

④ See Rose v. Mitchell, 443 U. S. 545, 557 (1979).

(二) 组成人数不确定

大陪审团是由一定数量的人员构成的,但没有固定的组成人数。在联邦系统,根据《联邦刑事诉讼规则》第 6 条的规定,大陪审团的组成人数要多于 16 人且少于 23 人。因此,联邦大陪审团的组成人员只要在 16 和 23 之间,其组成就是合法有效的。与此相同,美国的许多州规定了大陪审团开会时必需的人数,但却都没有规定大陪审团的法定组成人数。各州的大陪审团组成人数相当不固定,具体的操作主要依当地的司法习惯而定。①

(三) 不限制大陪审员的替换人数

在美国,大陪审的任期是不固定的,一般是 1 个月、3 个月、6 个月,甚至是 1 年不等。在此期间,大陪审团成员要定期参加大陪审团会议,根据检察官的请求进行案件调查或审议,以决定是否最终提出起诉。大陪审成员因故不能履行职责的,可以由其他人员接任,继续大陪审团的工作。并且,对于替换的人数,立法也没有作出特别的限制或要求。因此,大陪审团成员替换人数的多少并不影响起诉的效力。也就是说,在同意起诉的大陪审员中,即便是只有少数人是最初被召集的,起诉也是合法有效的。如在 1981 年的美国诉朗(U. S. v. Lang)一案中,23 名最初被召集的大陪审员中就有 15 人被替换,但并没有影响起诉效力。②

类似的做法在小陪审团审判中是绝对不允许的。对于小陪审团审判的案件,如果庭审过程中有陪审员因故不能履行职务时则由候补陪审员替补,当需替补的陪审员数量超过候补陪审员时,则需重新组成陪审团另行审判。就此而言,大陪审团在人员组成和替换上不够规范和严谨。

四、大陪审团的审议程序

审议程序是美国大陪审团制度的核心和关键。在几个世纪的发展中,美国殖民时期的历史以及特殊的司法环境也造就了大陪审团独特的审议程序。

(一) 大陪审团工作内容对外保密

近代以来,刑事或民事案件的审判程序都是公开进行的。但美国大陪审团的工作程序,特别是工作内容,是严格对外保密的。在大陪审团开展工作时,不允许旁听,也不允许宣传和报道,只有陪审员、证人和检察官等少数人员被

---

① See Susan W. Brenner, The Voice of the Community: A Case for Grand Jury Independence, *Virginia Journal of Social Policy & the Law*, Vol. 3, Issue 1 (Fall 1995), pp. 82, 83.

② See U. S. v. Lang, 644 F. 2d 1232, 1234, 1239 (7th Cir. 1981).

允许出席大陪审团会议室。在必要的情况下,速记员、电子记录操作员或翻译人员也可以在场。当大陪审团成员评议和投票时,则全程不允许任何其他人员在场。

此外,立法还对上述人员的保密义务进行了规定。根据美国《联邦刑事诉讼规则》第6条第e款第2项的规定,大陪审员、检察官和协助检察官的政府官员以及为大陪审团提供服务的翻译人员、速记员等,必须对"大陪审团开庭期间的一切情况"进行保密,违者将会面临藐视法庭罪的处罚。这里的"大陪审团开庭期间的一切情况"一般包括提交给大陪审团的文件、政府备忘录、会议内容、传票、证人名单及大陪审团工作记录等。①

秘密性一直是美国大陪审团坚持的历史传统。该制度之所以这样设计,主要是考虑到:第一,可以保证大陪审团的权威,避免其受到公众的无端指责。第二,可以保护大陪审员免受外部的压力或恐吓,自由地表达意见。第三,能有效避免被调查对象因得知大陪审团的工作信息而逃避调查的情形。第四,能防止在被调查对象最终被判无罪的情况下,因大陪审团程序的调查对其名声产生的不必要损害。

但大陪审团的保密性也不是绝对的,根据《联邦刑事诉讼规则》第6条第e款第3项的规定,在特定情形下也可以适当披露大陪审团信息,如向检察官或协助检察官的政府官员披露,根据法庭的指示披露等。这在一定程度上保证了大陪审团的传统和其他犯罪侦查、审判等工作的需要。

美国各州的情况与联邦类似,均要求大陪审团程序秘密进行,一般情况下,禁止向外界披露大陪审团的工作内容。

(二)大陪审团会议的频率不固定

美国大陪审团的主要工作形式就是开会,在联邦层级,大陪审团实行定期会议制度,但各辖区开会的频率却有很大不同。如在大的市区,大陪审团可能每天都要开会,而在一些小的市镇,大陪审团可能一周甚至一个月才会开一次会。② 各州的大陪审团也是如此,没有固定的开会频率,一般都是基于检察官的需要才召集相关的会议。

---

① See James F. Holderman, Charles B. Redfern, Preindictent prosecutorial conduct in the federal system revisited, *Journal of Criminal Law and Criminology*, Vol. 96, Issue 2 (Winter 2006), p. 561.

② See Susan W. Brenner, The Voice of the Community: A Case for Grand Jury Independence, *Virginia Journal of Social Policy & the Law*, Vol. 3, Issue 1 (Fall 1995), p. 81.

(三) 投票的大陪审员无须出席每次会议

在刑事案件中，为了保证法官的亲历性，负责审理案件的法官或陪审员必须全程出席案件的庭审活动。但是，美国的大陪审团程序并没有这样的要求。同一个案件，即使有大陪审员缺席一次或几次会议仍然可以参与最终的投票环节，不影响投票结果的法律效力。如在1982年的美国诉普罗旺扎诺（U. S. v. Provenzano）一案中，12名投票赞成起诉的大陪审员当中，有3人参加了每次会议，4人缺席1次会议，3人缺席两次会议，2人缺席了3次会议，起诉决定一样有效。[①] 在1990年的美国诉奥梅尔（U. S. v. Overmyer）一案中，全程参与大陪审团会议的大陪审员只有不到12人，起诉书仍然有效。[②]

(四) 大陪审团拒绝起诉的决定无终局效力

对于检察官移送审查起诉的案件，大陪审团可以做出起诉或不起诉的决定。大陪审团的起诉决定，原则上具有终局效力，不允许检察官或被起诉对象提出异议。只有少数情况下，如大陪审团组成程序不合法、严重侵犯宪法权利等，被起诉人员才可以向法院申请撤销案件。与之相比，大陪审团的不起诉决定则完全不具有法律上的终局效力。大陪审团拒绝起诉某一案件只能代表该大陪审团对此一案件的决定，并不妨碍其他地区的大陪审团或下一任期的大陪审团做出相反的决定。美国联邦法院的判例也表明，如果第一个大陪审团没有作出起诉的决定，则地区法院可召集另一个大陪审团，检察官也可以可寻求另一份起诉书，如2005年的美国诉纳瓦罗·巴尔加斯案（U. S. v. Navarro Vargas）就是如此。

五、大陪审团程序的局限

在美国，大陪审团被誉为"自由的堡垒"。大陪审团通过对检察官移送起诉的案件进行调查和审议，以最终决定是否向法院提起公诉。但就现在的运行程序而言，美国的大陪审团还是有很大局限的。具体表现在以下四个方面：

(一) 检察官只向大陪审团提交控诉证据

在美国，大陪审团的主要职责是审查检察官移送的案件是否有足够的证据提出起诉，而不是要解决被调查对象有罪、无罪或是罪轻、罪重的问题。正如美国著名的斯卡里亚大法官所言："大陪审团从来就不是为听取双方立场而设立的，大陪审团的任务就是审查检方有没有显示嫌疑人的确有犯罪可能性。这

---

① See U. S. v. Provenzano, 688 F. 2d 194, 202 – 03 (3d Cir. 1982).

② See U. S. v. Overmyer, 899 F. 2d 457, 465 (6th Cir. 1990).

是个远比普通陪审团"疑罪从无"来的容易的标准。"① 如果强制要求大陪审团审查被调查对象无罪、罪轻的证据，辩护律师极有可能利用这一规定来无限的拖延案件的处理，反而进一步影响大陪审团的起诉职能。

因此，在整个审议程序中，大陪审团都只会听取检察官的建议和陈述，调查其提交的证据材料。检察官作为控诉方，全程只需要提交指控被调查对象的证据，促使大陪审团作出起诉的决定，而不需要向大陪审团提交任何对被调查对象有利的证据。

在联邦层级，检察官没有义务向大陪审团提交对被调查对象有利的证据。各州对此有一定的区别，部分州紧跟联邦的实践，不要求提供对被调查对象有利的证据，还有一些州则要求检察官提供相关证据。② 但有一点是肯定的，那就是检察官在审议程序中基本上只会向大陪审团提交对指控有利的控诉证据，促使大陪审团提起公诉。

（二）被调查对象极少出席大陪审团会议

在美国，正是因为大陪审团程序本质上是一个调查程序而不是对审程序，大陪审团的主要职责是审查检察官的起诉是否有合理根据，而不是要去判断被调查对象的罪行。因此，大陪审团程序在制度设计上就只允许检察官出席会议，接受检察官提交的证据材料，而被调查对象除了作为证人作证以外，是没有权利出席大陪审团会议的，更无权向大陪审团提交对其有利的证据。

被调查对象可以以证人身份出席大陪审团会议，但事实上，被调查对象没有多少向大陪审团作证的动力，正如一位评论家所言，"有见识的辩护律师不会同意其当事人向大陪审团作证……因为很少有调查对象能通过作证而不被起诉的"。③ 此外，大陪审团也可以签发传票强制被调查对象出庭作证，但实践

---

① 叶帆：《为何密苏里州弗格森大陪审团不起诉威尔逊警官》，载 http://mp.weixin.qq.com/s?_ _ biz = MzA5ODYyNzcxOQ = = &mid = 201762530&idx = 1&sn = eae8fcae9e5b671c2bd1f487e30bbafd&3rd = MzA3MDU4NTYzMw = &scene = 6#rd，最后访问日期：2015年9月15日。

② 截至2011年，一项针对美国所有使用大陪审团的23个州的非正式调查表明：大多数州不要求检察官向大陪审员提交辩解证据，明确要求提交辩解证据的州有9个，分别是亚利桑那州、加利福尼亚州、马萨诸塞州、北达科他州、新泽西州、纽约州、俄克拉何马州和犹他州。See Anna Offit, ETHICAL GUIDANCE FOR A GRANDER JURY, *Georgetown Journal of Legal Ethics*, Vol. 24, Issue 3 (Summer 2011), p. 764, 765.

③ See James F. Holderman, Charles B. Redfern, Preindictent prosecutorial conduct in the federal system revisited, *Journal of Criminal Law and Criminology*, Vol. 96, Issue 2 (Winter 2006), p. 553.

中这种情况很少见,因为该对象很可能成为将来的刑事被告人,这样做显然是不公平的。

(三) 被调查对象获得律师帮助的权利非常有限

不得自证其罪和获得律师帮助权是美国宪法第五修正案和第六修正案规定的两项特别重要的宪法权利。第五修正案规定:"不得在任何刑事案件中被迫自证其罪。"不得自证其罪特权同样适用于大陪审团程序。美国联邦最高法院早在 1892 年的康塞曼诉希区柯克案(Counselman v. Hitchcock)中就确认了这一点。① 1943 年,在美国诉莫尼亚一案(United States v. Monia)中,联邦最高法院重申了这一观点,认为反对自我归罪的特权条款适用于大陪审团程序,否则该特权将会因为证人(包括被调查对象)回答大陪审团的提问而被永久放弃。"大陪审团调查的是刑事案件,修正案提到了强迫,它并不阻止证人在可能自我归罪的问题上自愿作证。因此,如果他要求特权保护的话,他必须提出主张……"② 因此,在回答大陪审团的提问时,被调查对象可以主张不得自证其罪的特权。

但何时何地主张不得自证其罪的特权,对于被调查对象来说是一项非常艰难的任务。被调查对象不仅可能不清楚什么可使其归罪,也可能不愿在大陪审员和检方占主导地位的会议室中主张特权。因此,被调查对象的另一项宪法特权——律师帮助权,就显得格外重要。律师能够在大陪审团程序中为被调查对象提供专业的法律建议,告知被调查对象在什么情况下该怎样主张或行使不得自证其罪以及其他方面的宪法性权利。律师还能够协助被调查对象向大陪审团提供对其有利的信息。律师出席大陪审团程序同样有助于减轻被调查对象在回答大陪审团提问时的压力和紧张情绪。

在以往的判例中,联邦最高法院一直强调律师的帮助对犯罪嫌疑人、被告人、证人等的宪法特权至关重要。但在大陪审团程序中,被调查对象的律师帮助权仍然受到极大的限制,律师能够发挥的作用非常有限。在 1976 年的美国诉曼杜贾诺(United States v. Mandujano)一案③中,联邦最高法院强调:"作

---

① 142 U. S. 547 (1892).

② See United States v. Monia, 317 U. S. 424, 427 (1943) [citing Counselman, 142 U. S. at 562 (1892)].

③ 该案中,门德被通知向大陪审团作证。在初步陈述后,检察官问门德是否已与律师接触。门德回答他还未与律师接触,因为他没钱请不起律师。检察官作出如下提议:"如果你想要一名律师,他也不能出现在这间房子里。他只能在外面。只要你喜欢,你可自由地与他交谈。现在,如果你想有一名律师在外面可与之交谈,告诉我们。" See 425 U. S. 564 (1976).

为一项宪法权利（指宪法第五修正案规定的不得自证其罪的特权），向大陪审团作证的证人不能要求由其律师代理，也无权要求其律师出席大陪审团会议。"①

当前，在美国的大陪审团程序中，律师帮助主要有三种模式，分别是联邦模式、州模式和夏威夷模式。联邦模式允许被调查对象退出大陪审团会议室与律师交谈，州模式允许被调查对象的律师待在大陪审团会议室内，为其提供指导，夏威夷模式允许大陪审团在整个程序中获得独立律师的指导。

1. 联邦模式

联邦模式适用于联邦层级的大陪审团。在联邦体系，立法没有授权被调查对象的律师出席大陪审团会议，但并不禁止被调查对象在程序中途离开大陪审团会议室与其律师进行交谈。② 这在事实上间接承认了大陪审团程序中被调查对象的部分律师帮助权。关于被调查对象可多久与律师交谈一次，各辖区的做法也有很大的不同。多数联邦法院允许被调查对象在每次提问后与律师交谈，以便及时获得律师的帮助。但也有一些地区比较严格，有的会限制被调查对象与律师交谈的时间，有的则将两者谈话的内容限定在宪法特权的问题上。③

在联邦模式下，大陪审团程序仍然保持着较为浓厚的调查色彩，程序中允许被调查对象寻求律师的意见，但并不允许律师提出异议或其他破坏大陪审团程序连贯性的行为。

2. 州模式

州模式主要是在夏威夷以外的各州大陪审团程序中适用。相比联邦，州模式的律师帮助权更为充分。有超过 12 个州的立法允许被调查对象的律师出席大陪审团会议，并允许其与被调查对象交谈。④ 不过，这样的交谈也不是完全自由的，要受到立法的限制。比如，有些州规定，"律师不可与其当事人之外的任何人联络"，有的州规定，律师"不得提出异议、主张或向大陪审团陈述

---

① See Mandujano, 425 U.S. at 581.

② See Kathryn E. White, WHAT HAVE YOU DONE WITH MY LAWYER: THE GRAND JURY WITNESS'S RIGHT TO CONSULT WITH COUNSEL, *Loyola of Los Angeles Law Review*, Vol. 32, Issue 3（April 1999）, p. 934.

③ See Kathryn E. White, WHAT HAVE YOU DONE WITH MY LAWYER: THE GRAND JURY WITNESS'S RIGHT TO CONSULT WITH COUNSEL, *Loyola of Los Angeles Law Review*, Vol. 32, Issue 3（April 1999）, p. 934.

④ See Kathryn E. White, WHAT HAVE YOU DONE WITH MY LAWYER: THE GRAND JURY WITNESS'S RIGHT TO CONSULT WITH COUNSEL, *Loyola of Los Angeles Law Review*, Vol. 32, Issue 3（April 1999）, p. 935.

意见",还有的州规定,律师不得"以大陪审团的成员听得见的方式交谈"等。① 在州模式下,大陪审团程序中被调查对象的律师帮助权得到了更为充分的保障,律师可以出席大陪审团会议,为被调查对象提供法律上的帮助。

3. 夏威夷模式

夏威夷模式主要适用于美国夏威夷州的大陪审团。与上述两种模式不同的是,夏威夷模式并没有涉及被调查对象的律师帮助问题,而是选择为大陪审团配备独立的律师。早在20世纪70年代,夏威夷就开始为大陪审团配备独立的律师,目的是为大陪审团提供合理的法律建议,从而弱化检察官的影响,强化大陪审团的独立性。②

大陪审团的律师由州首席法官指定,任期1年,职责是为大陪审团在程序中遇到的法律问题提出建议。大陪审团在得到充分、中立的法律意见后,就可以对案件作出客观的判断,以最终决定是否提出起诉。夏威夷模式通过为大陪审团配备独立律师的做法,一定程度上保证了大陪审团的独立性和公正性,客观上也有助于保障被调查对象的合法权益。

在美国,一直以来都有排斥律师参与大陪审团程序的传统,理由是大陪审团程序主要是一个行政程序、调查程序,不可能像审判程序那样有完全的律师介入和帮助。因此,直到现在,大陪审团程序中被调查对象获得律师帮助的权利也非常有限。

(四)调查程序不受证据规则的限制

在美国,刑事诉讼证据的调查、收集和运用都要遵循一套严格的证据规则,如非法证据排除规则、传闻证据规则等。但是,除了"不得自证其罪"等极少数几个特权规则外,联邦大陪审团的证据调查几乎可以不受这些证据规则的约束。在证据调查程序中,大陪审团可以自由听取和采纳传闻证据以及违反宪法第四修正案以不合理搜查扣押方式取得的证据。③

各州的大陪审团程序也是如此。大多数州与联邦的实践相同,对大陪审团程序的证据调查很少施加限制,允许其使用非法搜查、扣押所得的证据,也认

---

① See Michael Vitiello, Clark Kelso, Reform of California's Grand Jury System, *Loyola of Los Angeles Law Review*, Vol. 35, Issue 2 (January 2002), p. 565.

② See Susan W. Brenner, The Voice of the Community: A Case for Grand Jury Independence, *Virginia Journal of Social Policy & the Law*, Vol. 3, Issue 1 (Fall 1995), pp. 190, 198.

③ See Susan W. Brenner, The Voice of the Community: A Case for Grand Jury Independence, *Virginia Journal of Social Policy & the Law*, Vol. 3, Issue 1 (Fall 1995), p. 83.

可传闻证据的效力。① 只有极少数州在大陪审团程序中适用宪法保护条款和证据规则，禁止检察官向大陪审团提交不具有可采性的传闻证据。②

证据规则是刑事诉讼程序的核心，对查明案件真实，保障当事人合法权益具有非常重要的意义。大陪审团程序在证据调查过程不受证据规则的约束，虽然一定程度上提高了大陪审团的工作效率，但同时也损害了其程序的公正性和权威性。

六、美国大陪审团制度面临的挑战

在美国，大陪审团制度，有着深厚的民意基础，也有着辉煌的历史，但繁华过后随之而来的是无尽的评判和指责，如成本高昂、效率低下、过度依赖检察官等。美国的大陪审团没有像英国、加拿大等国的制度一样在质疑声中成为历史，但是依然面临着重重挑战。

（一）大陪审团制度已无往日辉煌

美国的大陪审团制度诞生于殖民地时期，当时在反对英国殖民统治，保护民众的自由、生命和财产等方面发挥了重要的作用，被誉为"自由堡垒"。正因如此，大陪审团制度在美国建国之后被写入联邦及各州宪法，成为一项重要的宪法制度。但如今的美国民众，很少有人了解大陪审团那段光辉的历史，也很少有人知晓大陪审团存在的特殊意义。美国的大陪审团制度再也没有了往日的辉煌，并且有进一步衰落的倾向。

一方面，使用大陪审团的州在逐渐减少。建国之初，美国联邦以及全国50个州都在宪法中确立了大陪审团起诉的制度。但截至目前，除了联邦以外，继续保留大陪审团的州已不足一半。③ 其他各州的大陪审团制度基本上都被废除或被限制，如康涅狄格州和宾夕法尼亚州等。④

另一方面，大陪审团的功能严重萎缩。前已述及，美国大陪审团的职能主要集中在三大块：一是负责审查检察官的起诉建议是否有合理根据；二是对部分犯罪行为进行调查并提出指控；三是对公共事务进行监督。现如今，美国联

---

① See, e.g., Ala. R. Crim. P. 12.8 (f) (1).

② See, e.g., Cal. Penal Code § 939.6 (West 1985); Idaho Code § 19-1105 (1987 & Supp. 1995); La. Code Crim. Proc. Ann. art. 442 (West 1991).

③ 参见王禄生、张昕：《转型中的美国大陪审团制度——由弗格森枪击案谈起》，载《中国党政干部论坛》2015年第1期，第91页。

④ State v. Mitchell, 512 A.2d 140, 144 (Conn. 1986); Commonwealth v. Webster, 337 A.2d 914, 915 (Pa.), cert. denied, 423 U.S. 898 (1975).

邦及各州大陪审团上述职能基本都受到了不同程度的限制。在联邦层级，1946年美国《联邦刑事诉讼规则》通过后，大陪审团监督公共事务的职能被废除。各州的情况更甚，大陪审团提起公诉的职能相继被废除，剩下的调查犯罪和监督公共事务的职能也受到严格的限制。

(二) 大陪审团制度饱受民众质疑

在全球废除大陪审团制度的背景下，美国的大陪审团制度也因为自身存在的一些问题，如成本高、效率低下、独立性不够等，受到国内民众的强烈质疑。这些质疑主要集中在以下几个方面：

1. 成本高

美国大陪审团制度最受诟病就是成本问题。批评大陪审团制度的人士始终认为："无论大陪审团能带来什么利益，其成本支出都过高。"① 在他们看来，政府要为大陪审团提供工作场地，大陪审团工作场所还会产生照明、取暖等费用，政府还要给大陪审员一定的报酬，执法或其他安保官员还要专门为大陪审员提供保护，挑选大陪审员也会产生一定的费用。甚至有观点认为："即使大陪审团的花费并不十分突出，效率低下、严重依赖检察官的大陪审团也不值得任何投入。"② 直到现在，这种观点在美国仍很流行。

2. 效率低下

除了成本高，效力低下也是大陪审团制度受到指责的一个方面。在批评者看来，首先，大陪审团是由普通民众组成的，需要经过严格的挑选程序，耗时巨大。其次，大陪审团成员一般并不熟悉法律，也没有相关的实务经验，需要在检察官的指导下询问证人、调取物证，弄清一个案件的事实和证据问题往往需要花费很长时间。最后，大陪审团是一个集体决策机构，调查结束后还需要进行集体评议，

有时可能难以很快达成多数意见。作为一个起诉机构，大陪审团的工作效率和专业的检察官是无法相比的。

3. 过度依赖检察官

另一个常见的批评，就是大陪审团过度依赖检察官，沦为检察官指控犯罪

---

① See Roger A. Fairfax Jr, Grand Jury Innovation: Toward a Functional Makeover of the Ancient Bulwark of Liberty, *William & Mary Bill of Rights Journal*, Vol. 19, Issue2 (December 2010), p. 341.

② See Roger A. Fairfax Jr, Grand Jury Innovation: Toward a Functional Makeover of the Ancient Bulwark of Liberty, *William & Mary Bill of Rights Journal*, Vol. 19, Issue2 (December 2010), p. 341.

的工具，不能真正代表民意。在美国，流行这样一种说法，"如果有合理根据相信火腿三明治实施了犯罪，大陪审团会对火腿三明治起诉"。① 在批评者看来，"大陪审团就像同意检察官决定的'橡皮图章'一样，在联邦系统，大陪审团拒绝指控的案件不到全部案件的1%"。②

理论上，大陪审团要审查检察官移送的案件是否有合理根据，然后作出起诉或不起诉的决定。但实践中，大陪审团几乎为检察官所左右，沦为检察官指控犯罪的工具。这是因为，第一，根据大陪审团的制度安排，大陪审团只听取检察官的陈述和建议，审查其提交的证据材料，被调查对象无权出席大陪审团会议，更不能向大陪审团提交对自己有利的证据，这样一来，大陪审团成员就更容易听信检察官的建议作出起诉的决定。第二，美国的刑事法律非常复杂，还有很多的判例规则，对于来自普通民众的大陪审员来说，要理解和运用这些规定是非常困难的，他们自然要借助于检察官对法律的解释，对其形成严重的依赖。第三，检察官常常会和大陪审团成员保持着良好的合作关系，这种关系也导致大陪审员在审查检察官移送的案件时，更愿意相信并支持检察官的提议。③

4. 累赘

在大陪审团制度早期，美国实际上还没有专业的检察官，对于犯罪行为，只能由被害人自行提出指控，该指控经大陪审团审查同意后才可以提交法院审判，大陪审团事实上被赋予了指控的决定权。④ 由大陪审团对指控进行审查，有助于防止被害人滥用手中的指控权，同时，由于警察部门不健全，大陪审团还要在查明事实方面发挥实质作用。而在现代刑事司法体系中，美国已经建立了完备的警察和检察体系，大陪审团的上述职能完全可以由专业的警察和检察官来行使。另外，在不使用大陪审团起诉的情况下，预审法官同样也要对重罪案件进行预审，以判断检察官的起诉是否有合理根据。在这种情况下，有批评者就认为，继续让大陪审团承担起诉的职能是多余的，不合时宜的。⑤

---

① United States v. Navarro – Vargas, 408 F. 3d 1184, 1195 (9th Cir. 2005).

② 参见谢小剑：《民众参与公诉权行使评析》，载《法治研究》2008年第10期，第43页。

③ See Susan W. Brenner, The Voice of the Community: A Case for Grand Jury Independence, *Virginia Journal of Social Policy & the Law*, Vol. 3, Issue 1 (Fall 1995), p. 73.

④ See Roger A. Fairfax. Jr, Delegation of the Criminal Prosecution Function to Private Actors, *U. C. Davis Law Review*, Vol. 43, Issue 2 (December 2009), pp. 411, 422, 423.

⑤ See Roger A. Fairfax. Jr, Delegation of the Criminal Prosecution Function to Private Actors, *U. C. Davis Law Review*, Vol. 43, Issue 2 (December 2009), p. 429.

(三) 大陪审团制度的历史传统正在改变

大陪审团制度自17世纪初由英国传入北美大陆，历经数百年。其间，该制度逐步形成了自己独特的历史传统，如秘密性、非对抗性等，这些传统至今仍在大陪审团程序运行中发挥着重要作用。但是随着时代的发展，一直被视为大陪审团历史传统的这两个特征都在发生改变。

1. "秘密性"在松动

秘密性一直是大陪审团制度最为重要的历史传统。在美国，大陪审团会议都是秘密进行的，不向社会公开，参与程序的大陪审员、检察官、检察官助手以及其他工作人员等都不得泄露大陪审团的工作内容，违者将会被判处藐视法庭罪。

秘密性对维护大陪审团的运行具有十分重要的意义。但是，大陪审团工作内容保密也就意味着整个大陪审团程序是完全脱离外界监督的，这无形中为检察官和大陪审员滥用权力提供了巨大的空间，民众对大陪审团决定的合法性也因此产生质疑。近年来，很多美国学者呼吁改革大陪审团制度，认为透明的大陪审团程序才能确保司法的公平和正义。美国著名学者约翰·吉博（John Gibeaut）提到，"虽然大陪审团会依靠保密性来有效运作，但该保密性也意味着包括律师在内的美国人，很少能真正知道在那扇紧闭的门内到底发生了什么"。[1]

2011年9月，美国《爱国者法案》颁布实施，改变了大陪审团长期以来的"保密"传统，将国家安全作为大陪审团保密原则新的例外。根据《爱国者法案》的相关规定，允许大陪审团将包括"外国情报或反间谍情报……或外国情报资料"在内的信息，向联邦执法官员、情报人员、移民局官员、国防部官员或国家安全官员披露。[2] 该法案不仅改变了大陪审团保密的传统，还删去了之前要求检察官将其所披露的信息告知法院且限制检察官运用该信息的规定。实际上，《爱国者法案》中"外国情报资料"等用语已经非常宽泛，可能会进一步动摇大陪审团程序的保密性。

《爱国者法案》的规定能在多大程度上削弱"被尊崇和保护了数个世纪"的大陪审团保密性传统，现在还无从判断，但可以确定的是，大陪审团的保密性传统正在松动。

---

[1] See Anna Offit, ETHICAL GUIDANCE FOR A GRANDER JURY, Georgetown Journal of Legal Ethics, Vol. 24, Issue 3 (Summer 2011), p. 767.

[2] See Sarah Sun Beale, James E. Feldman, Enlisting and Deploying Federal Grand Juries in the War on Terrorism, in GRAND JURY 2.0, Carolina: Academic Press, 2011, p. 8.

2. "调查性"在弱化

大陪审团一直以来被视为调查程序,程序是"调查性"的。在大陪审团程序中,大陪审团只听取检察官的陈述和建议,调查检察官提交的证据,被调查对象不仅不会被告知其被调查对象的身份,而且不能出席大陪审团会议室,更无权向大陪审团提交对自己有利的证据。这种充满调查色彩的、非对抗性的程序设计非常不利于被调查对象的权利保障,也损害了大陪审团程序自身的公正性。

因此,要求改变大陪审团制度调查传统的呼声一直都很强烈。1978年、1985年、1987年,美国国会相继进行了多次大陪审团改革的尝试。如被调查对象有权获得律师帮助、检察官要提交对被调查对象有利的证据、检察官要告知证人他们是否为被调查对象、所调查犯罪的性质,以及调查所适用的法律,等等。[1] 虽然上述议案提出的改革内容最终都没能顺利通过,但是立法关于进一步强化大陪审团程序对抗性的倾向已经十分明显。在美国各州,立法要求检察官向大陪审团提交对被调查对象有利和不利的全部证据。如加利福尼亚州,该州1997年通过一项法案,要求检察官在大陪审团程序中,将其掌握的对被调查对象有利的证据提交给大陪审团。[2] 此外,由美国律师协会制定的《伦理实践指南》《职业行为规范准则》和《刑事司法标准》等行业规范也要求检察官向大陪审员提交"实质证据",不能"故意地不向大陪审团披露那些明显对被调查对象有利的证据"。[3]

种种迹象表明,美国大陪审团的"调查性"传统正在弱化,被调查对象的权利保障有所加强。可以预见,在不久的将来,大陪审团程序的对抗性还会进一步增强。在过去的几个世纪里,大陪审团制度历经风雨,世界上最初使用大陪审团的国家,如英国、澳大利亚、加拿大等,都相继废除了本国的大陪审团制度。美国是目前世界上唯一尚在使用大陪审团的国家,有其深刻的历史传统和文化背景。大陪审团制度在美国虽遭遇重重挑战,但可以相信,其作为"自由的堡垒"、世界的"灯塔",还是会持续存在下去。

---

[1] See Kathryn E. White, WHAT HAVE YOU DONE WITH MY LAWYER: THE GRAND JURY WITNESS'S RIGHT TO CONSULT WITH COUNSEL, *Loyola of Los Angeles Law Review*, Vol. 32, Issue 3 (April 1999), p. 920.

[2] See Anna Offit, ETHICAL GUIDANCE FOR A GRANDER JURY, *Georgetown Journal of Legal Ethics*, Vol. 24, Issue 3 (Summer 2011), p. 765.

[3] See Anna Offit, ETHICAL GUIDANCE FOR A GRANDER JURY, *Georgetown Journal of Legal Ethics*, Vol. 24, Issue 3 (Summer 2011), p. 763.

第六章　日本检察审查会制度的沿革与改革

> **本章摘要**：日本检察审查会制度是1945年借鉴美国大陪审团制度创制的，防止检察官滥用不起诉裁量权的民众参与司法制度。在长期的司法实践中，该制度都未能取得预期效果。因此，日本在2004年修法时赋予了检察审查会决议的拘束力，新设了指定辩护律师制度和审查辅助员制度。新法至2017年底8年的实施情况来看，改革效果逐步显现，积累了一套可复制、可推广的制度性经验。但是，新制度也同样衍生出证明标准不统一、审查过程不公开、证据开示不充分、权利救济不到位等新问题。我国人民监督员制度是以日本检察审查会为蓝本创制的，可以借鉴日本经验，其改革方向应当是：回归监督起诉裁量权的有限功能、强化人民监督员的决议效力、完善人民监督员的审查程序、改革人民监督员的选任管理方式、加快人民监督员制度的立法步伐。

日本检察审查会的主要职责是对检察官的不起诉决定是否得当进行审查，对检察厅的事务改进提出建议或者劝告。从1948年到2000年，检察审查会对监督检察官的不起诉裁量权，实现检察民主发挥了一定作用。但是，更为突出的问题是：（1）检察审查会的决议始终没有法律拘束力，未能形成有效监督。[①]（2）民众参与司法的积极性不高，未能形成实质参与。

在此背景下，日本法务省以司法改革为契机，重新审视了检察审查会的功能，并提出"在认可检察官起诉独占和追诉裁量权的同时……为了直接反应民意，应当赋予检察审查会决议的法律拘束力"。[②] 至此，检察审查会制度的新一轮修订工作全面铺开。

[①] ［日］篠仓满：《日本的检察审查会和美国的大陪审团》，载《法学家》1973年第544号。

[②] 最高人民检察院法律政策研究室：《支撑日本21世纪的司法制度——日本司法制度改革审议会意见书》，中国检察出版社2003年版，第43页。

第六章 日本检察审查会制度的沿革与改革

然而,新制度自实施以来8年多①的运行效果如何,不能仅停留在观望或者单纯的理论考察,应当对其实施情况进行跟踪分析,以形成全面、客观、理性的制度认识。同时,我国正在推行和进行新一轮改革的人民监督员制度,被学界认为是以日本检察审查会为"蓝本",二者是"最接近的制度"。② 因此,对日本检察审查会改革的研究,可以为我国人民监督员制度的发展提供域外的借鉴样本。

一、日本检察审查会制度的历史沿革

检察审查会作为日本特色的外部监督机制,其产生与发展可分为两个时间场域,即复杂而多变的立法过程和艰难而曲折的发展过程。

(一)检察审查会制度的立法经过(1945.10—1948.7)

日本检察审查会的立法经过可分为被动接受、主动探索、理性借鉴三个阶段。

在被动接受阶段(1945.10—1947.7),以盟军司令部(GHQ)的政策为引导,要求日本采用大陪审团制度。1945年10月,GHQ对日本当局发出了保障人权与自由的"五大改革指令"。指令的第四项要求:"停止对国民秘密审问的滥用,撤销使国民遭受恐怖的机关。"③ 在此原则指导下,GHQ针对日本检察体制改革提出:"应当实行检察官公选制度和大陪审团制度。"④ 至此,大陪审团开始进入日本司法当局的视野,是检察审查会制度产生的直接诱因。

在主动探索阶段(1947.7—1948.3),以日本司法当局的强烈反对为标志,最终选择了一条符合日本国情的中间道路。1947年7月,针对GHQ的主张,铃木义男法务大臣如此回应:"大陪审团的引进还为时过早。"⑤ 但是,日本立法委员会在拒绝大陪审团的同时,也在积极寻找更加符合本国司法规律的解决方案。1947年7月18日,木内曾益委员提出:"对于不起诉的公正担保

---

① 日本《检察审查会法》于2004年5月21日被通过,但是由于此次修法规模较大以及为了与同时颁布的裁判员制度保持法实施的统一,于2009年5月21日才正式实施。因此,下文将以2004年5月以前、2004年5月以及2009年5月为切入点,分别对改革前的修法情况、实施情况,2004年改革的内容,正式实施后的情况以及最近动向进行梳理。

② 陈卫东:《人民监督员制度的困境与出路》,载《政法论坛》2012年第4期。

③ [日]江藤淳编:《占领史录(下)》,讲谈社1995年版,第117页。

④ [日]最高法院事务总局刑事局:《检察审查会50年史》,法曹会1998年版,第13—14页。

⑤ [日]出口雄一:《检察审查会法制定的经过》,载《法社会学》2010年第72号。

问题,应当设立委员会,但委员会尽量是少数。如果委员会决定起诉的话,可以由检察官提起公诉。"① 这一主张,无疑奠定了检察审查会的基本走向,只是当时还没有将公诉权让渡到其他替代主体。

在理性借鉴阶段(1948.3—1948.7),以大陪审团的内容为参照,建立了一项日本特色的检察民主制度。1948年3月30日,在众议院第2次会议中,铃木义男法务大臣对制定《检察审查会法》(以下简称《检审法》)的宗旨以及理由进行了说明。同时,这次会议重点讨论了检察审查会决议的拘束力问题。当时的日本改革者认为:"起诉与不起诉的决定由检察长作出,最终责任由检察长承担,如果盲目遵从检察审查会的决议,会导致责任的不对称。"②但是,日本并非全面否决大陪审团,在具体制度的设计上又吸收了大陪审团的合理因素。如,检察审查会的职权独立,机构设立于法院,审查过程不公开,表决采用多数制等。在此基础上,日本《检审法》于1948年7月5日被正式通过。

(二)检察审查会制度的实施过程(1948.7—2004.5)

从1948年到2004年以前,日本《检审法》共历经9次小规模的修订(详见表1)。从修订内容来看,主要集中在任职条件、选任程序、术语变更等具体细节问题,制度体系并无变化。但是,从实施情况来看,却历经了跌宕起伏的发展历程。具体而言,可分为以下三个时期:

在第一个时期(1948—1965),实施效果不明显,但有趋好之势。在1955年之前,检察审查会的工作正处在试运行阶段,实施效果并不理想。如1949年检察审查会的案件受理量只有367件,以至于部分学者产生了"废止论"的观点。③ 1955年到1965年,日本最高法院开始积极作为,加大了制度宣传、人员保障、经费投入,案件的年均受理量上升到1600件左右,制度开始步入新的发展阶段。

在第二个时期(1965—1985),实施效果明显改善,案件年均受理量约2200件左右。在这段时期,日本最高法院向法务省提出了许多有利于制度实施的措施。如,提高审查员的年龄,延长审查员的任期,改善证据调查的方法等。④ 虽然这些措施未被法务省全面接受,但是对制度的推广具有重要意义。

---

① [日]片山直之:《有关检察审查会决议的法律拘束力》,载《龙谷大学大学院法学研究》,2006年第8号。
② [日]越田崇夫:《检察审查会制度的概要与课题》,载《参考》2012年第2号。
③ [日]辻辰三郎:《检察审查会有必要吗?》,载《时的法令》1953年第144号。
④ [日]三井诚:《检察审查会的现状与课题》,载《法律时报》1978年第9号。

如，各地成立的检察审查会协会，将定期在特定地点进行宣传、召开会议，制度的推广方向开始由官方走向民众。

在第三个时期（1985—2004.5），实施效果一度不容乐观，但有回升之势。从 1985 年到 2000 年，检察审查会的案件年均受理量只有 1482 件，[①] 竟低于 1955 年到 1965 年的水平。究其原因，主要表现在两个方面。一是检察审查会决定起诉的案件被判无罪，民众对其审查能力产生了强烈质疑。二是检察审查会的决议没有法律强制力，民众对其监督功能逐渐失去信心。但是，自 2001 年司法改革文本重申检察审查会的功能之后，案件的年均受理量再次回升到 2300 件左右，制度重焕生机，开启了新一轮发展的序幕。

表 1 检察审查会制度的修改历程（1948 年—2004 年以前）[②]

时间	修改条文	具体内容	依据
1965 年 3 月 31 日	第 6 条第 6 号	删除法院书记员	法律第 27 号
1966 年 6 月 1 日	第 10 条第 1 款	刊登改为注册	法律第 77 号
1966 年 7 月 1 日	第 6 条第 6 号	执行吏改为执行官	法律第 111 号
1971 年 4 月 6 日	第 29 条、第 39 条	改为有关刑事诉讼费用等法律	法律第 42 号
	第 40 条	改为检察官适格审查会	
1973 年 4 月 12 日	第 13 条第 2 款	在星期日和前日后增加内容[③]	法律第 10 号
1988 年 12 月 13 日	第 13 条第 2 款	关于日前一词的解释[④]	法律第 93 号
1999 年 7 月 16 日	第 45 条之 3	新增市町村法定受托范围[⑤]	法律第 87 号

[①] 但是，1993 年检察审查会受理了 41515 件，但驳回申请 31467 件，此属于特殊情况，不具有直接参考性。

[②] 表 1 内容来源于日本法库网：http：//www.houko.com/00/01/S23/147.HTM，最后访问日期：2018 年 1 月 30 日。

[③] 在 13 条第 2 款中的"星期日"之下增加"或者有关国家规定放假的法律"，在"前日"之下增加"当该前日为星期日或者国家规定的休息日时，调整为前前日"。

[④] 将 13 条第 2 款改为"前款列举的日期是检察审查会的休息日时，此处的日前不是检察审查会休息日最近的一天，必须根据第 1 款规定进行抽签决定"。

[⑤] 新增第 45 条之 3："第 10 条到 12 条规定的市町村处理的事务指的是，地方自治法第 2 条第 9 款第 1 号所规定的法定受托事务"。

续表

时间	修改条文	具体内容	依据
1999年12月8日	第5条	修改任职排除事由①	法律第151号
	第7条第3号	修改任职除斥事由②	
2000年5月19日	第2条第2款	扩大被害人的申请主体③	法律第74号
	第30条	文字调整为第2条的用语④	
	第38条之2	新增申请人可提出意见书、资料	

二、检察审查会制度新一轮改革的内容

日本《检审法》共11章、48条。新一轮（2004年）改革主要集中在起诉决议制度、审查辅助员制度、指定辩护律师制度，稍加修改了审查会议制度、检察审查员的任职条件、薪酬待遇和罚则程序。除上述改革内容外，检察审查会的特点在于：设立于中立司法机关（法院）且有常设机构；职权独立且不受被监督者控制；采用随机抽选且实行交替任期制；选任程序规范且衔接性强；⑤ 审查程序不公开且采用表决制。基于此认识，下文将重点介绍2004年改革的三大制度。

（一）起诉决议制度

起诉决议制度又称强制起诉制度，是指检察审查会对于检察官的不起诉案件认为起诉适当（第一次决议），而检察官在受到该起诉适当的决议后仍坚持不起诉或者在3个月内未提起公诉（检察官再处理），检察审查会再次作出起

---

① 第5条修改为："根据学校教育法的规定，没有完成义务教育的人。但是，完成义务教育的人或者有同等学历以上的人，不受此限。"

② 第7条第3号修改为："检察审查员是犯罪嫌疑人或者被害人的法定代理人、监护监督人、保佐人、保佐监督人、辅助人或者辅助监督人时。"

③ 将第2条第2款的"被害人的申请"改为"被害人（死亡时，其配偶、直系血亲或者兄弟姐妹）的申请"。

④ 将第30条"告诉者或者告发者、请求应当受理案件的请求者、被害人"改为"第2条第2款列举的人，'申请'与'但是'的汉字体改为日文假名的书写形式"。

⑤ 《检审法》第13条第1款规定："检察审查会事务局长必须以抽签方式在每年12月28日之前从第1分群候补检察审查员中各选5名，3月31日之前从第2分群候补检察审查员中各选6名，6月30日之前从第3分群候补检察审查员中各选5名，9月30日之前从第4分群候补检察审查员中各选6名检察审查员及补充员。"

诉适当的决议时（第二次决议），就必须通知地方法院指定辩护律师①代为提起公诉的制度。具体而言，有以下几个构成要件：

第一，针对的是不起诉案件。检察审查会可依职权也可依申请，就检察官的不起诉决定有无遗漏和错误，运用适当的方法②，从公民的立场进行审查。但是，检察官前后两次不起诉的理由相同则必须依职权启动审查（第41条之8）。

第二，决议必须是起诉适当。检察审查会的决议共三种，分别为不起诉适当、不起诉不适当以及起诉适当。对于不起诉适当，说明检察官的不起诉处分正确，可称之为"肯定性决议"。对于不起诉不适当和起诉适当，说明检察官的不起诉处分不正确，是一种批评性建议，可称之为"否定性决议"，但只有起诉适当决议才会重新侦查并进入第二阶段的审查。

第三，必须8人（共11人）以上多数通过。检察审查会表决时必须全体出席，否则不能进行表决。无论是检察审查会第一次决议还是再次决议起诉适当，都必须多数通过（第35条第2款）。

第四，实施严格的二次审查。第二阶段的审查必须委托审查辅助员（第一阶段是可以委托），必须给予检察官参加会议、陈述意见的机会（第一阶段为可以请求）。

当然，除以上必备要件和程序外，该制度还有两大特点。一是，检察官具有有限悔过权。检察官在前3个月内未作出决定的，如果在检察审查会决议前，检察官又重新作出决定并将该决定送达检察审查会时，检察审查会应当优先审查该决定。二是，决议书副本必须送达公布。③ 有关该制度的具体流程，详见图1。

---

① 由于"指定辩护律师"的职能是代替检察官行使公诉权，所以下文称为"公诉律师"。对于"指定辩护律师制度"，不仅包括指定之后代为行使公诉权，还包括之前的系列指定程序，因此遵照日文原文。

② 主要包括五种方法，①照会各国家机关和公私团体就必要事项予以说明（第36条）；②传唤申请人、证人及犯罪嫌疑人。证人若无故缺席，可以申请地方法院强制出席；若仍不出席，可处以十万日元以下罚款（第43条）；③就专门事项请求专家提供意见（第38条）；④委托审查辅助员就相关法律问题提供意见（第39条之2）；⑤前往犯罪现场，直接调查案件实况。

③ 《检审法》第40条规定："检察审查会需将理由附在决议书副本并送达指挥监督该检察官的检察长和检察官适格审查会。若是告诉者、告发者及被害人（死亡时其亲属）提起申请的，还需通知给上述申请人员，并于7日内在规定的场所公布该结果。"第41条之9第2项规定："检察审查会除将决议书副本送达给第一阶段的人员外，还须送达给该检察审查会所在地的管辖法院，认为有必要时，还可以送达案件犯罪地或者犯罪嫌疑人的住所地或者现在地的管辖法院。"

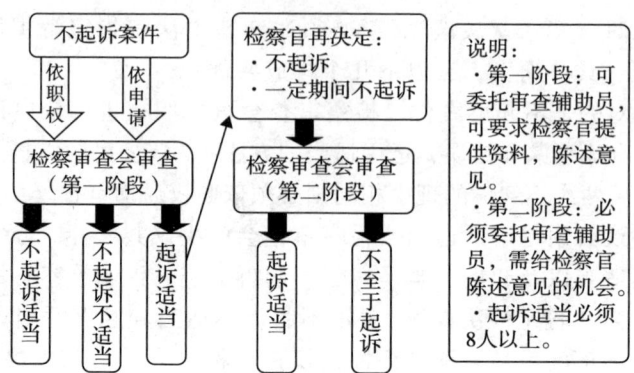

图 1　起诉决议制度流程图

（二）审查辅助员制度

审查辅助员制度,是为了调和民意的非理性与非专业性,保证审查结果的客观、公正而设立的制度。2004 年修法新增该制度,主要是针对重大复杂和社会关注度高的案件,以保证审查员站在朴素公民的处罚情感上,能够慎重地作出决定。就其内容来说,可分为以下四个方面:

首先,在选任范围上,审查辅助员需从律师中选出且每案只能委托一人(第 39 条之 2 第 2 款),必须是在律师协会登记 3 年或者有 7 年以上工作经验,且参加培训的人。

其次,在职务范围上,审查辅助员只能从事与案件有关的法律工作。即,(1)就该案件相关法律及法律解释进行说明;(2)整理该案件事实和法律上的问题,并整理与该问题相关的证据;(3)就该案件的审查,从法律立场提出必要的建议;(4)辅助制作决议书(第 39 条之 2 第 3 款、第 4 款)。

再次,在履职规范上,审查辅助员必须接受检察审查会会长的指挥监督。在行使以上职责时,必须致力于公诉权的行使能够反映民意这一根本要求,不能有妨碍检察审查员自主判断的言行(第 39 条之 2 第 5 款)。

最后,在退出机制上,检察审查会认为没有必要委托或者继续履职不当时,可以解除对审查辅助员的委托(第 39 条之 3)。在薪酬保障上,审查辅助员的薪酬由法律规定,并根据政令①支付差旅费、津贴和住宿费。审查辅助员的薪酬分为完成工作、完成工作 1 小时以内、参加工作但未审查三个支付等级,每年分别在 3 万日元、1.5 万日元以及 7000 日元上下波动。

---

① 政令指的是 1948 年 11 月 29 日日本内阁颁布的《检察审查会法施行令》(法令第 354 号),共 30 条,其中第 7 条、第 14 条已被删除。

(三) 指定辩护律师制度

指定辩护律师（公诉律师）制度是指在检察审查会第二次作出起诉适当的决议时，地方法院就必须指定辩护律师代替检察官行使公诉权。该制度实际上是公诉人放弃公诉时，法院强制起诉形成的特殊制度，是由律师担当公诉人的角色，以保证外观公正和程序正当。

就其内容来说，主要有以下五个方面：

第一，在推荐条件上，具有严格执业限制。如东京的律师协会要求，公诉律师必须是记载于候补审查辅助员名单，且有 7 年以上法律工作经验的律师和年轻律师共同组成。①

第二，在职权范围上，公诉律师的职责是代替检察官行使公诉权，履职期间属于拟制的公务人员，具有检察官的一般职权，但是对检察事务官及司法警察的侦查指挥必须取得检察官的许可，且必须服从检察审查会会长的指挥监督。

第三，在履职程序上，就检察审查会认为需要强制起诉的案件，公诉律师应当迅速提起公诉。但是，当存在三种法定事由时，② 地方法院应当迅速取消指定，并通知检察审查会。

第四，在退出机制上，提起公诉前，法院认为公诉律师履职不适合（提起公诉时为不适当）或者有其他特别事由时，可随时取消指定。但是，存在法律规定的不起诉事由时，公诉律师应当主动向法院申请取消指定。法院发现任何不起诉事由时，也可依职权随时取消指定。取消指定必须通知检察审查会，已提起公诉的案件还需重新指定公诉律师（第 41 条之 11）。

第五，在薪酬保障上，公诉律师的薪酬由政令规定，现行公诉律师的薪酬标准为 50 万日元至 350 万日元。

三、检察审查会制度新一轮改革的积极效果

检察审查会制度新一轮改革的重点和特色表现为上文的三大新制度。为进

---

① ［日］吉田繁实：《检察审查会改革和东京三会的应对态势》，载《日本前沿》2009 年第 84 号。

② 《检审法》第 41 条之 10 第 1 款第 2 项规定的三种例外情形分别是：①犯罪嫌疑人死亡或者其法人不存在时；②该案已经提起公诉正在法院审理时、已有确定判决时（刑事诉讼法第 329 条及第 338 条的判决除外）、刑罚被废止或者被大赦时；③以强制起诉后产生的事由而提起公诉的案件，并且符合《刑事诉讼法》第 337 条第 4 号或者第 338 条第 1 号或者 338 条第 4 号的规定时。

一步了解上述制度，下文将介绍起诉决议制度实施后检察审查会的案件受理状况、案件处理状况，检察官的事后处理状况以及检察审查会的二次处理状况。同时，试图介绍审查辅助员制度和指定辩护律师制度的推荐情况、案件委托情况以及履职情况。此外，为了后文话题的有效开展与衔接，也会对相关实施情况表明的问题一并提出。

（一）起诉决议制度实施状况

1. 检察审查会的案件受理状况

当检察机关作出不起诉决定后（表2），除特殊犯罪外①，具备申请资格的主体都可将不服理由以书面形式向检察审查会提出。对于部分重大危害公共利益或者没有告发主体的案件，检察审查会也可主动启动审查。因此，检察审查会受理的案件包括两部分，即依申请受理与依职权受理。从改革前后检察审查会的案件受理情况（表3）来看，主要呈现以下两点变化。

（1）案件受理量稳中上升，民众申请审查的积极性不断提高

从表2来看，无论是改革前还是改革后，检察机关的不起诉案件都占据主导地位。改革后，虽然公诉案件整体少于改革前，但不起诉案件的占比却持续扩大。这充分反映出日本检察官在坚持有罪高度的证明标准时，会有大量案件选择不起诉，且主要集中在裁量不起诉。因此，在公诉垄断与起诉便宜的追诉模式下，在"精密司法"与"检察一体"的工作方式下，极有必要对检察官的不起诉裁量权进行监督，以防止权力滥用。因此，检察审查会针对不起诉案件进行审查，不仅在1948年时具有急迫性，在当下看来（不起诉案件占比扩大）这种急迫性更加明显。这直接说明了新一轮改革的方向是正确的。

从表3来看，单纯以数据来论，似乎改革前的案件受理量高于改革后。但是，从检察官不起诉案件的占比来看，改革后的情况好于改革前，不仅占比增加，还呈现出较为稳定的发展态势。这反映出，改革后日本国民申请审查的积极性提高，对自我权益、社会公益的保护更加重视。民众从原来过分相信"上面的人"逐渐过渡到相信社会团体的监督。民众更愿将存在争议的案件诉诸检察审查会，增加了司法救济的渠道，有利于民众更加理解司法。

（2）审查全覆盖意识有待提高，依职权审查大有作为

改革前后，检察审查会依职权启动审查的占比从8.7%下降到1.7%。这说明检察审查会还未能树立起不起诉案件审查全覆盖的意识。这一结果，虽然

---

① 《检察审查会法》第30条"但书"规定："裁判所法第16条第4号规定的案件（刑法第77条至79条有关内乱罪的规定）以及违反禁止私人垄断和确保公平交易规定的犯罪，不限于此。"

在新制度的运行初期是可接受的,但是从未来发展而言,检察审查会只有更加积极主动,才可能让民众申请的热情得以延续,才能让更多存在争议、有失公允的案件得到妥善解决。特别是那些没有提起申请但又存在重大犯罪嫌疑的案件,检察审查会要敢于代表民意向强大的公诉权说"不"。

表2 改革前后检察官起诉、不起诉案件年均情况(2001—2016)①

改革前起诉、不起诉案件年均情况 (2001—2008)			改革后起诉、不起诉案件年均情况 (2009—2016)		
起 诉 (848395)	提起公诉	136865	起 诉 (437877)	提起公诉	98516
	略式命令②	711530		略式命令	339361
不起诉 (1008888)	裁量不诉	940895	不起诉 (828997)	裁量不诉	758126
	其 他	67993		其 他	70870

表3 改革前后检察审查会案件受理情况(1948—2016)③

年份＼项目	依申请	依职权	总计
1948—2009	140354 (91.3%)	13402 (8.7%)	153756 (占不起案件2.28‰)
2009—2016	17356 (98.3%)	305 (1.7%)	17661 (占不起案件2.66‰)

2. 检察审查会的案件处理状况

检察审查会在受理案件之后,就须迅速审查。审查顺序原则上由案件顺序决定。在开始审查前,检察审查会会长需对检察审查员是否有履职的除斥事

---

① 由于2009年正式实施前有近60年的时间,此处只抽样选取了2001到2008年的数据。同时,由于日本法务省对于上年度的数据要在下年度年底公布,因此截至论文写成前下文所有数据只能更新到2016年。表3数据详见日本法务省历年《犯罪白皮书》,载ht-tp://www.moj.go.jp/housouken/houso_hakusho2.html,最后访问日期:2018年2月2日。

② 略式命令程序是日本简易程序的一种,是指法院根据检察官的请求,对于有权管辖的案件(50万日元以下),在公审程序进行之前,以简易命令的方式判处一定的罚金或罚款时所适用的程序。

③ 表2数据详见日本最高法院网站,载http://www.courts.go.jp/kensin/index.html,最后访问日期:2018年2月2日。

由，是否需要委托审查辅助员，是否需要检察官陈述意见等前置性情况作出安排（审查中也可以）。审查时，所有审查事务都由检察审查会独立行使，审查过程、评议过程一律不公开。如果在审查过程中发生其他情况，还可以作出审查中止、驳回申请和移送管辖的决定。审查后，检察审查会视情况作出相应决议。从改革前后检察审查会的案件处理状况（表4）来看，主要有以下三点变化：

（1）不起诉适当的案件处理情况彰显检察官不起诉决定更加谨慎

从定向思维出发，检察审查会的各项机能强化后，肯定性决议应当减少，否定性决议应当增多。这从单向的权力抑制关系而言，具有一定的合理性。但是，检察审查会的监督目的是促使检察官正确行使公诉权，而非多次或者全面否定检察官的不起诉决定。不起诉适当的案件从55.8%上升到80%，恰恰说明了检察官的不起诉决定更加客观，决定的作出会更多地考虑当事人以及检察审查会的反应与感受。检察审查会的监督效果开始渗入检察实务，反向提高了办案质量。

（2）审查中止等其他案件的处理情况反映民众规范、有序参与司法

检察审查会受理案件后，需要对被受理的案件进行初步审查。对于不符合管辖规定或者没有管辖权的案件应当移送管辖。对于申请理由不正当或者不充分的应当驳回申请。对于申请人死亡、宣告失踪或者有其他情形的应当中止审查。中止审查等其他案件由32.9%下降到14.3%，说明了民众申请审查的有效性大为提高，提出的要求更加合理，申请的形式更加规范，参与司法的有序性不断增强。当然，这与检察审查会的审查程序不断完善，制度宣传更加到位不无关系，有利于构建新型良性的"民审关系"，提高制度的可信度，拓宽制度的广泛性。

（3）否定性决议明显下降，凸显理性的同时更应关注民众心声

从改革前后的数据来看，改革前否定性决议的占比为10.7%，改革后为5.3%。这体现了检察审查会的判断更加慎重，更加注重对犯罪嫌疑人人身利益、社会地位的保护，在没有充足理由或者法定证据时，不会轻易做出否定性评价。即使存在案件事实不清或者证据不足的情况，一般也以不起诉不适当的决议居多，起诉适当的决议较少。但是，这进一步反映出当朴素的民意得不到期待结果时，检察审查会应以何种姿态面对社会质疑，尤其是涉及性犯罪等重大、敏感案件时，检察审查会如何向社会澄清事实是未来值得深入的方向。

表4 检察审查会改革前后案件处理情况（1948—2016）①

年份\项目	已处理					未处理
	应当起诉	不起诉不适当	不起诉适当	其他案件	合计	
1948—2009	1365	14965	85419（55.8%）	50397（32.9%）	153136	683件
2009—2016	54	923	14106（80%）	2515（14.3%）	17598	

3. 检察官的事后处理状况

当案件经过检察审查会第一次处理后，不同决议也就对应不同的事后处理机制。检察官在受到决议通知后，对于肯定性决议，再无其他程序性措施。对于否定性决议，需要仔细斟酌检察审查会的决议理由，必要时需重新侦查，补充新的证据，再做决定。检察官的决定可分为重新起诉、继续维持不起诉以及不做出决定。但是，3个月内不做出决定会被视为与之前作出了相同决定。从改革前②后（表5）检察官事后处理的情况来看，可知以下两点变化：

（1）检察官事后处理积极主动，决议得到充分尊重

改革前检察审查会的决议只是参考性意见，精英化、等级化、官僚化的检察官很难重视检察审查会作出的决议。但是，新法实施后检察官事后处理的案件整体多于改革前。这说明外部监督的强化倒逼了检察官决议处理的方式，不再是搁置一旁或者敷衍了事，决议书的内容得到了较为明显的尊重。

（2）检察官维持不起诉的信心足，证据不足不起诉是主流

检察审查会的建立是基于检察官行使公诉权的信任危机，为了保障公诉权的行使不脱离民众的法感情，以实现司法的可接受性。从改革后的情况来看，检察官维持不起诉的案件远高于重新起诉。单纯从数据来论，检察审查会的改革效果似乎不尽如人意。但是，检察审查会的作用只是监督或者制约检察官的不起诉裁量权。如果检察官提高了办案质量，绝大部分案件敢于维持不起诉，这恰好说明了检察审查会的监督效果正在显现，检察官对案件的把控更加到

---

① 表4数据来源于日本最高法院网站，载 https：//www.courts.go.jp/kensin/index.html，最后访问日期：2018年1月31日。
② 改革前的数据详见山中理司律师对日本最高法院总务局的整理，载 https：//media.toriaez.jp/m0567/711070406276.pdf，最后访问日期：2018年1月31日。

位，再次彰显了检察官不起诉决定的客观和谨慎。

此外，证据不足不起诉的案件处理量远多于裁量不起诉，但起诉率明显低于裁量不起诉。从表2的数据可知，检察官初次作出的主要是裁量不起诉，但是事后处理时发生了变化，对证据不足不起诉的把握更大。究其原因，主要是证据不足不起诉原本就达不到起诉条件，而裁量不起诉本来就具备诉讼条件，只是出于刑事政策的考量，对犯罪嫌疑人暂时不予处分。但是，刑事政策过于模糊化，具有"极其妥当""一般妥当""无法判断""有些许疑问""有重大疑问"等阶段，[1] 检察官只能做出择一的判断，因此起诉的风险更高。

不过，值得注意的是，在证据不足不起诉中年均仍有14.3%的案件被再次起诉。这说明检察官对部分模棱两可的案件，在受到检察审查会的决议后，会积极地进行再次侦查或者指挥司法警察补充侦查。这也衍生出，大部分需要起诉的案件或者检察官认为有可能起诉的案件其实在这一阶段就即告终结，这也是后续强制起诉案件过少的原因之一。

表5　改革后检察官对否定性决议的事后处理情况（2009—2016）[2]

年份	已采取措施的案件总数				裁量不起诉			证据不足不起诉		
	总数	起诉	维持不起诉	起诉率	起诉	维持不起诉	起诉率	起诉	维持不起诉	起诉率
2009	140	36	104	25.7%	18	22	45.0%	18	81	18.2%
2010	159	28	131	17.6%	16	45	26.2%	12	80	13.0%
2011	122	21	101	17.2%	6	19	24.0%	14	72	16.3%
2012	106	20	86	18.9%	10	13	43.5%	9	57	13.6%
2013	122	16	106	13.1%	4	30	11.8%	12	56	17.6%
2014	114	14	100	12.3%	7	18	28.0%	7	70	9.1%
2015	121	20	101	16.5%	7	9	43.8%	13	90	12.6%
2016	66	13	53	19.7%	—	—	—	—	—	—
平均数	119	21	98	17.6%	10	22	25.5%	12	72	14.3%

---

[1] ［日］西野喜一：《检察审查会中强制起诉的问题点》，载《法政理论》2014年第2号。
[2] 表5数据来源于日本《法务年鉴》和山中理司律师对日本最高法院事务总局刑事局的整理。但是，《法务年鉴》只公布总数，没有裁量不起诉和证据不足不起诉的具体数据，山中律师的统计也只更新到2015年。

4. 检察审查会的二次决议状况

检察审查会在第一次作出起诉适当的决议后,若检察官继续作出不起诉的决定,当该决定的书面通知到达检察审查会时,检察审查会须再次进行复议。如果作出不至于起诉的决议,等于支持了检察官的决定,案件不再起诉。如果作出起诉适当的决议,就须通知地方法院指定辩护律师强制起诉。从检察审查会二次决议的处理情况(表6)、案件统计情况(表7)[①] 来看,主要有以下两大特征。

(1) 强制起诉的案件偏少,在发挥有效作用的同时衍生了诸多新课题

从表6来看,2009年到2016年,只有14件二次决议的案件被强制起诉,年平均不到2件。这反映出在现有诉讼体制下,在审查程序的多次过滤下,只有极少的数案件才存在强制起诉的可能。但是,这也进一步反映出,强制起诉的作用究竟是预防功能还是起诉功能抑或二者的结合。如果强制起诉,那么在证明标准以及应诉程序上应当如何开展,它是遵循检察官的既有追诉模式还是自成一套,这些都是崭新的课题,既没有域外经验,也没有先例可循,是日本司法当局应当深入研究和改革的方向。同时,也是我们借鉴时应当预先看到的问题。

(2) 强制起诉的无罪率提高,有利于推动庭审实质化

从表7可知,在已决案件中只有2件被判有罪,有罪率仅22.2%。单纯就数据来看,强制起诉无罪率远高于一般公诉案件(1%),这反映出改革后的起诉效果并不理想。但是,无罪率能否反映公正,这不是一个应然性的问题。如学者统计,德国的无罪率为19%,俄罗斯为25%,[②] 这并不当然得出检察官的指控就失去意义。更重要的是,在审判中心主义的背景下,将案件的判断权交由法庭决定,反而打破了传统司法(检察官司法)[③] 认知,推动了庭审的公开化和实质化。因此,不能因为无罪率提高就简单否定检察审查会的功能与价值。

[①] 表6数据来源于日本法务省网站,表7数据来源于日本维基百科和各大新闻报道。
[②] 陈永生:《冤案为何难以获得救济》,载《政法论坛》2017年第1期。
[③] [日]三井诚:《刑事程序法Ⅱ》,有斐阁2003年版,第20页。

表6 改革后检察审查会第二阶段案件处理状况（2009—2016）

项目 年份	开始	已处理		未处理
		强制起诉	不至于强制起诉	
2009	5	0	1	4
2010	4	6	1	1
2011	5	3	2	1
2012	6	1	5	1
2013	0	1	0	0
2014	1	0	1	0
2015	3	3	0	0
2016	1	0	0	1
总数	25	14	10	1

表7 改革后检察审查会强制起诉案件情况（2009—2016）

案件	罪名	理由	案发时间	裁判时间	判决结果
明石花火大会步道桥事故	业务上过失致死伤罪	证据不足	2001/7/21	2016/7/12	免诉
JR福知山线脱轨事件	业务上过失致死伤罪	证据不足	2005/4/25	2017/6/12	无罪
冲绳县原始股欺诈事件	诈骗罪	证据不足	2002/12	2014/3/17	无罪/免诉
陆山会事件	违反政治资金规制法	证据不足	2009/11	2012/11/12	无罪
中国渔船冲撞事件	公务执行妨害罪等	裁量不起诉	2010/9/7	2012/6/7	撤诉
德岛石井町长暴行事件	暴行罪	裁量不起诉	2009/7/9	2014/2/12（上告中）	有罪
鹿儿岛女高中生准强奸事件	准强奸罪	证据不足	2006/12/9	2014/12/11	无罪
长野柔道事故	业务上过失伤害罪	证据不足	2008/5	2014/4/30	有罪
福岛核泄漏事件	业务上过失致死伤罪	证据不足	2011/3/11	2017/6/30（一审中）	无罪

（二）审查辅助员制度实施状况

1. 案件委托状况

根据日本律师协会的统计，2009 年到 2016 年，共有 24 个律师协会受到检察审查会的委托，28 个律师协会没有受到任何委托。从地域分布来看，东北、关东、近畿、九州等地委托次数较多，北海道、中部、中国、四国等地委托次数较少。各地案件委托情况详见表 8。

基于上述情况可知：一是，新制度的推行日见成效，实践地区的经验为未推行地区提供了范式。改革后审查辅助员制度已在近一半地区得到适用，八大地区都有委托先例，为检察审查会的法律判断提供了有益见解，为全国范围的工作开展输送了前期经验。二是，新制度还存在不平衡不充分的现象。审查辅助员的适用情况还存在明显的地域差。比如，爱知县这样的大型律师协会都无一委托邀请。

表 8 改革后日本各地审查辅助员的委托情况（2009—2016）[①]

地区	受到委托（24）	未受到委托（28）
北海道	钏路	札幌、函馆、旭川
东北	岩手、仙台、秋田、福岛	青森、山形
关东	东京三会、神奈川、埼玉、茨城	栃木、群马、千叶
中部	长野、富山	新泻、金泽、福井、山梨、岐阜、静冈、爱知
近畿	滋贺、兵库、大阪	三重、奈良、和歌山、京都
中国	岛根、山口	鸟取、冈山、广岛
四国	德岛	香川、爱媛、高知
九州	福冈、宫崎、熊本、鹿儿岛、冲绳	佐贺、长崎、大分

2. 履职状况

以赤松范夫律师的履职经过来说[②]（集资诈骗案），案件审查主要分为第

[①] 参见日本全国律师协会 2016 年 9 月 15 日向法务省提出的《检察审查会制度的运用改善及制度改革的请求意见书》第 12 页。

[②] ［日］赤松范夫：《从审查辅助员的经验来思考今后的发展》，载《自由与正义》2016 年第 12 期。

一次审查会议、正式的审查会议、最后表决三个阶段。第一次审查会议主要分为两个方面：一是阅卷并查找相关案例；二是简要发表自我观点并听取检察审查员的意见和要求。在正式的审查会议，首先要介绍相关判例与本案的关系，再提出全面、系统的法律意见，最后对检察审查员提出的相关法律问题进行解释。在决议阶段，审查辅助员只做观点陈述，没有表决权，主要是辅助制作决议书。① 整个过程都需接受检察审查会会长的指挥监督。

就履职经验来说，赤松范夫、叶吕芳子、山下幸夫等人都认为审查辅助员的参与有利于优化检察审查会的判断，以确保决议的合法性与合理性。但是，站在发展的立场，他们也提出：一是阅卷时间无法保证；二是一人审查，案件质量无法保证；三是发表观点与妨碍检察审查员自主判断的界限不明等问题。

从上述评论来说，虽只是个人经验，但也反映出审查辅助员都会秉承职业精神，履职情况颇具成效。尤其是福冈、仙台等地的检察审查会事务局与当地律师协会建立了良好的信赖关系，候补审查辅助员的人数不断增多。② 但是，日本律师协会针对实践中的问题也提出，被害人代理人可以提出委托要求，以及将委托人数增加到2人以上的观点。

（三）指定辩护律师制度实施状况

1. 推荐及委托状况

从推荐程序而言，地方法院在受到检察审查会的通知后，必须向所在地的律师协会发出指定邀请。从东京律师协会的做法来看，③ 律师协会会长收到地方法院的指定通知后，必须从候补人员中选出适当的律师，并通过刑辩委员会、专职副会长和会长的层层把关。

从委托情况而言，9起强制起诉案件都指定了两名以上的公诉律师。组成队伍相对合理，至少由一名7年以上执业经验的律师和年轻律师共同组成。如福岛核泄漏事件，东京地方法院在2015年8月和9月共指定了5位公诉律师，其中石田省三郎律师曾担任过日本前首相田中角荣的辩护人。

可以说，部分地区已经形成了较为规范的公诉律师推荐程序，并且委托的

---

① ［日］赤松范夫：《从审查辅助员的经验来思考今后的发展》，载《自由与正义》2016年第12期。

② ［日］山下幸夫、神洋明：《检察审查会制度改革后的运用状况和律师应当发挥的角色》，载《自由与正义》2016年第12期。

③ 东京律师协会于2009年4月9日制定的《关于推荐候补审查辅助员及候补公诉律师的规则》第7条第3项规定："会长在受到候补审查辅助员及候补公诉律师的推荐委托时，原则上需从候补者名单中，通过合理的方法选择适当的律师会员。"

公诉律师都是当地最优质的诉讼队伍。但是，日本全国律师协会还未出台统一的推荐规则，未能形成全国范围的指导。

表9　强制起诉案件指定辩护律师情况（2009—2016）①

案件	指定人数	案件	指定人数
明石步道桥事故	3人	德岛石井町长暴行事件	3人
JR福知山线脱轨事件	4人	鹿儿岛女高中生准强奸事件	3人
冲绳原始股欺诈事件	3人	长野柔道事故	2人
陆山会事件	3人	福岛核泄漏事件	5人
中国渔船冲撞事件	2人		

2. 履职状况

以典型的明石步道桥踩踏案件来说，安源浩等人②（该案的公诉律师）历经了侦查、一审、控诉、上告等全部刑事诉讼阶段。下文重点介绍侦查和审判阶段的履职情况。

在侦查阶段，主要处理好四件事。

一是处理好与媒体的关系。由于被强制起诉的都是重大、敏感案件，社会关注度高，容易引起媒体的采访与报道。在本案中，公诉律师实行定期会见记者，并在庭前会议阶段、审判阶段结束时接受了记者的采访。这是主动回应社会关切、自觉接受媒体监督的重要举措，有利于促进司法公开与透明。

二是处理好与检察厅的关系。首先，要求检察厅准备独立的办公室，并配备履职所需的办公用品。其次，在检察厅的协助下查阅案卷材料，查看重要的视听资料、电子数据。最后，要求检察厅配备检察事务官。在本案中，神户地方检察厅起初没有配备检察事务官，在公诉律师的强烈要求下，于起诉前计划总务课指定了1名检察事务官，起诉后公判部指定了2名检察事务官，但都不是常驻检察事务官。

三是进行补充侦查。公诉律师在查阅相关证据和卷宗后，会对相关疑点进行补充侦查。补充侦查主要围绕案件发生时的客观证据、证人证言以及法律适用等问题而展开。但是，安源浩等人在调查证人证言时对方不愿提供询问笔

---

① 表9数据来源于检察审查会工作组2013年3月发布的《为了检察审查会审查辅助员、指定辩护律师的指南（2013版）》和朝日新闻等媒体杂志的报道。

② ［日］安源浩等：《强制起诉案件指定辩护律师的事务经验（从公诉律师的立场）》，载《自由与正义》2016年第12期。

录，委托专家制作的法律意见书也得不到检察厅的费用支持，直到该意见被法院采纳后检察厅才补交给公诉律师。

四是制作起诉书。公诉律师在查明案件事实和固定相关证据后，必须及时制作起诉书。

在审判阶段，主要把握好两道程序关。

第一道程序是召开庭前会议。本案中公诉律师主要围绕证据开示、证据请求、传唤证人等焦点问题而展开。公诉律师对辩护人进行了任意、全面的证据开示，传唤了 19 名证人，许可被害人等 8 名相关人员参加了庭前会议。

第二道程序是开庭审理。本案中主要围绕被害人出庭陈述、证据调查、被害人参加等问题而展开。公诉律师与被害人及其家属进行了多次意见交换，与辩护人进行了证据和法律适用问题的充分辩论。

从以上做法和日本全国律师协会的反馈情况来看，公诉律师的履职程序比检察官更加灵活，引进了许多有利于查明真相，化解纠纷的新机制，更加注重证据调查与开示，庭审更趋实质化。但是，他们也指出：一是未能直接行使侦查权或者指挥侦查权；二是没有专门的培训机制和业务指导；三是相关新做法还未能得到检察机关的充分认可；四是相关配套措施未能机制化，对公诉律师的尊重和保障还未能达到检察官的程度等问题。

四、检察审查会制度新一轮改革的问题及展望

新一轮改革在取得成功的同时也不可避免地存在相应问题。在上文提及的诸多问题中，以强制起诉所引发的问题最为突出，已经上升到人权保障的高度。因为强制起诉制度从检察官的不起诉决定到检察审查会的二次决议，涵盖了所有程序、所有主体，因此其改革是牵一发而动全身的。而另外两大制度作为强制起诉的配套措施，虽然也存在审查辅助员人数过少，公诉律师履职保障不到位等问题，但是，相比这些可调整的程序性、事务性措施，强制起诉所引发的三大问题更值得重视。

（一）强制起诉证明标准的问题

证明标准，是指法律规定的证明责任主体运用证据对待证事实加以证明所要达到的要求或程度。[①] 日本检察实务奉行高度有罪的确信标准，有罪率达 99.9%。但是，随着当事人主义理念的不断深入，日本学界认为应当降低检察

---

① 陈光中主编：《证据法学》，法律出版社 2011 年版，第 352 页。

官的证明标准,将法庭审理作为被告人事实认定和证据调查的最终场所。① 在此学术倡导下,学者认为审查权与检察权具有本质区别,在强制起诉案件中应当适当降低公诉律师的证明标准,这也是破除"检察官司法"的重要契机。② 大出良知教授也指出:"起诉门槛(hurdle)下降,将案件置于公开、透明的法庭,由法庭来决定被告人是否有罪,这是贯彻无罪推定理念与审判中心主义的应有之义。"③

以上观点,从审查权、检察权、审判权三者间的相互关系指出了降低证明标准的必要性。审查权作为一种外部监督权限,原则上没有检察权的职能。但是,新法赋予检察审查会的强制起诉权后,也就意味着公诉垄断的局面被打破。强制起诉不等于公诉律师对检察官诉讼职能的简单替换,它的特殊性在于最终结论是听取了检察官、审查辅助员以及当事人的意见后作出的集体表决。作为普通公民与法律专家共同协作的结果,④ 这是检察官行使公诉权时所不具备的条件,当然在证明标准上就会有所区别。这也是缓解日本司法过度依赖自白的重要方式。

(二)审查公开与证据开示的问题

检察审查会会议不公开进行,包括过程的不公开和结果的不公开。其中评议过程是绝对不公开,决议结果是相对不公开。现行法上作出如此安排,主要是考虑到审查员的言论保障和人身安全。但是,审查不公开的话也会招致不必要的社会责难,存在着更大的权力风险。社会大众总会不由自主地担心审查员是否存在履职不适当或者不合法的情形。同时,也会追问审查辅助员是如何解释法律问题,是否存在妨碍检察审查员自主判断的言行。基于此,学术界对审查不公开的问题提出了新观点。

学者认为,检察审查会如何认定事实、评议证据、得出结论是保证其审查公正的前提。如果检察审查会任意进行证据评价,既无调查也无公开,就极有可能使"民意审查"成为"暴力统治"的工具,监督检察权的功能就会彻底

---

① [日]平野龙一:《刑事诉讼法五十年——初步的总结》,载《现代刑事法》1995年第1号。
② [日]新屋达之:《正式修订后的检察审查会》,载《法律时报》2010年第11号。
③ 产经新闻:《强制起诉6年,一直被搁置的问题》,载 http://www.sankei.com/premium/news/150505/prm1505050022-n1.html,最后访问日期:2018年2月2日。
④ [日]田口守一:《刑事诉讼法(第六版)》,弘文堂2012年版,第172页。

丧失。因此，在确保检察审查员充分表达的同时也需增强审查公开的力度。①还有学者提出，审查前检察审查会可以在规定场所公开审查的时间、地点、案由及简要事实。审查中可以广泛听取被害人和犯罪嫌疑人的意见。审查后还可以在不违背公开原则和保密要求的前提下，公开必要的决议结果。② 以上观点站在信息公开的立场，指出了审查公开的必要性和可行性，有力地回应了"谁来监督监督者"的无限逻辑循环，那就是用公开来促公正，用透明来保廉洁。

此外，对于证据开示的问题，日本全国律师协会认为应当坚持全面开示的原则。其理由是，公诉律师作为独立的第三方主体与检察官提起公诉不同，它不是检察一体原则下的公诉重复。必要时，可在征求律师协会及检察审查会的意见后予以公开。③ 实践中，安源浩律师也介绍了明石步道桥事故的开示先例和开示力度。确实，如果公诉律师能够开示证据，那么对于被告人的有效防御具有重要意义。一是能够明确追诉一方攻击证据的内容，可以进行弹劾等防御准备（被动的防御开示）。二是能够明确被告人一方有利证据的存在和有利内容的知悉，可以进行反证（主动的防御开示）。④ 因此，证据开示作为日本司法改革的重要议题，对被告人的权利保障和打造庭审实质化具有积极意义，是未来值得深入的话题。

（三）被告人权利救济的问题

根据上文表7的统计可知，强制起诉被判无罪的现象较为突出，但是《检审法》没有规定相应救济性措施。加之，检察审查会的机构性质存在争议，因此未能启动国家赔偿程序。这就导致无罪之人遭受了不应有的精神负担和经济负担，对被告人及其家庭都是毁灭性的打击，显然背离了司法的内在价值和目标。

酒卷匡教授认为："从法律的角度来看，如果检察审查会的强制起诉明显错误，那么被起诉者请求国家赔偿是理所当然之事。"⑤ 但是，日本最高法院

---

① ［日］新屋达之：《检察审查会的光与影——怎样确立司法的民主化》，载《世界》2010年第12号。
② ［日］春日勉：《嫌疑不充分和强制起诉——起诉决议展现的"市民性"和"起诉的基准"》，载《神户学院法学》2012年第3·4号。
③ 参见日本全国律师协会2016年9月15日向法务省提出的《检察审查会制度的运用改善及制度改革的请求意见书》第7页。
④ ［日］大泽裕：《证据开示制度》，载《法律时报》2014年第9号。
⑤ ［日］酒卷匡：《公诉的提起（1）》，载《法学教室》2011年第317号。

的基本观点是:"所有强制起诉的案件属于在宅起诉(不逮捕),没有对被告人采取身体上的强制措施,强制起诉本身没有违法性,不符合刑事赔偿的具体要件,因此不能请求国家赔偿。"①当然,日本最高法院的解释符合法律规范,也符合实践做法,但是没有从根本上解决如何救济的问题。

鉴于此,日本全国律师协会提出了保障犯罪嫌疑人防御权的观点。即,保证犯罪嫌疑人有充分的辨明权、意见陈述权和辩护人选任权。② 希望通过中间机制来阻却后续无罪案件的发生或者尽可能地减少犯罪嫌疑人、被告人的不满。这种观点或许是不错的解决办法,但不是长久之计。因为无罪案件的发生具有不可控性,完备的程序只能发挥缓解之效,最终还需回归到被追诉人的人权保障问题。

以上问题作为新一轮改革几个关键性的争议点,关乎制度的未来运行情况,也关乎民众参与司法的积极性、主动性。尽管检察审查会拥有强制起诉权之后,民众申请审查的案件不断增多,检察官作出不起诉决定也更为客观,积累了一套可运行、可推广的制度性经验。但是,改革的初期效果能否转化为更大的"司法势能"或者不只是昙花一现,还需认真厘清以上问题。

(四) 新一轮改革的展望

从检察审查会的功能以及职责来说,未来应当降低证明标准,加大公开力度,完善救济程序。主要理由是,检察审查会的强制起诉权其实是一把双刃剑,在规范和抑制公诉权的同时,也展现出自我把控的不到位。在外部监督实质性强化后,民众迫切关注决议的内容、过程,希望所作决议是慎之又慎的结果。当然,民众也会更加关注检察审查员以及审查辅助员是如何履职,如何解释问题以及发表观点的。因为一旦强制起诉,对被告人来说是极为不利的,因此只有公开才能保证被告人以及社会大众能够最大程度地接受该结果。也只有这样,才能保证"民众参与司法""民众理解司法""民众信赖司法"的改革目标不沦为一句口号,最大程度地展现制度的民主性。

同时,当被告人被宣告无罪后,根据司法恢复性理念,应当及时、有效地修复被破坏的社会关系。被告人应当最大可能的得到救济,这种救济不仅包含国家赔偿,也应当包含有力度、有温度的社会救济,如恢复名誉权等。只有这样,一项民主或者反映检察民主的外部监督机制才会展现其无与伦比的制度优

---

① [日] 长尾英彦:《检察审查会起诉决议的争论方法》,载《中京法学》2013年第3·4号。

② 参见日本全国律师协会2016年9月15日向法务省提出的《检察审查会制度的运用改善及制度改革的请求意见书》第10页。

势，否则其生命力将会消散殆尽，民众将与其渐行渐远。

一言以蔽之，日本检察审查会的未来走向应当是：牢牢牵住"公诉权的行使能够反映民意"的牛鼻子，以强制起诉制度的不断细化为依托，从而促使其他制度的体系性完善。

五、对我国人民监督员制度改革的启示

由于我国人民监督员制度和日本检察审查会制度在功能目标上存在相似性，也都处在改革或正需改革的特殊时期，因此有加以比较的必要。对比来看，二者的差异可分为以下四个方面：

第一，监督对象不同。检察审查会监督的是检察机关的不起诉案件，针对的是公诉权。人民监督员监督的是检察机关侦办的职务犯罪案件，重点在侦查权。

第二，性质不同。如前所述，检察审查会被认为是一种准司法机构，其机构设置于法院内部，费用列入法院预算，事务官由法院任命，虽不是司法机关，但可以认为是准司法机关。更加类似于美国的大陪审团。而我国人民监督员性质不明，从其运行情况来看，经历了由检察机关自己邀请（2003）、少数地区试点由同级人大常委选任管理（2006）、由司法局选任（2014）三个阶段。[①] 现在，人民监督员由司法局进行选任和管理，2016年7月5日实施的《人民监督员选任管理办法》确认其性质是"检察权行使的外部监督制约机制"，但其常设机构人民监督员办公室仍然设置于检察院，没有被认为是准司法机构，其性质是由政府管理的人民监督机构。

第三，职权范围不同。检察审查会在审查过程中可以照会各国家单位，可以要求证人出席会议，可以进行补充侦查，有一定阅卷权、询问权以及侦查权。对于把握不准以及无力履行的职责也可以聘请专家辅助人，可以要求地方律师协会提供审查辅助员，强制起诉的案件还可以要求指定辩护律师代为提起公诉。但是，人民监督员没有实质的阅卷权，更无侦查权，在具体工作中也没有引进辅助审查机制。

第四，决议效力不同。检察审查会两次作出起诉适当的案件，应当强制起诉，具有法律拘束力。人民监督员的决定只是参考性意见。

通过以上四个方面的比较，我们可以清楚地看到两大制度的本质差别。虽

[①] 实施情况参见高一飞：《人民监督员制度改革研究》，载《南京师大学报》2009年第4期，第36—44页；高一飞、苗海丽：《人民监督员制度试点的观察与反思》，载《四川理工学院学报》2016年第3期，第1—18页。

然域外经验不一定完全适合我国的法治土壤，但是将其作为参考对象是改革者应有的姿态。习近平总书记也指出："进行文明相互学习借鉴，要坚持从本国本民族实际出发，坚持取长补短、择善而从，讲求兼收并蓄。"① 作为体现外部监督、保证检察权公正行使的人民监督员制度，它与日本检察审查会制度在功能地位与价值追求上具有高度一致性。因此，借鉴并吸收好日本检察审查会制度的经验，可以为身处改革深水区的人民监督员制度提供有益参考。具体而言，人民监督员制度可以作以下方面的改革：

（一）回归监督起诉裁量权的主要功能

人民监督员制度产生的初衷是为了解决检察机关职务犯罪案件自侦、自捕、自诉的不合理格局。但是，在职务犯罪案件的侦查权与起诉权分离后，人民监督员监督检察机关"自己监督自己侦查的案件"的大前提已经发生转变。因此，在国家机构职能体系不断专业化、精细化的同时，对人民监督员制度进行调整也是顺理成章的事。

从北京、浙江、山西三个监察体制试点地区的改革情况来看，并未对人民监督员制度作出制度化、体系化的规范指引。绝大部分地区仍旧践行的是全面深化阶段时的各项规范要求，人民监督员的改革并未同步于监察体制和检察体制改革。即使出现改革动向的北京市人民检察院也是将原"人民监督工作办公室"改为"检察联络部"，监督职能已经转变为负责联络特约检察员、人大代表、政协委员等群体。② 究其原因，主要是反贪反渎部门转隶后，人民监督员应该如何监督的问题还未形成共识，改革的思路还未统一。

不过，针对人民监督员制度何去何从的问题，有学者提出了三种解决方案。一是并入维持模式，即并入监察委，监督监察委侦办的职务犯罪案件；二是并入扩大模式，即并入监察委，监督监察委所有办案行为；三是维持调整模式，即监督检察机关其他案件。③ 以上方式各具优劣，但是从制度设计的初衷来说，人民监督员的监督客体应当是检察权的行使。

具体而言，党的十八届四中全会提出："完善人民监督员制度，重点监督

---

① 习近平：《习近平在纪念孔子诞辰2565周年国际学术研讨会暨国际儒学联合会第五届会员大会开幕会上的讲话》（2014年9月24日），载《人民日报》2014年9月25日，第2版。

② 王玄玮：《国家监察体制改革和检察机关的发展》，载《人民法治》2017年第2期，第50页。

③ 秦前红：《国家监察委员会制度试点改革中的两个问题》，载《四川师范大学学报（人文社科版）》2017年第3期，第16页。

检察机关查办职务犯罪的立案、羁押、扣押冻结财物、起诉等环节的执法活动。"2017年8月28日，第十二届全国人大常委会审议了《人民检察院组织法（修订草案）》，其中第29条新增："人民监督员依照法律规定对人民检察院办理的刑事案件实行监督。"因此，无论是监察制度改革前党对人民监督员的定位还是新时期改革者对人民监督员的重新认识，其监督检察机关执法活动这个前提是确定的。当然，随着国家职能体系的变迁，人民监督员应当在监督的范围上作出适度调整。

从日本改革的经验来说，人民监督员应当回归监督起诉裁量权的主要功能，将检察机关职务犯罪的起诉活动作为监督重点，以保证公诉权的正确行使。并且，除重点监督职务犯罪起诉活动外，对于重大刑事案件以及公益诉讼案件也可作为今后监督的方向。① 但是，对于监督监察委员会的主张，从侦查权的秘密性、专业性、高效性的特征以及监察委员会权力运行的特殊性来说，这既不符合侦查规律，也不具有现实可能性，应当通过检察专业监督（或司法审查）来实现权力对权力的有效制约。

（二）完善人民监督员的审查程序

人民监督员制度的程序主要分为，启动程序、案情介绍程序、审查程序和处理程序。从2019年《规定》来看，没有提及评议结果及答复结果如何公开，评议结果完全封闭，这对评议结果的质量以及制度运行的透明度都是极大地损伤。

因此，根据日本检察审查会的改革经验，可以在以下三个方面做出努力。一是强化人民监督员的审查权限。人民监督员不应限于检察机关的处理意见、主要证据目录、相关法律规定等书面过滤材料，应当赋予其阅卷权、询问权，赋予当事人意见陈述权，不单纯听取控诉方的意见，以做到兼听则明。二是强化人民监督员的审查能力。人民监督员人数较少，法律专业知识不足，在面对重大复杂案件时很难把控，引进专家（律师）协助制度可提高人民监督员的判断能力，提高审查质量。三是适当公开评议结果。特别是评议的人员构成、案件主要事实、评议的理由、评议的结果以及答复情况应当在在规定场所予以公布。当然，可以建立统一的门户公开网站。

---

① 对于普通刑事案件是否需要监督的问题学者已有争论，主流观点认为应当监督，只是条件尚未成熟。但是，公益诉讼案件和重大刑事案件的监督在当下确有必要。一方面，这些案件的性质决定了人民监督员介入的必要性。另一方面日本强制起诉制度的实践经验证实这些案件是高发领域，争议最大、民众最为关心。因此，有必要在这些案件上放开口子，适当扩大监督范围。

（三）改革人民监督员的选任管理方式

2016年7月5日施行的《人民监督员选任管理办法》（以下简称《办法》）对人民监督员的选任条件、选任方式、回避事由及台账建设等方面作出了新规定。总体而言，《办法》的选人条件更加宽泛，选任主体逐渐外部化，管理程序也更为科学。但是，渐进式的局部改革仍旧存在自荐比例过低（第10条第1款、第11条第2款）①、选任条件过高（第8条第1款）②、任期过长（第6条第1款）③ 的问题。而且，实践中，虽然司法行政机关对人民监督员的选任会有填表、初选、面谈、考察等多道程序性控制，着重对候选人的背景进行考察，对其是否理智、公正以及解决实际问题的能力关注不够。④ 这都说明了当前的制度规范和选任管理方式都存在较大问题。

针对上述情况以及日本改革经验，人民监督员制度可以在以下三个方面做出努力。一是形成以"自荐为主、推荐为辅"的选任模式，更加注重随机抽选的工作方式。笔者早在8年前就提出，"自荐为主、推荐为辅"的方式符合中国公民参与公共事务的习惯，自荐也体现了代表的广泛性，只是自荐之后不能再由被监督者来筛选。⑤ 二是选任条件更大程度地体现民主与参与。如，可以将"23周岁"改为"有选举权的公民"，并适当增加履职的回避条件和禁止性条件。三是任期缩短，提高参与度，保证新鲜血液融入。如可以将"任期5年，连任两届"改为"每年改选三分之一，不得连任"。

（四）加快完善人民监督员制度的立法步伐

人民监督员制度该不该立法，该如何立法，立法的依据是什么，这是社会各界争论已久的话题。从争论结果来看，包括学者在内的人大代表和政协委员

---

① 《人民监督员选任管理办法》第10条第1款："司法行政机关应当发布人民监督员选任公告，接受公民自荐报名，商请有关单位和组织推荐人员报名参加人民监督员选任。"第11条第2款："人民监督员人选中具有公务员或者事业单位在编工作人员身份的人员，一般不超过选任名额的50%。"

② 《人民监督员选任管理办法》第8条第1款："拥护中华人民共和国宪法、品行良好、公道正派、身体健康的年满23周岁的中国公民，可以担任人民监督员。人民监督员应当具有高中以上文化学历。"

③ 《人民监督员选任管理办法》第6条第1款："人民监督员每届任期五年，连续担任人民监督员不超过两届。"

④ 高一飞、苗海丽：《人民监督员制度试点的观察与反思》，载《四川理工学院学报（社会科学版）》2016年第3期，第18页。

⑤ 高一飞：《人民监督员制度改革研究》，载《南京师大学报（社会科学版）》2009年第4期，第36页。

都认为人民监督员立法具有宪法依据、理论基础和现实可行性。

从之前的立法建议来看可分为四种模式：一是直接制定《人民监督员法》；二是直接纳入刑事诉讼法；三是直接纳入人民检察院组织法；① 四是修改相关法律，再出台实施细则或者司法解释。② 2018年修订的《人民检察院组织法》第27条规定："人民监督员依照规定对人民检察院的办案活动实行监督。"这从立法上确立了人民监督员监督检察机关的主体地位，但是，仅仅这24个字的规定内容过于简要，还需要通过立法对监督范围、监督效力、监督方式等具体内容予以进一步明确。

我国人民监督员制度和日本检察审查会制度都是特定历史改革下的产物，为检察权的健全行使和人民有序参与司法创造了条件，发挥了功效。当然，我们更应认识到司法制度的调试、优化必然面临许多阻力与坎坷，想要实现广大民众争先恐后地去参与司法活动③，两国都还有很长的路要走。我们既要超越历史也要不断适应新形式、新要求。只有这样，才能将制度优势转化为治理效能，创造出更多反映人民期待和司法规律的改革成果。而在这个过程中，中日两国可以互学互鉴。

正如习近平总书记所言："对人类创造的有益的理论观点和学术成果，我们应该吸收借鉴，但不能把一种理论观点和学术成果当成'唯一准则'……对国外的理论、概念、话语、方法，要有分析、有鉴别，适用的就拿来用，不适用的就不要生搬硬套。"④ 人民监督员是我们"学习外来"即以日本检察审查会为蓝本改造的结果，今天还需要尊重中国文化，在"不忘本来"的基础上"面向未来"，学习他国经验，去改革和发展人民监督员制度，以实现人民监督员制度的创造性转化，创新性发展。

---

① 高一飞：《人民监督员制度改革研究》，载《南京师大学报（社会科学版）》2009年第4期，第36页。

② 周永年：《人民监督员制度法制化的法理基础及模式选择》，载《政治与法律》2006年第5期，第101页。

③ 陈卫东、孙皓：《人民监督员制度运行调研报告》，载《国家检察官学院学报》2011年第5期，第80页。

④ 习近平：《习近平谈治国理政》（第二卷），外文出版社2017年版，第340—341页。

第七章　英国皇家检察审查会的产生与运行

> 本章摘要：1996年，英国皇家检察署在其内部设立检察审查会，其目的是通过监督和评估皇家检察署的职权行使，并提供建议，来提高皇家检察署的工作质量。2000年，检察审查会成为一个独立的监督机构。皇家检察审查会也于1999年将审查团队重组为3个审查小组，分别负责英格兰北部、英格兰中部及威尔士、英格兰南部地区。每个小组配备4名法律审查员、2名案件审查员和1名业务管理审查员。2001年，皇家检察审查会共遴选了19名非专业审查员，其中4名来自少数民族。2006年，皇家检察审查会审查小组已经由原来的3个缩减为2个，分别负责英格兰北部地区、威尔士及英格兰南部地区。皇家检察审查会的功能有三个：分区域审查公诉案件、发布专题评论、提交年度报告。皇家检察审查会的审查方式不断变化，程序和结果具有公开性，监督具有建议性和宏观性。中国人民监督员制度在监督内容的广泛性和监督意见的宏观性特征，与英国皇家检察审查会非常相似，在以后的改革中可以适当借鉴英国皇家检察审查会。

世界上很多国家设立了专门机构以防范检察机关的公权力滥用。在美国，设立了大陪审团以制约起诉裁量权防止侵犯人权[1]；在日本，设立了检察审查会[2]以防止不当不起诉。以上两种制度已经有大量的中文论著进行了介绍。

其实，类似的制度还有英国的检察审查会（Crown prosecution service Inspectorate），其设立的目的是对英国皇家检察署进行监督。从这个词的英文翻译来看，当然也可以直译为"皇家检察署监察局"，不过，要准确把握其在中文中的含义，还是翻译成"皇家检察审查会"比较好，理由有两点：一是这一组

---

[1] 高一飞著：《上帝的声音：陪审团法理》，中国民主法制出版社2016年版，第211页。

[2] 高一飞、尹治湘：《日本检察审查会制度改革及其对我国的借鉴意义》，载《中国应用法学》2018年第4期，第153—173页。

织从 1999 年起，其成员是社会人士，因此其并非检察署内部机构，监察局一词在中文语境里是一个官方机构，而"某某会"往往是中文语境中对社会机构的称法，用"检察审查会"可以使其名副其实；二是中国学术界对日本的类似机构翻译成检察审查会，我们确定的上述中文译法容易被人接受和理解。

英国皇家检察署成立于 1986 年，检察审查会组织成立于 1996 年，至今正好 24 年，但在中国仍然没有论著对这一重要制度进行介绍，为此，本书将对英国检察审查会成立的情况和 24 年来的发展状况进行介绍和分析，以期为我国正在实施的检察机关自身监督制度和人民监督员制度提供域外参考。

一、皇家检察审查会的产生与发展

1985 年，英国颁布了《犯罪起诉法》，授权在英格兰和威尔士地区设立皇家检察署。次年，皇家检察署成立。皇家检察署共划分为 31 个区域，每个区由区检察主任负责，每个区设立若干独立的分支机构。每一机构负责处理在治安法院的起诉，分支机构的人员包括皇家检察官（又称皇家检察署律师），以及无法律资格的行政人员和一般辅助人员，[1] 31 个区皇家检察署由首席检察长领导并通过向总检察长报告工作而对议会负责。[2] 至此，大部分刑事案件的起诉权由警察移交给皇家检察署。

1996 年，皇家检察署在内部设立皇家检察审查会，其目的是通过审查皇家检察署，来评估其工作质量，并提供改进建议。在当时，并没有法律授权设立皇家检察审查会，皇家检察审查会只是皇家检察署的内部监督机构。因此，审查会主席及其工作人员也都来自皇家检察署，皇家检察审查会要对皇家检察署检察长负责。[3] 皇家检察审查会最开始主要是审查皇家检察署对案件作出的法律决定[4]，体现的是内部监督。

为了进一步提高皇家检察署的效率，增强社会公众对公共服务的信心，1997 年，伊恩·格莱德维尔爵士受英国政府委托对皇家检察署进行审查。1998 年 6 月，时任总检察长约翰·莫里斯向议会提交了《皇家检察署的审查》

---

[1] ［英］约翰·斯普莱克：《英国刑事诉讼程序》，徐美君、杨立涛译，中国人民大学出版社 2006 年版，第 79 页。

[2] 李启欣：《当代英国检察制度》，载《外国法制史研究》1990 年卷，第 190 页。

[3] Crown prosecution service Inspectorate Bill ［H. L］, Deb 30 November 1999, https://api.parliament.uk/historic-hansard/lords/1999/nov/30/crown-prosecution-service-inspectorate，最后访问日期：2019 年 7 月 25 日。

[4] Crown prosecution service Inspectorate annual report April 1997 - March 1998, report of the Director of Public Prosecutions, 23 July 1998, chapter3.

的报告，该报告对皇家检察审查会的改革作出了如下建议：（1）继续保留皇家检察审查会并增强其作用；（2）皇家检察审查会应有一名独立的兼职主席和2—3个来自皇家检察署之外的工作团队；（3）皇家检察审查会主席应由总检察长任命，主席及其工作人员向首席检察长负责；（4）将皇家检察署内务财务审计情况和绩效情况纳入审查范围；（5）皇家检察审查会对区检察主任负责，审查报告不应公布，但建议公布年度报告；（6）应当保证皇家检察审查会更加独立。[1]

2000年10月，英国颁布了《英国皇家检察审查会法》（以下简称《审查会法》），《审查会法》共分为三节。

第一节，（1）总检察长可任命审查会主席；（2）审查会主席可任命其他审查员协助其履行职责；（3）应由议会支付的款项：（a）总检察长决定审查会薪金、退休金、津贴和补偿金；（b）以及审查会主席履行职责时的开支，包括审查会工作人员的开支。

第二节，（1）审查会主席应当：（a）监督或安排皇家检察审查会的工作；（b）向总检察长汇报有关皇家检察审查会运行的任何事项；（c）向总检察长提交年度工作报告；（2）总检察长向议会提交检察审查会年度工作报告副本；（3）审查会主席可在无法履行职责期间指定一名审查员代为履行主席职能。

第三节，（1）该法称为"2000年英国皇家检察审查会法"；（2）第1节和第2节应于总检察长通过法定文书指定的日期内生效；（3）该法仅适用于英格兰及威尔士地区。

皇家检察审查会向下议院司法委员会负责，预算来自库务署。[2] 至此，皇家检察审查会的人事和财政不再依附于皇家检察署，保证了皇家检察审查会的独立性，成为一个独立的监督机构。但皇家检察审查会的目的仍未改变，依旧是对皇家检控署的案件和整体工作作出评估和监督并提供建议，提高皇家检察署的办案质量和水平。

---

[1] The Review of the Crown Prosecution Service summary of The Main Report with the Conclusions and Recommendations, report of the Attorney General, June 1998, chatper13.

[2] 英国的一个非部长级政府机构，为大部分中央政府部门提供法律服务，后更名为政府法律部。

《审查会法》自颁布以来的修订情况

年份	修订内容
2005年	《税务及海关法》赋予审查会监督税务及海关检察署（2014年被合并到皇家检察署）的权力（该条款于2014年被删除）。
2007年	在2000年《审查会法》基础上，增加了职能转授、审查计划和审查框架的制订、由其他监督机构进行审查的情形、与公共机构合作、联合监督、为其他公共机构提供帮助、审查员审查文件范围及权力、附则，共8个小节。
2008年	（1）规定审查会在制定审查计划前应询问保健委员会、并与其协作（该条款于2009年被删除）；（2）规定审查会在制定审查计划前应询问皇家警察监督机构、与其联合监督。
2009年	规定审查会在制定审查计划前应询问皇家缓刑监督机构并与其协作、联合监督。
2012年	（1）新增审查会联合监督法院这一小节，规定可就治安法院或高等法院的刑事管辖权的任何方面进行监督；（2）删除了审查会法在制定审查计划前应询问法院行政监督局、并与其协作、联合监督的规定。
2014年	规定审查会可以对严重欺诈办公室进行监督；对"为其他公共机构提供帮助"这一小节进行了细化：（1）审查会主席可根据1999年《地方政府法》第10条的规定，采取其认为适当的行动，协助其他公共当局；（2）根据本段所进行的任何事，均可按照审查会主席认为适当的条款进行。规定审查会在制定审查计划前应询问审计委员会并与其协作（该条款于2015年删除）。

二、皇家检察审查会的组织情况

（一）皇家检察审查会的机构

1999年，皇家检察署重整为42个区域，正好与英格兰及威尔士的42个警区相对应，每个区域设立若干分支机构。因为这样会使地方检察机关享有更大权力并承担更多职责，使得皇家检察官更专注起诉工作，还可以加强与警方的密切关系，减少起诉的拖延。① 皇家检察审查会也于1999年将审查团队重

---

① 王晋主编，《英国刑事审判与检察制度》，中国方正出版社1999年版，第83—85页。

组为 3 个审查小组，分别负责英格兰北部、英格兰中部及威尔士、英格兰南部地区，每个审查小组由副主席领导（该职位于 2017 年被撤销）。每个小组配备 4 名法律审查员（Legal Inspector）、2 名案件审查员（Casework Inspector）和 1 名业务管理审查员（Business Inspector）。

由于检察审查会的审查与皇家检察署自身利益密切相关，检察审查会认为政府让皇家检察署首席检察长监督自己是不正确的。于是，检察审查会提议应设立一个总检察长咨询委员会。该委员会于 2000 年 12 月成立，于 2007 年 1 月被撤销，存在了 6 年多的时间。该委员会成员包括皇家检察署首席检察长、皇家检察署行政长官、皇家检察审查会主席和行政主管以及来自商界、学界、联合王国刑事管辖区的 3 位外部成员。[1] 总检察长咨询委员会职权如下：（1）向总检察长和总检查员提供有关检察审查会职能的战略问题的咨询意见；（2）不断审查检察过程的方法以及皇家检察署与皇家检察审查会之间的工作关系，并酌情促进新方法的发展；（3）就皇家检察审查会拟订工作方案的内容和优先事项提供咨询意见。[2] 这种在检察审查会之外再设审查机构的做法，有循环监督之嫌，影响司法效率，所以只实施了 6 年。

为了促进审查会内部服务职能的实现，2001 年，审查会成立了行政管理组，负责人力资源、业务规划和财务管理、出版和通信以及办公管理。2006 年，审查会新设审查支持小组和培训与发展小组，前者负责对审查的数据进行分析，确定有效的审查方法。此外，还接受英国刑事司法联合监督机构督察组的委托，对联合监督的情况进行检讨，负责对检察审查会的职工进行技能培训以便更好履行职责，还与其他监督机构合作，推动政府关于监督机构之间的培训及协调发展计划的展开。[3] 2006 年，皇家检察审查会审查小组已经由原来的 3 个缩减为 2 个，分别负责英格兰北部地区、威尔士及英格兰南部地区。2010—2018 年期间，为了应对财政预算缩减、人员减少的形势，皇家检察审查会也在不断地精简自己的人员配置。

英国皇家检察审查会组织结构图（截至 2019 年 3 月 31 日）[4]

---

[1] Crown prosecution service Inspectorate annual report 2006 - 2007, 2007, p. 14.

[2] Crown prosecution service Inspectorate annual report 2000 - 2001, 2002, Annex1.

[3] HM chief Inspector's annual report April 2005 - March 2006, report of the HM chief Inspector of the Crown Prosecution Service, 2006, p. 53.

[4] https://www.justiceinspectorates.gov.uk/hmcpsi/about-hmcpsi/roles-and-responsibilities/，最后访问日期：2019 年 8 月 3 日。

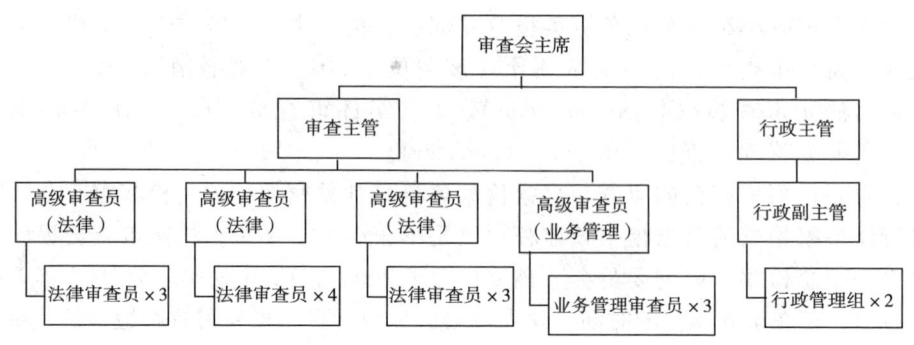

(二) 与其他机构的联合监督

刑事司法系统已经建立了一个联合监督机构秘书处，该机构联络的对象包括警察监督局、皇家检察审查会、监狱监察局、缓刑监察局以及治安法院监督处，秘书处旨在促进以上各类监督员的联合审查，使各类监督员能够更好地相互了解、相互协作。上述秘书处类似于我国司法行政机关最近设立的"人民参与和促进法治处"。由于上述机构的存在，皇家检察审查会的监督范围并不局限于皇家检察署。联合监督的作用在于提高刑事司法制度的质效、增加司法透明度，用统一的措施来将刑事司法制度作为一个整体系统进行管理，有利于监督的制度化和常规化。

皇家检察审查会独立后，联合审查开展得更加广泛和深入。皇家检察审查会和种族平等委员会合作，在所有监督机构已有的框架上制定新的方案，使审查程序符合2000年《种族关系法》[1]，目的是消除种族歧视、实现男女平等、为职工技能和能力的发展提供平等的机会。2005年，皇家检察审查会与警察监督局、法院监督局、监狱监督局三个监督局就安东尼·利昂·皮尔特（Anthony Leon Peart）一案展开联合审查，皮尔特是一名偏执型精神分裂患者，因在公交车上向乘客投掷薯条，理查德·维兰（Richard Whelan）对其进行劝告。然后，维兰将皮尔特刺死。在皮尔特被杀害当天，他刚刚因其他犯罪被保释出狱。后维兰被判过失杀人罪。

审查小组对于皮尔特的保释执行情况进行了调查，审查了保释决定的情况、羁押机构的警用数据库、对被拘留者执行搜查令等。审查小组得出结论，在刑事司法机构的档案中没有记载被告以前的犯罪行为，更没有提醒刑事司法当局"被告是一个有能力进行极端自发性暴力的人"，审查小组对刑事司法系

---

[1] *HM Crown prosecution service Inspectorate annual report* 2000 – 2001, London：The Stationery Office, London：The Stationery Office, 2002, Para. 2. 46.

统在处理被告在保释期间犯罪的案件、遵守和执行保释条件的情况表示关注。①

联合审查的目的是使监督贯穿整个刑事司法系统，进行全面审查并提出建议，以促进刑事司法系统的有效运行。2006 年《警察及刑事司法法》对刑事监督机构赋予联合审查的职能。目前，刑事司法联合审查组织的成员单位还剩下皇家检察审查会、警察监督局、缓刑监督局以及监狱监督局 4 个司法单位。

在 2011—2012 年期间，皇家检察审查会接受严重欺诈办公室邀请，对其进行非法定审查。皇家检察审查会在审查中，指出了严重欺诈办公室在处理大型复杂案件中对在诉讼中没有使用的材料进行披露的问题，这也使得严重欺诈办公室对起诉披露指引作了修订，要求不能隐藏对被告人有利的证据。② 为了使一定范围内有关军纪问题的案件得到公开处理，2007 年，皇家检察审查会还对陆军检察机关进行了非法定审查。

（三）皇家检察审查会的成员

审查会主席负责制定审查计划和方法并积极参与领导日常审查流程。因此，对审查会主席任职条件提出了较高要求，审查会主席的任期并不固定（如第一任任期为 10 年，第二任审查会主席任期为 5 年，现任任期为 4 年），由于审查会主席具有补充总检察长监督职能的作用，审查会主席的独立性对于确保公众信任审查结果和建议至关重要。因此，对审查会主席的资质作出如下要求：（1）能够公平、客观、透明地确保公众信心；（2）有能力在刑事司法系统内为审查会规划未来；（3）具有高水平的应变能力和领导能力，在吸引和激励各级员工方面具有丰富的经验；（4）在现有绩效基础上有能力推动创新；（5）拥有强大的组织和资源管理技能；（6）一流的沟通技巧，有信心、有能力在各种复杂问题上影响民众，并能够与利益相关者密切合作；（7）能够分析和快速解释复杂的信息；（8）了解英格兰和威尔士的刑事司法制度，包括了解检察职责和制度。虽说审查会主席面向社会公开招聘，除了上述要求没什么限制，但他们更青睐于了解刑事司法系统并来自公

---

① HM Crown prosecution service Inspectorate annual report 2007 – 2008, report of the HM chief Inspector of the Crown Prosecution Service, 2008, pp. 20 – 21.

② *Five Year Review and Annual Report 2014 – 2015*, report of the HM chief Inspector of the Crown Prosecution Service, London: The Stationery Office, 2015, p. 18.

共、私营或社会公益组织的高层领导。①

现任英国皇家检察审查会主席凯文．麦金蒂个人履历表②

时间	任职	职责
1982.7	格雷律师学院（协会）③	高级律师（出庭律师）实习
1983.10—1988.12	取得高级律师资格	负责刑事和婚姻案件
1988.12—1992.8	皇家检察署反欺诈部门负责人	负责欺诈案件的起诉
1992.8—1996.4	总检察长办公室法律顾问	作为刑事团队的一员为法律官员提供服务
1996.4—1997.12	英格兰银行法律顾问	提供刑事建议
1997.12—2011.6	总检察长办公室副主任、总检察长法律顾问	作为总检察长的法律顾问，与北爱尔兰检察署、北爱尔兰办事处、皇家初级律师办公室以及各级警察部门联系合作，处理敏感复杂的案件。自2002年起，还负责总检察长办公室的日常的运营、管理。
2011.6—被任命为检察审查会主席之前	总检察长办公室副主任兼任办公室行政主管	与刑事司法系统各机构高层联系合作，负责刑事领域内各种事项、刑事政策制定等。同时，兼任刑事司法委员会委员，还主持审查因卧底警务可能引起的司法不公、担任高级律师协会会员。2012年，还当选为格雷律师学院主管委员。

---

① Appointment of HM Chief Inspector of the Crown Prosecution Service，https：// publications. parliament. uk/pa/cm201415/cmselect/cmjust/1117/111709. htm，最后访问日期：2019年9月20日。

② Appointment of HM Chief Inspector of the Crown Prosecution Service，https：// publications. parliament. uk/pa/cm201415/cmselect/cmjust/1117/111709. htm，最后访问日期：2019年10月2日。

③ 英国四大律师学院之一，除此之外，还有林肯律师学院、内殿律师学院、中殿律师学院，律师学院之间互不隶属，它们均可以授予高级律师资格并提供职业培训。

自 1999 年起，审查会副主席、法律审查员及业务管理审查员职位成为公开竞争的对象，任期 3 年，可以连任或终生任职。

法律审查员由初级律师和高级律师组成，他们都有公诉、辩护和私人起诉的背景，负责审查皇家检察署的起诉决定和法律程序，同时向警方的侦查工作提供建议。个案审查员对皇家检察署案件系统流程较为熟悉，协助法律审查员履行职责；业务管理审查员则来自公共机构、私营机构。他们都具备企业规划、绩效管理、质量保证、系统管理、人力资源和财务等专业技能，主要是对被审查对象的内部行政管理进行评估。① 针对非法律问题进行审查，制定审查计划和方法。

皇家检察审查会为了拓宽审查员的广泛性，还引入了非专业审查员。非专业审查员大多数为公民咨询局、受害人援助组织、全国罪犯关怀和安置协会等社会公益组织遴选出的志愿者，但这些志愿者并不局限于为皇家检查审查会提供服务，他们还会为其他公共机构提供服务。志愿者只负责自己当地的区域，他们的职责是：通过与被害人和证人沟通、审查皇家检察署与社会公众之间的关系、处理皇家检察署的投诉、对起诉裁量中的公共利益标准②进行解释、协助审查小组进行工作。

这些社会公益组织各自负责志愿者的遴选，并没有统一的遴选规范，但至少要符合以下 2 个标准：（1）已满 18 周岁；（2）通过背景信息披露局（Disclouse and Barring service）③ 的审查。以受害人援助组织为例，他们对志愿者的遴选除了要求符合前述标准之外，还作出以下要求：（1）要平易近人，没有偏见；（2）有良好的听力和口头表达能力；（3）有解决问题的能力；（4）掌握基本的 IT 技能；（5）同意我们的价值观并遵守我们的政策、程序。④ 时任审查会主席史蒂芬·伍勒对此评论道："非专业审查员的作用是非常宝贵的，他们从不同的背景为审查会带来独立和非专业的观点，可以增强审查视角

---

① Appointment of HM Chief Inspector of the Crown Prosecution Service, https: // publications. parliament. uk/pa/cm201415/cmselect/cmjust/1117/111709. htm，最后访问日期：2019 年 7 月 22 日。

② 检察官作出起诉决定需要满足《皇家检察官守则》中规定的两个标准：（1）证据是否充分；（2）是否符合公共利益。

③ 背景信息披露局隶属于英国内政部，负责对从事特定行业人员的犯罪记录信息进行披露，确保从业人员对所服务的对象不会产生危险。

④ https: //recruitment. victimsupport. org. uk/vacancy/hate - crime - volunteer - kent - 393998. html，最后访问日期：2019 年 10 月 7 日。

的多样性"。①

2001年,皇家检察审查会共遴选了19名非专业审查员,其中4名来自少数民族。此外,皇家检察审查会还致力于提供平等的任职机会,并成立了一个平等和多样性协调小组。其目的是为了使审查会内部员工结构合理化,实现男女平等、满足民族多样性、保障残疾人士获得平等就业机会。

如前所述,英国皇家检察审查会最开始为皇家检察署内部监督机构,工作人员来自皇家检察署,都有着丰富的刑事司法背景经验。皇家检察审查会成为独立的监督机构后,大部分法律审查员和案件审查员大都是从皇家检察署借调过来,他们对皇家检察署的起诉程序十分熟悉,不管是审查员还是审查会主席,都呈现出精英化的特点。

皇家检察审查会在1999—2000年的工作报告中明确指出:确保任命的审查员具有丰富的经验,要把每个审查小组发展成为一个高度专业化、具备多种技能的专业组织。2004年,皇家检察审查会成立战略和改革处,是一个临时工作机构,目的是进行检察审查会的一项名为"向前迈进"的改革计划。该计划旨在把皇家检察审查会发展成为一个高度专业的组织,在跨机构审查和政策制定中发挥重要作用。②

皇家检察审查会之所以要求专业化,是为了对皇家检察署各方面工作进行深入审查、提出建议。以审查事项中的羁押期限为例,需要清楚和准确计算出每个罪行和被告人的相关诉讼期限;还要建立一个有效的制度,确保在必要时向法院申请延期,否则可能会导致犯有严重罪行的被告人保释,使得被害人与证人陷入危险境地。③ 这些复杂问题使得非专业人士难以应对,所以,就需要专业人士对以其进行审查,评估风险并提出改进的建议。

与日本和美国单纯只注意大众化和代表性不同,英国检察审查会更加注重人员的专业性,旨在避免监督流于形式。当然这也和英国检察审查会的功能有关,与美国和日本仅仅监督起诉不同,英国的检察审查会监督包括多种情形,对起诉适当性的审查仅仅是其一种情况,需要更加专业的人士才能完成。

---

① HM chief Inspector's annual report 2005 - Septmber 2006, report of the HM chief Inspector of the Crown Prosecution Service, 2006, p. 62.

② HM chief Inspector's annual report 2004 - 2005, report of the HM chief Inspector of the Crown Prosecution Service, London: The Stationery Office, 2005, p. 12.

③ HM chief Inspector's report october2002 - march 2004, report of the HM chief Inspector of the Crown Prosecution Service, 2004, p. 25.

三、皇家检察审查会的三大职能

皇家检察署于1999年重组后,地区皇家检察署享有很大的自治权,皇家检察审查会对其工作职能也进行了变动,主要有两个方面:(1)将原来4年一次的审查周期变更为2年,在2年内完成对42个区域的审查。这是由于皇家检察署重组后,权力被高度下放,旨在通过审查周期的缩短来进行更好、更经常的监督。(2)审查的重心依然是案件决策和案件处理的质量,但审查范围扩大到属于案件流程的所有事项。[①] 此时,皇家检察审查会的员工总人数也从原来的22人扩大到37人。同时,皇家检察审查会也从皇家检察署伦敦总部搬到了新的办公地址,避免合署办公,在形式上体现检察审查会的独立性。

皇家检察审查会的具体职能包括三个方面:

(一)审查公诉质量

对起诉案件按区域进行审查的对象是皇家检察署起诉的具体案件。侧重审查皇家检察署的四个关键职能的履行情况:(1)检察机关在起诉前向警方提供建议;(2)在刑事程序正式启动后对案件进行的审查;(3)参加法院审判的准备工作;(4)在法庭上陈述案情。[②] 皇家检察审查会派出审查组进行审查,审查组由一名法律审查员牵头,业务管理审查员和个案审查员一起开展工作。必要时,还需另外一名专业的法律审查员协助审查小组履行职责。具体程序是:

1. 材料阅读

审查组将至少提前7周通知皇家检察署并要求区皇家检察署和皇家检察署伦敦总部提供有关该地区的相关工作信息。审查组收到信息后,对其进行分析并设置审查框架。审查组在审查最初阶段还会和区检察主任举行初步会议,确定重点审查问题。在此期间,审查组会审查案件档案,评估区域案例和决策的质量,以确保正式审查集中于特定关注问题。法律审查员会仔细审查不同案件类型的样本,主要审查是否遵守《皇家检察官守则》并作记录,然后将审查结果输入电子数据库,以便再审查该区域时跟进案件处理的重点。[③] 皇家检察

---

① *Crown prosecution service annual report April*1999 – *March*2000, report of the Director of Public Prosecutions, July 2000, section 2.

② *Crown prosecution service Inspectorate annual report* 2000 – 2001, London:The Stationery Office, 2002, Para 2.4.

③ *Crown prosecution service Inspectorate annual report* 2000 – 2001, London:The Stationery Office, 2002, pp. 21 – 22.

审查会查阅文件资料范围很广泛,《审查会法》对此进行了规定:

(1) 文件的获取。要求出示文件;检查、复制或带走任何文件;要求对所制作的任何文件作出解释;要求提供任何其他信息;(2) 文件的制作。以清晰易读的形式记录的信息副本;信息以一种清晰易懂的形式生成;检查文件的人有权访问、检查与有关文件有关的任何计算机和相关设备或材料;可能需要使用过计算机的人,或负责处理计算机、器具或资料的人进行必要的操作或者其他合理协助。在获取相关证据等案件材料上,皇家检察审查会几乎对任何文件都有查阅的权限,不受检察机关提供的证据范围的限制。

2. 实地观察

进入正式审查时,审查组将在较大地区停留一周或两周,观察治安法院和刑事法庭的辩护情况,并与其他刑事司法机构的代表会面并评估收集的所有证据和信息,然后再访问地区办事处一周,并在较大区域内访问最多三周。审查组通常不会在个人办公室或分支机构工作超过一周。

3. 人员面谈

皇家检察审查会还会与皇家检察官、法官、警察、辩护律师进行私下面谈。在正式审查结束时,皇家检察审查会将与区检察主任会面,目的是在起草审查报告之前,对区域的案例和绩效进行最终概述。①

4. 发布报告

皇家检察审查会把审查报告草稿副本送交区检察主任,区检察主任可在法定期限内就草稿中不准确的事实发表意见。皇家检察审查会收到对草案的意见一周内发表最终报告。审查会主席将把审查报告发给皇家检察署首席检察长及行政长官和区检察主任并向社会公开。②

皇家检察审查会对皇家检察署起诉权的监督,主要依据《皇家检察官守则》中符合起诉条件的两个标准。

一是证据具有可采性和可靠性及其对定罪可能性的影响。《皇家检察官守则》举出了4个判断标准③:(1) 证据能否在法庭上使用;(2) 证据的可靠性;(3) 证据的可信度;(4) 是否有其他材料信息可以影响证据充足性。

二是在证据充分前提下综合考虑是否含有影响起诉的公共利益因素。这些因素包括:(1) 罪行的严重程度;(2) 嫌犯的刑事责任程度;(3) 被害人情况及其受伤情况;(4) 犯罪时嫌犯的年龄和成熟度;(5) 对社区的影响;

---

① *Crown prosecution service Inspectorate annual report 1999 – 2000*,Annex4 para. 10.
② *Crown prosecution service Inspectorate annual report 1999 – 2000*,Annex4 para. 12.
③ 《皇家检察官守则》4.8。

（6）起诉是否过当；（7）信息来源是否需要保护。① 即使个别案件未通过上述标准，但是，当案件需要立即起诉、案件具有严重性且有其他正当理由、保释理由不充足时，也可以起诉。此时，需要全部满足《皇家检察官守则》设定的另外5个条件：（1）有合理的原因怀疑被起诉人犯了罪；（2）能获得进一步证据定罪；（3）案件的严重度需要立即起诉；（4）依据1976年《保释法》有充足的理由拒绝保释；（5）起诉符合公共利益。② 这种"事后监督"的模式，是为了提高刑事诉讼效率，避免"事中监督"拖延诉讼进程，影响打击犯罪的效率。

皇家检察审查会对案件的评估主要考虑以下四个方面：（1）是否对法律进行正确解释和适用；（2）是否遵守《皇家检察官守则》；（3）是否正确解释和适用为皇家检察署设定的其他标准，如是否履行起诉披露义务，即向辩方提供可能削弱指控的证据；（4）所有影响案件的行动和决定都是在适当的时间内完成，且符合司法公正。③

（二）发布专题评论

专题评论是皇家检察审查会深入调研特别关注的问题发表的专门评论。皇家检察审查会进行专题审查的方式取决于审查的领域。④ 前文所述关于区域审查的一些工作方式同样适合专题评论。专题评论的内容侧重于办案程序、办案质量以及特定类型的犯罪。为了获得更广地区皇家检察署的工作情况，皇家检察审查会需要访问多个区域来审查档案，以便更加客观地发现皇家检察署的表现，⑤ 审查会主席也会征求区检察主任的意见以确定审查领域。同样，审查会主席会把专题评论发给皇家检察署首席检察长及行政长官和区检察主任并公开发表。

2002年，英国政府发布了《所有人的正义——英国司法改革报告》白皮书，该白皮书为英格兰及威尔士地区的刑事司法制订了一个广泛的改革计划，旨在打击犯罪，减少犯罪，代表被害人、被告和整个社会维护公正。⑥ 该项改革将受害人与证人置于改革的核心，将案件进展情况及时告诉他们，来帮助他

---

① 《皇家检察官守则》4.14。
② 《皇家检察官守则》5.3 – 5.10。
③ *Crown prosecution service Inspectorate annual report 1999 – 2000*, Annex4 para. 8.3.
④ *Crown prosecution service Inspectorate annual report 1999 – 2000*, Annex4 para. 3.
⑤ *Crown prosecution service Inspectorate annual report 1999 – 2000*, Annex4 para. 11.
⑥ 这个文件已经有了中文版，参见[英]《所有人的正义——英国司法改革报告》，最高人民检察院法律政策研究室译，中国检察出版社2003年第1版，第227页。

们更好地在法庭上作证。皇家检察署如何与受害人更好地进行沟通以及帮助证人出庭作证就成了皇家检察审查会的监督重点。

2016年,皇家检察审查会对皇家检察署申请控方证人出庭作证进行了专题评论。通过对6个区皇家检察署的120个案件进行审查并与相关工作人员进行交谈,围绕是否有明确的申请证人出庭规定以及工作人员是否遵守、申请证人出庭作证的程序和决策过程、对相关数据和信息进行分析,对皇家检察署与其他刑事司法机构共同建立的申请证人出庭作证制度进行重点审查。皇家检察审查会发现以下问题:(1)没有证据表明是因为皇家检察署申请证人出庭作证而使得证人出庭率提高;(2)部分案件的证人传票没有及时送达;(3)皇家检察署没有对申请证人出庭作证的理由进行统一记录,这也导致了无法分析性别、族裔、被害人及相关诉讼参与人与证人间的关系。① 因此,检察审查会建议皇家检察署把所有申请证人出庭作证的案件归入案件管理系统、申请证人出庭作证这一决定应谨慎作出并邀请其他刑事司法机构参与决策、修改送达证人传票不完善的地方。

2018年,皇家检察审查会就皇家检察署受害人联络处向受害人通信这一职能进行了专题评论。2014年,英国皇家检察署成立了受害人联络处,负责与受害人进行沟通,如当皇家检察署决定不起诉、中止起诉或改变一项指控时,及时联络受害人并对他们的异议进行审查;处理对皇家检察署的投诉。皇家检察审查会审查了由受害人联络处发出的340封信件并与工作人员进行交谈,就通信的程序、及时性和内容质量进行了审查并指出只有小部分案件符合标准,其他的信件存在语法或单词拼写错误、信件内容态度冷漠,缺乏同理心、内容敷衍等问题。② 为此,皇家检察审查会建议:(1)皇家检察署建立更有效的制度让皇家检察官把所有案件处理理由告诉受害人联络处、提高受害人联络处通信的及时性;(2)皇家检察署需要引进一个质量保证体系,确保信件内容不会出现低级错误;(3)皇家检察署要确保受害人提出的异议解决要规范化,并考虑是否要在全国范围内进行监督;(4)皇家检察审查会应加强对投诉问题解释的指导。③

---

① https://www.justiceinspectorates.gov.uk/hmcpsi/inspections/witness-summons/,最后访问日期:2019年10月14日。

② https://www.justiceinspectorates.gov.uk/hmcpsi/inspections/victim-liaison-units-letters-sent-to-the-public-by-the-cps-nov-18/,最后访问日期:2019年10月14日。

③ *Victim Liaison Units*:*letters sent to the public by the cps*,2018,pp.17-38.

（三）提交年度报告

皇家检察审查会每年还要就这一年中的工作情况撰写一份年度报告交总检察长，年度报告由总检察长提请议会审议。截至2019年，独立后的英国皇家检察审查会一共发布了16份年度报告，主要内容包括审查活动概述、对皇家检察署的总体评价、联合监督、皇家检察审查会自身的发展等。在此，我们以最新发布的2017—2018年度工作报告为例来了解这一报告的内容特征。

皇家检察审查会在《2017—2018年度工作报告》[1]中表示，除皇家检察署伦敦北区和南区外，皇家检察审查会完成了对所有区皇家检察署的审查，查看了1290份档案和数千份相关文件，对500多名利益相关者和700多名工作人员进行了访谈。[2] 报告重点对皇家检察署整体表现进行了评价，报告指出，通过认罪和庭审后判决，治安法院的定罪率为84.8%，与上一年持平，高等法院的定罪率从上一年的78.9%上升至79.9%，一些严重暴力犯罪的案件定罪率呈上升趋势。与此同时，治安法院的案件数量从上一年的499816件下降到当年的453071件，高等法院的案件数量从上一年的88205件下降到当年的80090件，两者案件下降比率几乎相近。

报告指出：皇家检察署工作人员的敬业度从2015—2016年度的54%提升至2017—2018年度的61%，但是，一些分支机构的工作人员感觉到被孤立，因为区皇家检察署没有很好地建立起团队合作机制，内部缺乏互动，对区皇家检察署如何建立"团队精神"提出了挑战。在人事上，一些皇家检察官除了负责起诉，还承担行政管理职责，这就造成了资源浪费、效率低下。

除了这些整体表现，皇家检察审查会还对皇家检察署在起诉披露、对刑事司法系统的贡献等方面进行了评价。如对起诉披露义务的评价，皇家审查会发现：未正确披露起诉材料，会导致诉讼拖延或案件终止，给被告人、受害人和证人增加困扰从而造成司法不公，特别是一些案件因为起诉披露问题导致指控失败。警察在起诉披露问题上没有处理好，而且皇家检察官又没能很好的与警察进行沟通，增加了指控失败的风险。皇家检察审查会对此建议：应改进皇家检察官与警察的沟通机制，将起诉披露视为起诉程序的关键。虽然皇家检察审查会的财政预算减少、员工裁减，但随着其组织结构的调整和机构精简化，反而提高了效率，使得皇家检察审查会2017—2018年期间审查报告的篇幅和内

---

[1] HM Crown prosecution service Inspectorate annual report 2017 - 2018, report of the HM chief Inspector of the Crown Prosecution Service, 2018, pp. 7 - 12.

[2] HM chief Inspector's annual report 2017 - 2018, Report of the HM chief Inspector of the Crown Prosecution Service, 2018, p. 1.

容与前几年相比反而有所增加。

四、皇家检察审查会的审查方式和效力

在防范检察机关滥用权力方面，英国发展出了一套不同于其他国家的检察监督制度。本书通过将皇家检察审查会与具有代表性的监督制度比较，如日本检察审查会制度和美国大陪审团制度，来进一步认识英国皇家检察审查会的特点。

（一）审查标准的指数化

2004年，皇家检察审查会根据"公共审查十原则"制定了整体性能评估框架，并将评估结果分为：优秀、良好、及格、较差，4个等级。① 克利夫兰区皇家检察署检察长指出："整体绩效评估可以反映出该区域的真实情况，使我和我的团队能够了解该区域的运行情况"。② 整体性能评估不是全面的审查，不同于传统的审查活动。虽然它的目的是全面列出各项效能的情况和需要改进的方面，但它有意避免详细分析性能发挥的具体过程。③ 整体工作表现评估指数中，确定了14个表现方面，其中5个为关键表现。

检察审查会每4年对区皇家检察署进行2次审查，第一次区域化审查中，采用相同的标准进行审查；第二次进行"回头看"审查，即审查内容由风险评估的结果来确定，对于第一次周期审查中表现为"较差"的方面深入审查，对表现为"及格""良好"的方面可能不作深入审查，对表现为"优秀"的方面除参加主题评论外，一般不进行审查。④ 这有利于皇家检察审查会将审查重心放在皇家检察署需要改进的地方，进一步提高检控服务质量。

---

① HM chief Inspector's annual report 2004 – 2005, report of the HM chief Inspector of the Crown Prosecution Service, 2005, p. 15.

② HM chief Inspector's annual report 2005 – 2006, report of the HM chief Inspector of the Crown Prosecution Service, 2006, p. 16.

③ HM chief Inspector's report 2005 – 2006, report of the HM chief Inspector of the Crown Prosecution Service, 2006, p. 32.

④ Overall Performance Assessments of Crown Prosecution Service Areas, Ratings and Analysis of Performance for 2004 – 2005, March 2006, p. 69.

起诉案件整体工作表现评估表①

关键表现	其他表现
预起诉决定	管理治安法院的案件
为受害人与证人服务	管理高等法院的案件
领导	处理敏感案件和仇恨犯罪
管理资源	羁押期限
控诉达到预期	起诉披露
	在法庭上陈述案件
	提高管理能力
	确保社区公众的信心
	提供变革

2011年，随着皇家检察署将原来的42个区域重新整合为13个区域，皇家检察审查会不再进行整体性能评估，而是采用年度个案考核的方式，从一般区域随机抽取50个案件，在较大的8个地区的皇家检察署选100个案例，在大曼彻斯特和伦敦地区抽选150个案例。②

这些案例包含在治安法院和高等法院审理过的成年和青少年犯罪案件，类型涉及家庭暴力、强奸和其他严重性侵犯、虐待儿童和仇恨犯罪，这些案件的结果包括认罪答辩、审判后的定罪和无罪释放、撤销诉讼，但这些抽选的案例此前都经过皇家检察署使用自己引入的核心质量评估模型（CPS Core Quality Standards Mointoring）评估过，即首先根据每个案例预设的34个问题审查其是否符合相关核心质量标准，结果分为完全符合、部分符合、完全不符合，再根据加权法计算出每个预设问题的分数。计算方法为：完全符合为1分，部分符合为0.5分，完全不符合为0分。③那些不适用核心质量标准的问题不计算，

---

① *Overall Performance Assessments of Crown Prosecution Service Areas, Ratings and Analysis of Performance for 2004 - 2005*, March 2006, p. 8.

② *CPS Core Quality Standards Monitoring Scheme, Thematic review of the CPS Core Quality Standards Monitoring scheme*, report of the HM Chief Inspector of the Crown Prosecution Service, March 2012, Annexes A, p. 29.

③ *CPS Core Quality Standards Monitoring Scheme, Thematic review of the CPS Core Quality Standards Monitoring scheme*, report of the HM Chief Inspector of the Crown Prosecution Service, March 2012, p. 8.

用符合标准的分数除以适用作为核心问题的承诺个数,再乘以100,结果取整数,得出每个预设问题的最终分数。如20个问题完全符合,10个部分符合,2个不符合,2个不适用核心质量标准,〔(20×1+10×0.5)/(20+10+2)〕×100=78,这就是每个问题的最终分数。

皇家检察审查会使用和皇家检察署自评同样的方法,得出的评估分数与皇家检察署自评分数进行差距比较。此外,其他刑事司法监督机构还可以对审查员不符合核心标准的方面进行评估。① 皇家检察审查会还会将自己对于34个问题是否符合相关核心质量标准的回答与皇家检察署的回答进行比较,皇家检察审查会又将两者得出结果不一致的回答分为合理、不合理、不适用(除非皇家检察署能给出实质性回答),确定不合理的回答部分(包括不适用的)占所有回答的百分比。这些数据虽然不能得出更多结论,但能反映出皇家检察署的最大可能的改进空间。

皇家检察署核心质量标准指数表②

皇家检察署核心质量标准设定的34个问题		皇家检察署核心质量标准
早期调查建议的质量	向警方提供的建议包括检察官适当的指导	向警方和其他调查人员提供建议,准确打击犯罪
起诉决定符合《皇家检察官守则》	档案背书上清楚地说明了在法庭上发生有关保释的情况	检察官作出公平、及时、有效地指控决定
有关皇家检察署的政策都在预起诉阶段实施	尽一切努力反对有危险的被告保释	及时反对被告人保释,尤其是对社会构成公共威胁时
向警方提供起诉建议包括适当的分析和策略	档案背书(除保释外)和档案有效管理得到坚持	根据刑事诉讼程序规则,准备好所有案件,促成尽早认罪,在指定的日期进行公正审判
该案在治安法院审理时已得到适当审查(包括审讯)	终止起诉决定符合《皇家检察官守则》	公正地陈述案件

---

① HM chief Inspector's annual report 2012 – 2013, report of the HM chief Inspector of the Crown Prosecution Service, 2013, Annex. 2.

② CPS Core Quality Standards Monitoring Scheme, Thematic review of the CPS Core Quality Standards Monitoring scheme, report of the HM Chief Inspector of the Crown Prosecution Service, March 2012, pp. 29 – 31.

续表

皇家检察署核心质量标准设定的34个问题		皇家检察署核心质量标准
如果预见结果不成功,采取一切措施来防止情况发生	案件得到有效进展,包括按刑事诉讼程序进行	评估证人和受害人的需求,告诉他们案件进展,帮助他们提供证据
该案一旦移交给高等法院,便会得到适当审查	预见控诉不成功时,采取必要措施进行防范	当案件停止或大幅度变更指控时,向受害者解释原因
起草了内容准确的起诉书	为辩护人提供充分的书面指示	协助法院量刑并没收犯罪所得
检察官遵守了初次披露义务(不包括披露不及时)	检察官遵守了持续披露义务(不包括披露不及时)	认为法院作出错误的决定时,考虑是否上诉
敏感材料清单和任何敏感材料得到妥当处理	在披露决定表上对披露决定进行了适当的跟踪	及时公开对皇家检察署的投诉
检方及时履行了公开义务	控方有权接受辩方提出的请求或抗辩的依据	与社区进行互动,以便在作出决定时考虑他们的意见
抗辩的任何依据都是书面的,且经控辩双方签字	《受害人守则》《检察官承诺》和任何有关证人的公共政策得到遵守	在适当的情况下,用庭外处置代替指控,使受害人得到迅速赔偿,被告人改过自新或得到惩罚
当案件停止或大幅度修改指控时,在可行的情况下,应征询警方或其他调查人员意见后,作出最终决定	必要时,向法庭提交一份书面陈述,内容包括判决的相关规定,任何可用的辅助命令和其他相关信息	
缓刑署或青少年犯罪工作组及时提供案件摘要,为被告人在审判前准备一份报告	需要及时与受害人通信	
与受害人通信标准较高	确保审判可以在羁押期限内交付;在法庭要求延长时限的情况下,进行了所有的尽职调查	

续表

皇家检察署核心质量标准设定的34个问题		皇家检察署核心质量标准
对羁押期限,按照国家标准进行监控	案件正确地记录在信息系统上	
向警方提供起诉的建议参考了所有请求和相关辅助事项	在涉及死亡的案件中,检察官表示愿意早期会见受害人家属,解释如何处理案件及庭审可能会发生什么	

过去,年度个案考核的方式虽然能向公众反映出皇家检察署的表现情况,但反映的问题有限,第二次进行的区域有效性审查又不能反映出区皇家检察署的其他细节问题,皇家检察审查会于2015年推出"区域保证审查框架"来取代"区域有效性审查"。经过几个地区的试点后,2016年该审查框架全面应用于英格兰及威尔士地区,该框架分为5个大方面:(1)皇家检察署的成就;(2)皇家检察署的改进情况;(3)案件的质量;(4)社会公众的信心;(5)效率。① 每个大方面都有设定了整体要求及具体指标。

(二) 监督意见的公开性

公开性是英国皇家检察审查会审查案件的特点之一。皇家检察审查会通过与检察官、法官、警察甚至律师访谈,旁听法院审判等方式评估皇家检察署的办案质量。而且,皇家检察审查会对皇家检察署公开自己的审查员、审查原则、方法等。皇家检察审查会也会公开自己对案件预期标准审查的原则,确保评估标准与检察机关适用的标准都是一致的。2005年,皇家检察署和皇家检察审查会共同举办了联合研讨会,讨论未来的方向。因此,双方制定了工作框架,确保最大程度发挥审查效益。②《2000年信息自由法》赋予了公民可向公共机构获取相关信息的权利。公民可以通过出版的审查报告和官方网站获取相关信息,也可以向皇家检察审查会申请获取。

日本检察审查会会议不公开进行,包括评议过程绝对不公开和结果相对不

---

① HM chief Inspector's report 2016 - 2017, report of the HM chief Inspector of the Crown Prosecution Service, 2017, pp. 27 - 35.

② HM chief Inspector's annual report 2004 - 2005, report of the HM chief Inspector of the Crown Prosecution Service, 2005, p. 21.

公开。① 审查会议之所以不公开进行，是为了确保审查员正确行使职权，使其不考虑与案件无关的因素，避免受到社会舆论的诘难。美国大陪审团没有法官主持调查，甚至犯罪嫌疑人都不能在场（除非作为证人），刑事诉讼程序都是在检察官的引导下进行，调查资料应当封存。② 而且，陪审员评议时，不允许有其他人在场。大陪审团开展工作的秘密性也是为了保护陪审员免于受到外界地不当干扰，影响其作出正确的判断。同时，有效地避免了被调查对象因得知大陪审团工作信息而逃避调查的情形③，还有利于保护证人的权益。但大陪审团的秘密性也有例外，美国《联邦刑事诉讼规则》第6条（e）规定的8种例外情形，可概括为两类，（1）相关材料用于调查其他犯罪；（2）需要得到法官的批准，主要用于其他诉讼程序。④ 但是日本检察审查会的审查结论和美国大陪审团的工作结论即是否同意起诉，也是公开的。虽然公开的内容不同，但工作结果向社会公开，这是三个国家人民参与检察监督的共同特征。

（三）监督意见的建议性和宏观性

英国皇家检察审查会主动对已处理案件进行评估并提出建议，但又无法改变检察官作出的决定，因此具有社会监督属性，但却能产生良好的监督效果。

如所有区皇家检察署都有一个公众投诉登记册，皇家检察审查会在非专业审查员的协助下对公众投诉登记册所呈现的问题进行审查，并对皇家检察署出建议。尽管对皇家检察署的建议不具有强制性的，但收到建议的皇家检察署仍鼓励管理人员定期审查和分析收到的投诉，以确定可能需要改进或修订的工作规则和程序。⑤

又如当皇家检察审查会推出区域性审查框架时，皇家检察署伦敦总部要求区皇家检察署制订一份行动计划，来阐明如何处理皇家检察审查会进行区域审查时所标记的问题。⑥ 皇家检察审查会对皇家检察署较为成功的案例审查，是

---

① 高一飞、尹治湘：《日本检察审查会制度改革及其对我国的借鉴意义》，载《中国应用法学》2018年第4期，第166页。

② 胡岩：《大陪审团：制约公诉权的司法民主制度》，载《法律适用》2016年第6期，第58页。

③ 高一飞：《上帝的声音 陪审团法理》，中国民主法制出版社2016年版，第224页。

④ 同上注。

⑤ https://publications.parliament.uk/pa/cm200102/cmhansrd/vo020919/text/20919w20.htm，最后访问日期：2019年9月23日。

⑥ HM chief Inspector's report 2016 - 2017, report of the HM chief Inspector of the Crown Prosecution Service, 2017, p. 14.

对尤布利铁路（Jubliee Line）受贿一案①的审查。此案中，6名被告人为了获得该条地铁的合同，向交通官员受贿。该案于2003年6月25日开始审判，2005年3月22日，法官在无陪审团的情况下，判决6名被告人无罪，皇家检察署指控失败。该案审判历时21个月，创造了英国最长审判记录，公共资金的开支达到6000万英镑。陪审团成员也颇为不满，称这个案件浪费了他们生命中很大一部分时间。

随即，总检察长命令皇家检察审查会对该案进行审查，要求查明是哪些原因导致指控失败以及如何避免类似的失败。皇家检察审查会主席斯蒂芬·伍勒在随后的审查报告中指出导致该案失败的3个原因：（1）控方在起诉书中指控了有4名被告人串谋诈骗，但指控缺乏准确性，皇家检察署缺乏专业性；（2）诉讼程序缓慢而又混乱，意味着陪审团一起审阅证据需要花费更多时间；（3）未能解决1名被告人的疾病对审判进程影响的问题。② 因此，皇家检察审查会建议皇家检察署应成立专业欺诈部门、决策过程中应有专业人员参与、考虑陪审团所期望了解的信息等建议，其中大部分建议被接受。2006年，皇家检察署在伦敦总部设立了专门负责起诉欺诈犯罪的工作处，邀请资深律师参与重大复杂案件起诉决策，帮助皇家检察署发现其中需要改进的地方，缩短办案期限。

与美国式的"以权力对抗权力"模式相比，英国构建的是一套柔性的"政治预警系统"，它采取公开的途径，借助其专业理性，通过柔性的方式，使监督具有公信力、说服力；影响着议会辩论、政党、社会公众，从各方面对政府形成压力。若政府想在下届连任，就必须积极采取措施回应。③ 皇家检察审查会的监督"柔"却"有力"的原因或许得益于英国上述权力监督模式。

日本检察审查会是为了制约检察官自由裁量权的滥用，对象是检察官不起诉的决定。当检察官作出不起诉决定后，日本检察审查会根据申请或依职权进行第一次审查，可能会作出以下三种处理意见：不起诉适当、起诉适当或不起诉不适当。第一种意见表示同意检察官的不起诉决定，后两种意见则表示不同意检察官的不起诉决定。当检察官不同意第一次的处理意见，就会进行第二次

---

① https://www.theyworkforyou.com/lords/? id = 2006 - 06 - 27d.1096.4，最后访问日期：2019年10月12日。

② Review of the Investigation and Criminal Proceedings relating to the Jubilee Line Case, June2006, p. Ⅵ.

③ 秦前红、王宇欢：《有限授权与有限监督——试论英国特别委员会的监督权及其对我国的借鉴意义》，载《湖南社会科学》2016年第5期，第61页。

审查。此时，检察审查会委托审查辅助员进行审查。如果第二次审查认为起诉适当或不起诉不适当，法院就会指定律师代替检察官强制起诉。美国大陪审团通过审查检察机关提供的证据，判断起诉是否合理，与日本检察审查会一样，有着司法判断的属性。当检察机关指控的罪名为死罪或重罪（可能判处有期徒刑1年以上）的案件，适用大陪审团决定是否起诉。当大陪审团对检察机关所提供的证据审查后，至少要有12个人认为证据充分，达到了相当合理标准，大陪审团就会同意检察官起诉。大陪审团的不起诉决定并不具有终局效力。如果第一个大陪审团没有起诉，则地区法院可以召集另一个大陪审团，检察官也可以寻求另一份起诉书。①

美国大陪审团和日本检察审查会制约检察官公诉权力具有强制性，对具体案件的起诉适当性得出自己的结论，具有司法判断权的特征。英国皇家检察审查会虽然也审查具体案件，但是工作的成果却并不是个案裁判，而是从个案中得出的、对宏观事务的评论和政策性建议。

五、对我国人民监督员制度改革的启示

在我国，2003年起，最高人民检察院实行人民监督员制度。监督范围经历了2003年规定的"三类案件""五种情形"、2010年规定的"七种情形"、2016年规定的"十一种情形"、2019年规定的"十种情形"。2019年8月27日，最高人民检察院实施了《人民检察院办案活动接受人民监督员监督的规定》，对人民监督员的监督范围作出全面调整，将人民监督员的范围扩大到了"四大检察"的各个方面，包括了"十种情形"。与过去相比，2019改革后的人民监督员制度具有两个新的特征：取消了对侦查过程的监督、新增了对宏观事务的监督功能。不仅监督侦查过程以外的"四大检察"的具体办案活动，而且监督案件质量评查、司法规范化检查、检察工作情况通报等宏观检察事务。

尽管国情不同，但在未来人民监督员制度的运行和改革中，英国皇家检察审查会还是可以给我们提供一些有意的启示。

第一，应当坚持和完善人民监督员监督所有检察业务的做法。2019年改革后的人民监督员制度《规定》第8条在列举了具体情况后，还规定可以"监督其他相关司法办案工作"，在规定了通常的监督方式之后，第17条还规定"人民监督员通过其他方式对检察办案活动提出意见建议的，人民检察院人民监督员工作机构应当受理审查。"在监督内容和监督方式上都规定了兜底

---

① 高一飞：《上帝的声音 陪审团法理》，中国民主法制出版社2016年版，第220页。

条款，具有开放性。可以说，从原则上来看，人民监督员可以监督检察机关的所有办案活动，这与英国的做法是相同的。当然，二者也有差异，英国检察审查委员会只发表抽象、宏观评论，不对个案进行判断，这是其独有的特征，而我国人民监督员可以对具体案件的办案活动提出建议。我国人民监督员制度既有日本检察审查会和美国大陪审团的个案同步监督功能（尽管我国的监督结论不具有决定性、只具有建议性），也具有英国检察审查会的宏观监督功能，监督的范围是最广泛的，几乎涵括了侦查行为以外的一切检察业务，我国具有熟人社会的特殊国情、也具有检察机关是法律监督机关的特殊政治体制，在一般的社会监督与舆论监督之外，将人民监督员的监督范围设置为可以监督侦查过程之外的大部分办案活动和宏观事务，这对于解决"谁来监督监督者"的难题、防止司法腐败和司法不公，都具有特别重大的意义。对于现在规定的兜底条款，将来要总结经验进一步具体化。

第二，应当增加人民监督员的宏观问题评价功能。与其他国家的检察监督机构不同，英国皇家检察审查会也审查个案，但是，只进行事后审查；对个案审查的结果并不是建议这个具体案件该怎么处理，而是通过具体案件发现检察机关存在的普遍问题，也发现整个国家和社会在打击犯罪、保护人权、社会治理等方面存在的普遍性问题。检察审查会根据自己的审查结果，对这些普遍性问题进行评估，对存在的制度弊端、机制障碍、社会根源进行分析，并提出解决问题的方案。这些方案为立法机构、执法司法机构和社会组织的工作提供了重要参考，历史上，也成为了英国政府设置反诈骗机构和修改刑事司法法、社会上发起被害人保护运动的重要依据。我国人民监督员也应当着眼具体问题、放眼宏观问题，增加宏观评论功能，通过发布白皮书的形式，总结他们在工作中发现的检察工作成绩和问题；发布与四大检察有关的相关工作的评估报告和建议；发布在检察工作中发现的普遍性的社会问题和治理建议。

第三，人民监督员制度运行情况应当增加公开性。英国的专题评论和检察审查会年度报告都向社会公开，使其监督活动和自身的工作情况能够信息公开。我国检察机关推行的检务公开，是我国检察制度的优势和特色，2015年最高人民检察院《关于全面推进检务公开工作的意见》，将检务公开的内容从原有的案件信息公开扩大到"检察案件信息""检察政务信息""检察队伍信息"三个方面，为司法执法信息公开确立了中国样本。但是，我国人民监督员制度的情况主要是通过检察机关的工作报告和新闻发布来向社会公开的。人民监督员制度的自身运行情况、监督活动情况向社会公开是完全有必要的。我们应当借鉴英国的检察审查会，在每年检察机关向人大的报告中全面报告人民监督员制度的情况；通过人民监督员运行情况年度白皮书等方式公开其整体情况；在个案监督中，除了必要的程序保密的前提下，也可以选择重要案件向社会公开。

　　人民监督员制度无论其名称还是实质内容，都是一项由我国内生的制度，但这并不否认其包容性和开放性，十几年来四次重大修改，就表明了这一制度运行和发展的艰巨性。我们在改革和发展人民监督员制度的过程中，完全可以坚持本来、学习外来，合理吸收域外人民监督检察机关的经验和教训，让我国人民监督员制度更加科学、完善。

后　记

人民监督员制度从 2003 年 9 月产生至今，正好 18 年。在这 18 年中，我对人民监督员制度的关注从来没有停止过。

2003 年 9 月 2 日，最高人民检察院发布了《关于人民检察院直接受理侦查案件实行人民监督员制度的规定（试行）》，决定在十个省、自治区、直辖市的检察机关开展人民监督员试点工作。其中，四川、福建、湖北在全省检察机关全面试点，其他 7 个省份是在部分地市、区县级检察院试点。我当时在西南政法大学工作，2006 年 10 月和 2008 年 12 月两次受邀参加了四川广安人民监督员制度试点的实地考察和经验交流会议。

2017 年，我参加了全国人大和最高人民检察院在重庆市举行的《人民检察院组织法》修订中人民监督员立法条款的调研。2021 年 6 月，我又受中国法学会的邀请，参加了最高人民检察院委托的《人民监督员选任管理办法》修订的专家论证。

我既是人民监督员制度立法论证和实践方案论证的直接参与者，也是带着批判眼光进行检视和反思的研究者。我国先后于 2003 年、2010 年、2016 年、2019 年发布了改革人民监督员制度的四个《规定》，也存在四次重要的改革，我曾经发表文章对每一次改革进行过评论。上述文章收入本书时，我只对当时发表的成果进行了简单的修改，尽管原来的一些完善建议有些已经在后来的规范中被吸纳，为了让读者更加直观了解，本书仍然基本保持了每一个阶段研究成果的原状。

除了研究中国人民监督员的 18 年实践，我还系统研究了与人民监督制度类似的国外人民参与检察制度即美国大陪审团制度、日本检察审查会制度和英国检察审查会制度，对三者的历史沿革和最新发展情况进行了全面挖掘。特别值得一提的是，2021 年，我发表了关于英国检察审查会制度的研究成果，这是中文世界首次对英国这一产生于1996年的重要制度进行的介绍和评论。

2018年，我牵头的课题组中标2018年度最高人民检察院检察理论研究课题《监察体制改革背景下的人民监督员制度完善》（GJ2018C19），该课题于2020年7月6日顺利结项，本书作为该课题的结题成果出版。在本书付梓之即，我要感谢对本书作出贡献的机构和个人。

感谢最高人民检察院，没有最高人民检察院检察理论研究课题的支持，我可能没有决心将人民监督员问题的研究成果整理成书。

感谢最高人民检察院赵勇健、李颖等主管领导，他们对我进行多次指导，解答他们自己参与起草的规范中的疑难问题。

感谢课题组成员高艳燕、张希平、陈恋、陈人豪、唐力、黄莺、王利荣、刘梅湘等研究生和学界同仁，他们中绝大部分人虽然没有参加写作，但在课题完成中参与了调查和研讨，同样作出了重要贡献。

感谢和我一起发表人民监督员问题论文的学生。本书中的部分内容曾经以我为第一作者分别与我指导的博士、硕士研究生一起署名发表。这些论文的发表情况如下：高一飞、尹治湘：《日本检察审查会制度改革及其对我国的借鉴意义》，载《中国应用法学》2018年第4期；高一飞、苗海丽：《人民监督员制度试点的观察与反思》，载《四川理工学院学报》2016年第3期；高一飞、苗海丽：《人民监督员选任管理方式改革研究》，载《人民检察》2016年第5期；高一飞、王金建：《昨日辉煌：风雨中的美国大陪审团制度》，载《重大法律评论》2020年第三辑；高一飞、陈恋：《人民监督员监督模式探究》，载《人民检察》2020年第10期；高一飞、陈人豪：《英国皇家检察审查会25年：回顾与思考》，载《人民检察》2021年第5期。以上合作作品的部分内容后来经过删改、整理收入本书的相关章节，虽然根据我国法学界在师生合作论文整理出版问题上的惯例，该书以我个人名义出版，但本书中涉及到发表时与学生共同署名的相关部分，著作权当然与发表时共同署名的同学共有。

感谢相关的刊物编辑。在对人民监督员制度的研究过程中，我先后在刊物上发表过关于人民监督员改革与比较的论文共 21 篇,这些刊物有:《贵州民族大学学报》《南京师大学报》《人民检察》《四川理工学院学报》《国家检察官学院学报》《重大法律评论》《中国应用法学》《检察论丛》《中州学刊》《法治研究》。上述刊物的编辑们在我的文章发表过程中提出了宝贵意见,使我的研究在内容上有更大提升、在形式上更加规范。

2018 年修订的《人民检察院组织法》首次将人民监督员制度写入立法,长期以来以司法文件为依据推行的人民监督员制度得到了国家立法的确认。2019 年 8 月 27 日,最高人民检察院发布实施《人民检察院办案活动接受人民监督员监督的规定》,目前,最高人民检察院正在研究出台新的《人民监督员选任管理办法》。人民监督员制度的发展进入依法推进阶段。人民监督员实施 18 年,经历了创制、探索、试点与立法确认的过程,将会向更加完善、规范的方向迈进。将来,我将一如继往关注和研究人民参与检察这一问题,为人民参与检察的中国实践贡献自己的微薄之力。

高一飞
2021 年 8 月 8 日凌晨于广西大学东高小区